規程例とポイントが
見開き対照式 でわかる

就業規則の
つくり方・見直し方

特定社会保険労務士
大槻智之

日本実業出版社

はじめに

　本書は"使いやすさ""見やすさ"に徹底的にこだわり執筆しました。

　現在、社会保険労務士法人大槻経営労務管理事務所には、特定社会保険労務士および社会保険労務士（以下、社労士）があわせて約40名在籍しています。本書はその40名の社労士とそれぞれが担当している多くのクライアントの人事部の皆様のご意見を参考にでき上がった一冊になっています。

　クライアントの皆様から、常々規定の必要性やポイントがわかりづらいという声がありました。そこで本書は、規程例と解説を見開きにすることにより、「なぜ、このような規定をする必要があるのか」「何を注意して規定をすべきなのか」を理解しやすくしました。こうすることで、自社の就業規則にそのままコピーしても差し支えない箇所と、熟考して規定しなければならない部分が見えるようになっています。

　就業規則に関連する法令は改正が頻繁に行われますし、また、実務的にも規定の仕方や書きぶりが時代によって年々変わってきています。その都度、就業規則のメンテナンスをしなければならないのですが、メンテナンスをしたはいいが、気がついたら「つぎはぎだらけの規則になってしまった」などということも少なくありません。

　本書はそういった矛盾やズレが生じにくいメンテナンスのヒントとなる要素も多く入れてありますので、就業規則の「作成」の他「ズレのない見直し」にもご活用いただけます。

　本書にはもう一つの大きな特徴があります。就業規則作成のサポートのほか、労働法の理解を深めることができる「労働法の解説書」としても活用いただくことができます。なるべく多くの規定に解説を加えていますので、解説を一通り読むだけでも、人事として最低限必要であろう労働法の知識を身につけることができます。そうすれば労働法をきっちりと理解したうえで就業規則を読む＋見直す、作成することができるようになります。

　今は企業規模に関わりなく"働き方改革"を求められるようになりました。労働時間短縮をはじめとして働き方の見直しは避けて通ることはできないでしょう。働き方を見直せば就業規則の見直しも必要になります。本書ではそういった労働時間等の規定の仕方からマイナンバー、ストレスチェック、そして2017年10月に施行された改正育児・介護休業法までカバーしています。取り巻く環境が変わっていく今こそ、就業規則改定に本書を活用いただければ幸いです。

※法律改正等の最新動向および最新の変更内容は著者の社労士法人のHPで随時内容を更新しています。

「働き方改革」は就業規則の見直しが必要になるのか？

　2018 年 6 月 29 日に「働き方改革関連法」が参院本会議で可決、成立しました。労働基準法をはじめとし計 8 本の法律を一括で改正するという労働基準法制定 70 年の歴史の中で"歴史的な大改革"となりました。現時点（2018 年 7 月 10 日）で詳細までは決まっておりませんが、主な概要は次の通りとなっています。

①同一労働同一賃金
②時間外労働の上限規制の導入
③中小企業における月 60 時間超の時間外労働に対する割増賃金の見直し
④一定日数の年次有給休暇の確実な取得
⑤労働時間の状況把握の実効性確保
⑥フレックスタイム制の見直し
⑦高度プロフェッショナル制度の創設
⑧勤務間インターバルの制度の普及促進等
⑨産業医・産業保健機能の強化

　このうち就業規則の作成、変更に影響を及ぼす可能性のあるものを具体的にピックアップしてみましょう。

(1) 同一労働同一賃金について

　2020 年 4 月（中小企業は 2021 年 4 月）に同一企業内における正社員とパートタイマー等のいわゆる非正社員との不合理な待遇差を解消するための規定が整備されました。処遇に差を設けている場合には、同一労働同一賃金ガイドライン（2016 年 12 月にガイドライン案が公表されました）等を参照し見直しを検討すべきでしょう。賃金水準を同等にするのであれば問題ありませんが、格差を維持するのであれば「なぜ格差が生じているのか」といった合理的な理由を役割や職務規程、その他給与規程等において記載しておくことをお勧めします。今後の動向を見ながら、あらかじめ「合理的な理由」について分析し検討をしておくとよいでしょう。特に、勤続年数や年齢のみで基本給を決めているケースや、社員には一律で賞与を支払っ

ているようなケースは注意が必要です。

（2）時間外労働の上限規制等

　自動車運転や医師など一部の事業や業務を除いて 2019 年 4 月（中小企業は 2020 年 4 月）から適用されます。これは、残業時間の抑制を実効的なものにするために、いわゆる 36 協定（時間外・休日労働協定）に上限が設けられました。これは、就業規則そのものに大幅な修正は伴わないと考えられますが、上限が設けられることにより、現状、長時間労働に陥っているような会社では、働き方そのものの見直しが必要になります。したがって、変形労働時間制やフレックスタイム制、テレワーク、勤務間インターバル制度や朝残業制度を導入するような場合には就業規則に盛り込まなくてはなりません。なお②の中小企業における月 60 時間超の時間外労働に対する割増賃金の見直しは、2023 年 4 月 1 日施行予定ですので、割増賃金率が 50 パーセントを下回っているような場合には、それまでに改定する必要があります。

（3）高度プロフェッショナル制度

　特定高度専門業務・成果型労働制（高プロ）も 2019 年 4 月より導入されることとなりました。これは、年収 1075 万円以上の一部専門職を労働時間規制から適用除外するというものです。導入には労使間合意と制度の対象となる労働者本人の同意が必要となります。また、4 週間 4 日以上かつ年 104 日以上の休日を確保することが義務付けられている為、導入にあたっては就業規則に規定することが必須となります。さらに、対象者が自らの意思で制度から離脱することも可能ですので、離脱後の扱いなども規定しておく必要があります。

（4）一定日数の年次有給休暇の確実な取得

　2019 年 4 月より導入予定。使用者は、10 日以上の年次有給休暇が付与される労働者に対し、そのうち 5 日については毎年、時季を指定して与えなければならなくなりました。そのため「どのように指定するか」「いつ指定するか」「変更する場合は？」など運用を固めてから就業規則に落とし込まなければなりません。具体的な内容が出るのを見計らって対応するとよいでしょう。

(5) 育児・介護休業法について

2017年1月そして同年10月に改正育児・介護休業法が施行されました。今後もその日数や要件について改正される可能性があります。改正の都度、すみやかに変更・改定する必要があります。

このように、働き方改革にあわせて制度の導入や変更を決めた場合には就業規則等の諸規定を見直す必要があります。今後、改正内容の詳細が発表されるのを待って、規定を新設もしくは修正に着手して下さい。

本書の見方・使い方

①レイアウトは、見やすい使いやすい【見開き対照式】

左ページに「そのままベースとして使える規程例（規定例）」を載せ、右ページでその「ポイント」（作成・見直しポイント）を説明しています。見開きにすることによって、規程例とポイント解説の関連性がすぐにわかります。また、就業規則の全体像もわかりやすい構成になっています。

②「ここがポイント」（ポイントの解説）で大切な内容を詳述

各条文の規定の内容について「ポイント」を詳しく解説しています。規定の必要性、規定する際に注意すべきことがわかります。

③労働法の理解を深める「労働法の解説書」として活用

「労働法の解説書」としても活用できます。もちろん「用語解説」としても読めます。解説を一通り読むだけでも、最低限必要な労働法の知識を身につけられます。労働法をきっちりと理解したうえで就業規則を読む＋見直す、作成できるようになります。

＊本書で扱う主な法律は以下の通りです（順不同）。カッコの中は法律の正式な名称です。

● 労基法（労働基準法）　● 労契法（労働契約法）　● 安衛法（労働安全衛生法）
● 高年齢法（高年齢者等の雇用の安定等に関する法律）
● パートタイム労働法（短時間労働者の雇用管理の改善等に関する法律）
● 育児・介護休業法（育児休業、介護休業等育児又は家族介護を行う労働者の福祉に関する法律）

＊本書の「ポイントの解説」の中に出る主な通達の名称の意味は以下の通りです。

● 基発 → 厚生労働省労働基準局長名で発する通達
● 基収 → 厚生労働省労働基準局長が疑義照会に答えて発する通達

目　次

はじめに
「働き方改革」は就業規則の見直しが必要になるのか？
本書の見方・使い方

第 1 部

なぜ、就業規則にお金と時間をかける 必要があるのか？
～つくり方一つで差がつく「就業規則」の重要性～

- 就業規則とは……………………………………………………………………20
- 就業規則の効力…………………………………………………………………20
- 就業規則の作成…………………………………………………………………21
  - （1）常時10人以上の考え方　（2）記載事項
- 就業規則の作成手順……………………………………………………………22
  - （1）意見聴取　（2）労働基準監督署長への届出　（3）周知
- テンプレが生んだ悲劇…………………………………………………………25
- 就業規則の作成で気にすべきトピック………………………………………26
  - （1）スマホ時代の労務管理
  - （2）採用困難時代に備える（①シルバー人材を活用する　②外国人労働者を受け入れる　③介護離職に向き合う　④ブラック企業とならないために）
  - （3）女性活躍推進法を意識する
  - （4）多様なハラスメントに対応する
  - （5）社会保険適用拡大に対応する
- 新しい法律、判例に基づいた「就業規則の作成・見直し」で注意すべきところ……30
  - （1）ストレスチェック制度に対してはココを改定
  - （2）マイナンバーに対してはココを改定
  - （3）改正特許法に対してはココを改定
  - （4）改正労働契約法に対してはココを改定
  - （5）同一労働同一賃金に対してはココを改定
  - （6）改正育児・介護休業法に対してはココを改定

第2部

「就業規則」の例と作成・見直しポイント

◉第1章　総則

第1条　目的･･34
第2条　適用対象･･34
第3条　行動指針･･34
第4条　勤続期間の計算･･･36

◉第2章　社員

第5条　社員の区分･･36

◉第3章　人事

第1節　採用
第6条　採用の方法･･36
第7条　採否の決定･･38
第8条　採用・不採用通知････････････････････････････････････38
第9条　労働条件通知書および入館証の交付･････････････････････38
第10条　提出書類･･40
第11条　身元保証人･･42
第12条　訂正・変更等の手続････････････････････････････････42

第2節　試用期間
第13条　試用期間･･44

第3節　配置および異動
第14条　配置･･44
第15条　異動・変更および転勤･･････････････････････････････44
第16条　出向･･46
第17条　出張･･46
第18条　赴任･･46

第4節　役職位等の任免
第19条　役職位等の任免････････････････････････････････････46

◉第4章　勤務時間、休憩および休日

第1節　勤務時間および休憩
第20条　勤務時間･･48

- ・週6勤務をさせるケース・・・・・・・・・・・・・・・・・・・・・・・・・・・・・・・・・52
- ・シフト制のケース・・・・・・・・・・・・・・・・・・・・・・・・・・・・・・・・・・・・・52
- ・1ヵ月単位の変形労働時間制『1日ごとの勤務時間が異なるケース』・・・・・・・・52
- ・1ヵ月単位の変形労働時間制『隔週で週休2日制とするケース』・・・・・・・・・・52
- ・1ヵ月単位の変形労働時間制『労使協定を締結するケース』・・・・・・・・54
- ・1年単位の変形労働時間制・・・・・・・・・・・・・・・・・・・・・・・・・・・・・54
- ・フレックスタイム制・・・・・・・・・・・・・・・・・・・・・・・・・・・・・・・・・56
- **法改正のポイント** フレックスタイム制の弾力化・・・・・・・・・・・・・58
- ・専門業務型裁量労働制・・・・・・・・・・・・・・・・・・・・・・・・・・・・・・58
- ・企画業務型裁量労働制・・・・・・・・・・・・・・・・・・・・・・・・・・・・・・60
- **法改正のポイント** 高度プロフェッショナル制度・・・・・・・・・・・・・60
- 第21条　休憩・・・・・・・・・・・・・・・・・・・・・・・・・・・・・・・・・・・・・・・62
- 第22条　事業場外の勤務・・・・・・・・・・・・・・・・・・・・・・・・・・・・・・・・64
  - ・所定勤務時間勤務したものとみなすケース・・・・・・・・・・・・・・・・・・・64
  - ・労使協定で定めた時間勤務したものとみなすケース・・・・・・・・・・・・・64
- 第23条　時間外勤務・・・・・・・・・・・・・・・・・・・・・・・・・・・・・・・・・・64
  - ・時間外労働（36協定）の上限規制・・・・・・・・・・・・・・・・・・・・・・66

第2節　休日
- 第24条　所定休日・・・・・・・・・・・・・・・・・・・・・・・・・・・・・・・・・・・・68
  - ・隔週で週休2日とするケース・・・・・・・・・・・・・・・・・・・・・・・・・・68
  - ・法定休日、週の起算日を特定するケース・・・・・・・・・・・・・・・・・・68
- 第25条　振替休日および代休・・・・・・・・・・・・・・・・・・・・・・・・・・・・・・70
- 第26条　休日勤務・・・・・・・・・・・・・・・・・・・・・・・・・・・・・・・・・・・・72

第3節　深夜勤務
- 第27条　深夜勤務・・・・・・・・・・・・・・・・・・・・・・・・・・・・・・・・・・・・72

第4節　出退勤、欠勤等の手続
- 第28条　出退勤の記録・・・・・・・・・・・・・・・・・・・・・・・・・・・・・・・・・・72
- 第29条　欠勤・遅刻の手続・・・・・・・・・・・・・・・・・・・・・・・・・・・・・・・74
- 第30条　直行・直帰、早退、職場離脱の手続・・・・・・・・・・・・・・・・・・・・74
- 第31条　公民権の行使・・・・・・・・・・・・・・・・・・・・・・・・・・・・・・・・・76
- 第32条　就業の禁止または退場・・・・・・・・・・・・・・・・・・・・・・・・・・・・76

第5節　勤務時間等の適用除外
- 第33条　適用除外・・・・・・・・・・・・・・・・・・・・・・・・・・・・・・・・・・・・76

◉ 第5章　休暇等

第1節　年次有給休暇

第34条　年次有給休暇 ………………………………………………………78

　・労基法通りに入社日を基準日とするケース ……………………………78

　・4月1日を基準とした斉一的取扱いをするケース ……………………78

　法改正のポイント　年休の5日間の取得義務化 ………………………80

　法改正のポイント　休暇に関する事項 …………………………………82

第2節　特別休暇等

　第35条　積立休暇 ……………………………………………………………82

　第36条　特別休暇 ……………………………………………………………84

第3節　母性健康管理措置・出産休暇・育児休業等

　第37条　母性健康管理措置 …………………………………………………86

　第38条　出産休暇 ……………………………………………………………88

　第39条　育児時間 ……………………………………………………………88

　第40条　育児休業等および看護休暇 ……………………………………88

第4節　その他の休暇等

　第41条　介護休業等および介護休暇 ……………………………………88

　第42条　夏季休暇等 …………………………………………………………90

　第43条　生理休暇 ……………………………………………………………90

◉第6章　休　職

第1節　通則

　第44条　休職の定義 …………………………………………………………92

　第45条　休職の種類 …………………………………………………………92

　第46条　休職中における定年 ……………………………………………92

　第47条　休職中の現況報告と就業制限 …………………………………92

　第48条　復職 …………………………………………………………………94

　第49条　復職の手続 …………………………………………………………94

　第50条　休職期間満了時の扱い …………………………………………94

第2節　傷病休職

　第51条　傷病休職 ……………………………………………………………96

第3節　私的事由の休職

　第52条　私的事由による休職 ……………………………………………96

　第53条　休職期間 ……………………………………………………………96

第4節　出向等の休職

　第54条　出向等の休職 ………………………………………………………96

　第55条　休職期間 ……………………………………………………………98

第5節　業務上による傷病休職

第 56 条　業務上による傷病休職 ……………………………………………98

第 57 条　休職期間 ………………………………………………………98

◉第 7 章　給与・退職金

第 58 条　給与 ………………………………………………………………98

第 59 条　退職金 ……………………………………………………………98

◉第 8 章　服 務

第 60 条　勤務上の服務 …………………………………………………… 100

第 61 条　施設、物品等利用上の服務……………………………………… 102

第 62 条　ハラスメントの禁止……………………………………………… 102

第 63 条　貸与パソコン等の私用禁止とモニタリング………………… 106

第 64 条　SNS の遵守義務 ………………………………………………… 108

第 65 条　秘密保持義務 …………………………………………………… 108

第 66 条　競業避止義務 …………………………………………………… 108

◉第 9 章　表彰および懲戒

第 1 節　表彰

第 67 条　表彰事由 ……………………………………………………… 110

第 68 条　表彰の方法 …………………………………………………… 110

第 2 節　懲戒

第 69 条　懲戒の種類 …………………………………………………… 110

第 70 条　懲戒事由 ……………………………………………………… 114

第 71 条　懲戒の対象者 ………………………………………………… 116

第 72 条　懲戒の手続 …………………………………………………… 116

第 73 条　自宅待機 ……………………………………………………… 116

第 74 条　損害賠償 ……………………………………………………… 116

◉第 10 章　安全衛生および災害補償

第 75 条　健康と安全 …………………………………………………… 118

第 76 条　災害の措置 …………………………………………………… 118

第 77 条　健康診断等 …………………………………………………… 118

　　　　法改正のポイント　健康情報等に関する取扱い規程 …………………… 120

第 78 条　伝染病等による出勤停止……………………………………… 120

第 79 条　業務上・通勤災害の補償……………………………………… 122

◉ 第 11 章　教育訓練
第 80 条　研修等 ……………………………………………………………… 122

◉ 第 12 章　職務発明
第 81 条　職務発明 …………………………………………………………… 122

◉ 第 13 章　定年・退職・解雇
第 1 節　定年
第 82 条　定年 ………………………………………………………………… 124

第 2 節　退職
第 83 条　退職 ………………………………………………………………… 126
第 84 条　退職の手続 ………………………………………………………… 126

第 3 節　解雇
第 85 条　解雇事由 …………………………………………………………… 128
第 86 条　解雇手続 …………………………………………………………… 130
第 87 条　解雇制限 …………………………………………………………… 132

◉ 第 14 章　附　則
第 88 条　附則 ………………………………………………………………… 132

第 3 部

「傷病休職規程」の例と作成・見直しポイント

第 1 条　定義等 ……………………………………………………………… 136
第 2 条　休職 ………………………………………………………………… 136
第 3 条　適用除外 …………………………………………………………… 138
第 4 条　休職期間 …………………………………………………………… 138
第 5 条　休職期間の取扱い ………………………………………………… 140
第 6 条　休職期間中の報告義務等 ………………………………………… 140
第 7 条　復職の手続 ………………………………………………………… 142
第 8 条　休職期間満了 ……………………………………………………… 142
第 9 条　仮出勤 ……………………………………………………………… 144
第 10 条　主治医との連携 ………………………………………………… 146
第 11 条　診断書等の費用 ………………………………………………… 146
第 12 条　復職後の職務等 ………………………………………………… 148
第 13 条　附則 ……………………………………………………………… 148

第4部

「給与規程」の例と作成・見直しポイント

◉第1章 総則

第1条 目的 …………………………………………………………………… 152

第2条 適用の対象 …………………………………………………………… 152

第3条 給与の体系 …………………………………………………………… 152

　　法改正のポイント 同一労働同一賃金 …………………………… 152

第4条 給与計算期間および支払日 ………………………………………… 154

第5条 給与の支払方法 ……………………………………………………… 156

第6条 端数処理 ……………………………………………………………… 156

第7条 給与からの控除 ……………………………………………………… 156

第8条 給与の計算方法 ……………………………………………………… 158

第9条 休職期間中の給与 …………………………………………………… 158

第10条 業務上災害の給与 …………………………………………………… 158

第11条 通勤災害の給与 ……………………………………………………… 160

第12条 年次有給休暇の給与 ………………………………………………… 160

第13条 特別休暇の給与 ……………………………………………………… 160

第14条 母性健康管理措置の給与 …………………………………………… 160

第15条 出産休暇の給与 ……………………………………………………… 160

第16条 育児時間の給与 ……………………………………………………… 160

第17条 生理休暇の給与 ……………………………………………………… 160

第18条 育児休業等の給与 …………………………………………………… 160

第19条 介護休業等の給与 …………………………………………………… 160

第20条 業務命令に基づかない就業 ………………………………………… 162

第21条 平均賃金の計算 ……………………………………………………… 162

◉第2章 基準内給与

第1節 基本給

第22条 基本給 ……………………………………………………………… 164

第2節 基本給の改定

第23条 給与の改定 ………………………………………………………… 164

第3節 諸手当

第24条 固定残業手当 ……………………………………………………… 164

第25条 役職手当 …………………………………………………………… 166

第26条 住宅手当 …………………………………………………………… 166

第 27 条　家族手当 ･･ 166

◉第 3 章　基準外給与

第 1 節　割増手当
第 28 条　割増手当の内訳 ･･･ 168
第 29 条　時間外勤務手当 ･･･ 168
　　　　法改正のポイント 中小企業に対する割増賃金猶予廃止 ･･････････････ 168
第 30 条　休日勤務手当 ･･･ 170
第 31 条　深夜勤務手当 ･･･ 170
第 2 節　通勤手当
第 32 条　通勤手当 ･･･ 170
第 3 節　賞与等
第 33 条　賞与 ･･･ 172
第 34 条　賞与の支給対象の除外 ･･･････････････････････････････････ 172

◉第 4 章　その他

第 35 条　給与等の返還 ･･･ 172
第 36 条　附則 ･･･ 172

第 5 部

「退職金規程」の例と作成・見直しポイント

第 1 条　目的 ･･･ 176
第 2 条　支給対象者 ･･ 178
第 3 条　退職金の計算方法 ･･････････････････････････････････････ 180
　　　　・一時金（基本給連動方式）のケース ･････････････････････ 180
　　　　・ポイント制のケース ･･･････････････････････････････････ 180
第 4 条　勤続年数の計算 ･･･････････････････････････････････････ 184
第 5 条　功労加算 ･･ 186
第 6 条　退職後の不支給および減額 ･･････････････････････････････ 186
第 7 条　競業避止義務 ･･･ 188
第 8 条　金額の端数計算 ･･･････････････････････････････････････ 188
第 9 条　退職金の受給権者 ････････････････････････････････････ 188
第 10 条　退職金の支払時期と方法 ･･･････････････････････････････ 190
第 11 条　附則 ･･･ 190

別表【一時金のケース】……………………………………… 192
別表【ポイント制のケース】……………………………………… 193

第 6 部

「アルバイト・パートタイマー就業規則」の例と
作成・見直しポイント

◉第1章　総則
　第1条　目的………………………………………………… 196
　第2条　A社員の定義……………………………………… 198
　第3条　行動指針…………………………………………… 200

◉第2章　人事
　第1節　採用
　第4条　採用………………………………………………… 200
　第5条　提出書類…………………………………………… 200
　第2節　試用期間
　第6条　試用期間…………………………………………… 202
　第3節　配置・異動
　第7条　配置・異動………………………………………… 202

◉第3章　勤務時間、休憩および休日
　第1節　勤務時間および休憩
　第8条　所定勤務時間……………………………………… 204
　第9条　休憩………………………………………………… 204
　第10条　時間外勤務、休日勤務…………………………… 204
　第11条　妊産婦の時間外勤務、休日勤務………………… 204
　第2節　出退勤・欠勤等の手続
　第12条　出勤・退勤の記録………………………………… 204
　第13条　遅刻・早退の手続………………………………… 206
　第14条　外出の手続………………………………………… 206
　第15条　欠勤の手続………………………………………… 206
　第3節　休日
　第16条　休日………………………………………………… 206

第 4 節　休暇等
　　第 17 条　年次有給休暇 ･･ 208
　　第 18 条　特別休暇 ･･･ 208
　　第 19 条　母性健康管理の措置 ･･･････････････････････････････････････ 210
　　第 20 条　育児時間 ･･･ 210
　　第 21 条　育児休業・介護休業等 ･････････････････････････････････････ 210
　　第 22 条　傷病休職 ･･･ 212

◉第 4 章　服務規律
　　第 23 条　服務事項および相談窓口 ･･･････････････････････････････････ 214

◉第 5 章　賃金・退職金
　　第 24 条　給与の構成と計算 ･･･ 214
　　第 25 条　給与計算期間と支払日 ･････････････････････････････････････ 216
　　第 26 条　昇・降給 ･･･ 216
　　第 27 条　賞与 ･･･ 216
　　第 28 条　退職金 ･･･ 216

◉第 6 章　安全および衛生
　　第 29 条　安全および衛生 ･･･ 218
　　第 30 条　災害の措置 ･･･ 218
　　第 31 条　伝染病等の通報 ･･･ 218
　　第 32 条　健康診断等 ･･･ 218

◉第 7 章　懲　戒
　　第 33 条　懲戒基準 ･･･ 220
　　第 34 条　懲戒の種類 ･･･ 220

◉第 8 章　雇用の上限・退職・契約の解除
　　第 35 条　雇用の上限 ･･･ 220
　　第 36 条　退職 ･･･ 220
　　第 37 条　退職手続 ･･･ 222
　　第 38 条　雇用契約の解除 ･･･ 222
　　第 39 条　雇用契約解除の手続 ･･･････････････････････････････････････ 224
　　第 40 条　退職時の金品等の返還手続 ･････････････････････････････････ 224
　　第 41 条　債務の弁済 ･･･ 224
　　第 42 条　損害賠償 ･･･ 224

◉ **第9章　災害補償**

第43条　災害補償 ……………………………………………………… 226

◉ **第10章　無期労働契約への転換**

第44条　無期労働契約への転換 ……………………………………… 226

◉ **第11章　附　則**

第45条　附則 …………………………………………………………… 226

第 **7** 部	

「育児休業規程」「介護休業規程」の例と各種書式

◆育児・介護休業法が改正されました！ …………………………………… 230
　改正内容、法定を上回る場合の規程例

育児休業規程

◉ **第1章　目　的**

第1条　目的 …………………………………………………………… 234

◉ **第2章　育児休業**

第2条　対象者 ………………………………………………………… 234

第3条　申出の手続等 ………………………………………………… 235

第4条　申出の撤回等 ………………………………………………… 236

第5条　休業期間 ……………………………………………………… 237

第6条　給与等の取扱い ……………………………………………… 238

第7条　社会保険料等の取扱い ……………………………………… 238

第8条　復職後の取扱い ……………………………………………… 238

◉ **第3章　勤務時間の制限**

第9条　所定外勤務の制限 …………………………………………… 239

第10条　時間外勤務の制限 …………………………………………… 239

第11条　深夜業の制限 ………………………………………………… 240

◉ **第4章　育児短時間勤務**

第12条　育児短時間勤務 ……………………………………………… 240

第 13 条　給与等の取扱い …………………………………………………… 241

◉第 5 章　その他
第 14 条　子の看護のための休暇 ………………………………………… 241
第 15 条　附則 …………………………………………………………………… 242
●育児休業申出書 ………………………………………………………………… 243
●育児休業取扱通知書 …………………………………………………………… 244
●〔育児休業・育児のための所定外労働制限・育児のための時間外労働制限・
　育児のための深夜業制限・育児短時間勤務〕対象児出生届 ………………… 245
●育児休業申出撤回届 …………………………………………………………… 245
●育児休業期間変更申出書 ……………………………………………………… 246
●育児休業期間特別出勤届 ……………………………………………………… 247
●育児のための所定外勤務制限請求書 ………………………………………… 248
●育児のための時間外勤務制限請求書 ………………………………………… 249
●育児のための深夜業制限請求書 ……………………………………………… 250
●育児短時間勤務申出書 ………………………………………………………… 251
●子の看護休暇申出書 …………………………………………………………… 252

介護休業規程

◉第 1 章　目　的
第 1 条　目的 …………………………………………………………………… 254

◉第 2 章　介護休業
第 2 条　対象者 ………………………………………………………………… 254
第 3 条　対象となる家族の範囲 ………………………………………………… 255
第 4 条　申出の手続等 ………………………………………………………… 255
第 5 条　申出の撤回等 ………………………………………………………… 255
第 6 条　休業期間 ……………………………………………………………… 256
第 7 条　給与等の取扱い ……………………………………………………… 257
第 8 条　社会保険料等の取扱い ……………………………………………… 257
第 9 条　復職後の取扱い ……………………………………………………… 257

◉第 3 章　勤務時間の制限
第 10 条　所定外勤務の制限 …………………………………………………… 257
第 11 条　時間外勤務の制限 …………………………………………………… 258

第 12 条　深夜業の制限 ··· 258

◉第 4 章　介護短時間勤務等
　　第 13 条　介護短時間勤務 ··· 259
　　第 14 条　給与等の取扱い ··· 259

◉第 5 章　その他
　　第 15 条　家族の介護のための休暇 ··· 260
　　第 16 条　附則 ··· 260

- ●介護休業申出書 ··· 261
- ●介護休業取扱通知書 ··· 262
- ●介護休業申出撤回届 ··· 263
- ●介護休業期間変更申出書 ··· 264
- ●介護休業期間特別出勤届 ··· 265
- ●介護のための所定外労働制限申出書 ·· 266
- ●介護のための時間外勤務制限申出書 ·· 267
- ●介護のための深夜業制限申出書 ·· 268
- ●介護短時間勤務申出書 ·· 269
- ●介護休暇申出書 ··· 270

巻末資料 I

「ストレスチェック制度実施規程」
「職務発明取扱規程」の例
- ◆ストレスチェック制度実施規程 ·· 272
- ◆健康情報等の取扱規程 ·· 282
- ◆ A 株式会社職務発明取扱規程（中小企業用） ································ 292

巻末資料 II

協定等の例
- ● 1 箇月単位の変形労働時間制に関する協定届 ································ 296

- ●1年単位の変形労働時間制に関する協定届 …………………………………… 297
- ●フレックスタイム制に関する労使協定（参考例1）………………………… 298
- ●フレックスタイム制に関する労使協定（参考例2）………………………… 299
- ●清算期間が1箇月を越えるフレックスタイム制に関する協定届 ………… 300
- ●専門業務型裁量労働制に関する協定届 ……………………………………… 301
- ●企画業務型裁量労働制に関する決議届 ……………………………………… 302
- ●企画業務型裁量労働制に関する報告 ………………………………………… 303
- ●一斉休憩の適用除外に関する労使協定書 …………………………………… 304
- ●事業場外労働に関する協定届 ………………………………………………… 305
- ●時間外労働・休日労働に関する協定届 ……………………………………… 306
- ●時間外労働・休日労働に関する協定届（特別条項付き）………………… 307
- ●年次有給休暇の計画的付与に関する労使協定 ……………………………… 308
- ●時間単位年休に関する労使協定………………………………………………… 310

巻末資料Ⅲ

就業規則の規程例 ……………………………………………………… 312

索 引

※本書の内容は、2019年6月1日現在の法令等に基づいています。

※著者の所属する大槻経営労務管理事務所のHPでは、労働基準法などの「労働法にまつわる改正」や「働き方改革」関連の法案などの最新動向および内容の変更にも随時対応しています。

カバーデザイン◆萩原 睦（志岐デザイン事務所）

本文デザイン・イラスト・DTP ◆初見弘一（TOMORROW FROM HERE）

第 1 部

なぜ、就業規則にお金と時間をかける必要があるのか？

～つくり方一つで差がつく「就業規則」の重要性～

就業規則とは

　就業規則ではどのように定めていますか？　私たち社会保険労務士が、就業に関するトラブルの解決にあたり、最初に確認をするのが『就業規則』です。それは、就業規則がその会社の労働時間や給与その他の労働条件等を定めた『ルールブック』だからです。

　就業規則の作成については労働基準法によりさまざまな取決めがありますが、その特徴としては、

①経営者が独自にルールを定めることができる
②経営者であっても一方的に不利益になるような変更をすることができない

ということが挙げられます。

　つまり、作成にあたって、労働基準法の労働条件を下回ることのない範囲であれば、経営者が独自のカラーを出したルールを決めることができる反面、一度決めたルールを経営者の判断のみで一方的に不利益変更することもできないのです。

　就業規則は労働条件を明確にするためのルールブックです。いざトラブルが発生してから会社に都合よく変更しようとしてもできない、ということです。

就業規則の効力

　就業規則は労働者の労働条件を明確化した『ルールブック』ですが、その作成の根拠は労基法第89条によります。したがって、その効力は就業規則よりも何よりも法令が最優先されます。

　また、就業規則と労働協約についても、労働協約が優先されます。それは、会社が一方的に定めることができる就業規則に対し、労働協約は会社と労働組合が合意したうえで成立するものであるからです。

　つまり、就業規則よりも労働協約が、労働協約よりも法令が優先されるのです。一方、労働契約に対しては就業規則が優先されます。

例えば、ある一定の社員に対し、就業規則の労働条件を下回る労働契約を締結したとしても、就業規則が優先されるためその部分は無効となり、就業規則が適用されることになるのです。

　なお、就業規則の労働条件が法令を下回る場合には、その部分は無効となり、法令の定めるところによることとなります。

就業規則の作成

　労基法第89条は、常時10人以上の労働者を使用する使用者に対し、一定の事項について就業規則の作成と届出を義務付けています。

（1）常時10人以上の考え方

　まず、常時とは『通常の状態』のことで、『一時的な状態』ではありません。

　例えば、10人の事業場で1人が退職し一時的に9人の事業場になったとしても、『常時10人以上』に該当します。

　また、通常9人の事業場で、年末のみ繁忙のため5人採用し、一時的に14人となったとしても、あくまでも一時的ですので『常時10人以上』には該当しないのです。また、この『10人』は正社員に限らずパートタイマーやアルバイトなどの非正社員も含めて判断します。なお、派遣社員についてはこれに含めません。

　次に、10人をカウントする範囲についてですが、会社全体の人数ではなく、事業場ごとに人数をカウントします。

　例えば、東京本社に50人、大阪支社に5人、福岡支社に13人いる会社があるとします。この場合、就業規則の作成義務は10人以上いる東京本社と福岡支社のみで、常時10人いない大阪支社については作成義務はありません。東京本社と福岡支社で別々の違う就業規則がつくられる可能性もあります。

（2）記載事項

　就業規則には、必ず記載しなくてはならない『絶対的必要記載事項』と、定めるのであれば記載しなければならない『相対的必要記載事項』、そして労働基準法上

第1部　なぜ、就業規則にお金と時間をかける必要があるのか？　21

記載が義務付けられておらず、記載するかどうかを使用者が自由に決められる『任意的記載事項』があります。

〈絶対的必要記載事項〉
①始業及び終業の時刻、休憩時間、休日、休暇並びに労働者を二組以上に分けて交替に就業させる場合においては就業時転換に関する事項
②賃金の決定、計算及び支払いの方法、賃金の締切り及び支払の時期並びに昇給に関する事項
③退職に関する事項（解雇の事由を含む）

〈相対的必要記載事項〉
①退職手当に関する事項（適用される労働者の範囲、退職手当の決定、計算及び支払の方法並びに退職手当の支払いの時期に関する事項）
②臨時の賃金等（退職手当を除く）及び最低賃金額に関する定め
③食費、作業用品その他労働者に負担させる事項
④安全及び衛生に関する事項
⑤職業訓練に関する事項
⑥災害補償及び業務外の傷病扶助に関する事項
⑦表彰及び制裁の種類及び程度に関する事項
⑧前各号に掲げるもののほか、当該事業場の労働者のすべてに適用される定めをする場合においては、これに関する事項

〈任意的記載事項〉
絶対的必要記載事項、相対的必要記載事項以外で任意で定めることができる事項

就業規則の作成手順

　就業規則は会社が一方的に定めることはできますが、①意見聴取、②労働基準監督署長への届出、③周知、といった手順を踏むことが義務付けられています。

（1）意見聴取

就業規則の作成・変更を行う場合、使用者はその事業場の過半数を代表する社員の意見を聴取しなければなりません。過半数を代表する社員（以下「労働者代表」という）は、次の通りです。

① 労働者の過半数で組織する労働組合がある場合には、その労働組合
② ①の労働組合がない場合は、労働者の過半数を代表する者

上記②の「過半数を代表する者」は、次の要件を満たす者でなければなりません。

・管理監督者ではないこと
・労基法に規定する協定等をする者を選出することを明らかにして実施される投票、挙手等の手続きにより選出された者であること

また、「過半数」には、その事業場で雇用されている全ての労働者が含まれます。したがって、正社員のみではなく、嘱託社員、契約社員、パートタイマーやアルバイトといった労働者も含めなければなりません。

なお、嘱託社員の就業規則の作成や変更であっても、正社員を含めた全ての労働者代表から意見聴取をしなければなりません。

ちなみに、パートタイム労働法ではパートタイマーの就業規則に関して、パートタイマーの過半数代表者から意見聴取することが努力義務として定められています。

‖‖ POINT ‖‖

労働組合がないような事業場においては、労働者代表の選任や意見聴取をおろそかにしている会社が見受けられます。労働者代表を経営者が指名したり、労働者代表に対して「とりあえず（協定書の）そこにサインして」といったように、事実上、意見を聴取していないようなケースです。

このように、適正な代表者選任および意見聴取を経ていないような就業規則は労基法違反となることもあり、注意が必要です。なお、意見を聴取することが義務付けられているのであって、同意を得られなくても問題はありません。

（2）労働基準監督署長への届出

　事業場を管轄する労働基準監督署長に届出をします。また、次の要件を満たせば本社と他の事業場（支社、営業所、店舗等）の就業規則を一括して届出ることができます。

①本社の就業規則と本社以外の事業場の就業規則が、同じ内容であること。変更届の場合は、変更前の就業規則の内容も同じであること。
②事業場の数と同じ部数の就業規則と労働者代表の意見書を届出ること。なお、同じ管轄内に複数の事業場がある場合には就業規則は1部で問題ありませんが、意見書は事業場ごとに1部は必要になります。
③本社以外の対象事業場の名称、所在地および事業場を管轄する監督署名を記した一覧表を作成すること。

（3）周知

　労基法では使用者に対し、次の方法により就業規則を労働者に周知する義務を課しています。

①常時各作業場の見やすい場所に掲示し、または備え付けること
②書面を労働者に交付すること
③磁気テープ、磁気ディスクその他これらに準ずるものに記録し、かつ、各作業場に労働者がその記録の内容を常時確認できる機器を設置すること

‖ POINT ‖

　多くの会社で、インターネット上に就業規則を掲載するという周知方法がとられています。これは上記③に該当するのですが、対象となる全ての労働者がアクセスできる環境である必要があります。

テンプレが生んだ悲劇

インターネットで「就業規則　テンプレ」と検索すると、数多くのテンプレートを閲覧することができます。もちろん、これらを参考にして就業規則を作成することは可能なのですが、やみくもに参考にしていると後々トラブルの種となってしまいます。

例えば、年次有給休暇の届出について「社員が年次有給休暇を申請しようとする場合は、部長に有休申請書を届出なければならない」という規程例をそのまま流用したものの、「部長という役職はない」「有休申請書なる申請書がない」といったことがあります。

会社が定めたルールが実態と合っていないので、ルールブックとしての役割を果たさなくなってしまうのです。

また、トラブルに発展した際には就業規則そのものが『いい加減な就業規則』と見られ、会社そのものも『いい加減な会社』とレッテルを貼られてしまうかもしれません。その他、ちょっとした書き方の違いで意味が大きく異なることがあります。

例えば、時間外手当について「1日8時間を超えた時間については2割5分増しの割増賃金を支払う」と規定している場合と、「終業時刻18時を超えた時間については2割5分増しの割増賃金を支払う」と規定している場合では、その意味合いが大きく変わってしまいます。

前者のケースは実労働時間が法定労働時間の8時間を超えた部分について割増賃金を支払うのに対し、後者は、法定労働時間を超過しているかどうかにかかわらず、単純に18時を超えた時間について割増賃金を支払う、と読めてしまうのです。

これを認識したうえで参考にしているのであればよいのですが、そういった認識がないままテンプレを参考にしていると、思わぬトラブルを招いてしまいます。

また、よく見られるケースとして、「助成金の申請用にとりあえず作成する」という会社があります。

仮に、助成金の申請用に作成したものであったとしても、これも立派な就業規則です。当然、その会社の社員に関する労働条件等はその「とりあえず作成した規則」が有効とされます。

テンプレの規程例をそのまま使用して実態よりも条件のよい労働条件を定め、後になってあわてて『実態に合わせよう』としても簡単にはいかないのです。

一度定めた就業規則を「不利益変更しよう」という場合には、よほどの合理的な理由や労働者との個別の同意が必要になるのです。

||| POINT |||

就業規則の変更はたとえ不利益変更であろうとも、労働者代表から意見聴取し労働基準監督署長へ届出れば可能です。ただし、これが『ルールブック』として有効かどうかは別です。

例えば、「就業規則上、時間外の割増率を3割増しとしていたが、法令では2割5分増しで足りるのでそこまで引き下げたい」といっても、それは現状からの不利益変更になるので、2割5分増しに引き下げることに対する合理的な理由や、それを回避するための措置をとったかどうか、激変緩和となるような措置をとったかどうか、社員に対して説明をしたかどうか、また、個別に引き下げることに対する同意を得られたかどうか等で、有効かどうかが判断されます。

就業規則の作成で気にすべきトピック

(1) スマホ時代の労務管理

スマートフォンの大幅な普及により、労務管理にも『スマホ時代』が到来しました。気軽に情報を手に入れられ、また発信できるスマートフォンにまつわる労務トラブルも増えており、就業規則の作成においてもスマホ時代を意識したものにすべきでしょう。

具体的には、TwitterやFacebook、LINEなどのSNSを念頭に置いて作成すべきです。

情報漏洩や問題行動に対応するために職場での利用を禁止する利用制限を設けたり、職務上知り得た情報を漏洩させないように服務規律を整備する。その他、実際にそれらが発生した場合に処分を科すための懲戒規定を追加することも必要です。

また、社内いじめなどのハラスメントに発展しやすい性質もあるため、SNSを業務のツールとして使用することを禁止するケースもあります。

さらに、対外的なトラブルを回避するために、あえて「取引先とのLINE交換

を禁ずる」といったように規定化している例もあります。

（2） 採用困難時代に備える

　近年、求人数が増加していることもあり、採用困難時代を迎えていると言えます。採用コストの上昇と、深刻な人員不足を踏まえると、離職率の低下を目指すとともに、あらゆる属性の労働者を採用していく必要があります。

　そして、就業規則においても、新たな属性の労働者を戦力化するためにそれぞれに合った内容を規定する必要があります。

①シルバー人材を活用する

　65歳までの継続雇用はもちろんのこと、従来のような『義務として雇用を継続する』のではなく『貴重な戦力』として、まさに現役として活躍の場を提供する必要があります。

　そのためにも、60歳以上の嘱託社員であってもしっかりとした評価制度を運用する等、『現役の継続』を促すような制度設計も必要でしょう。また、65歳以降も雇用を延長する等、シルバー層は貴重な人材として活用すべきです。

②外国人労働者を受け入れる

　外国人労働者に対しても、労働力不足を補う『安価な労働者』という認識を捨て、『優秀な労働者』として受け入れていくことが重要です。そのためにも、外国人労働者が働きやすい環境を意識した制度も必要になります。

　例えば、就業規則や雇用契約書を彼らの言語にあわせて作成することや、休憩時間とは別に礼拝の時間を設ける等、言語や宗教、文化の違い等を受け入れたルール作りが肝要です。

③介護離職に向き合う

　高齢化に伴い、今後さらに深刻さを増すのが介護問題です。親族の介護のため、やむなく離職せざるを得ない人がますます増えてくることでしょう。

　介護離職は優秀な人材の流出であり、会社にとっても大きな痛手となります。そこで、介護休業など法定の制度だけではなく、リモートワークやフレックスタイム制の導入等、少しでも介護離職に歯止めをかける方策を考えておく必要があります。

④ブラック企業とならないために

　就業規則は使用者が一方的に決めることができるとはいえ、あまりにも極端なルールは社員の不満を生み、定着率の低下を促進してしまうでしょう。

　例えば、年次有給休暇の申請を"社長には直接言いづらい"ことを承知で「口頭で必ず社長に申出なければならない」等のルールを策定すれば、年次有給休暇の取得促進を阻害する目的と受け止められても仕方ありません。

　このような規定の仕方は労基法上は問題ありませんが、会社が実務的に機能するかどうかを検討のうえ、決定すべきでしょう。結果として、"労働時間が長い、休みもとれない"となってしまうと、いわゆる『ブラック企業』というレッテルを貼られかねません。

（3）女性活躍推進法を意識する

　2016 年に施行された女性活躍推進法は意識したいところです。採用困難の解決策としてのシルバー人材や外国人労働者と同様、女性社員の活躍は企業にとっても必要不可欠です。

　出産や育児というライフイベントに対応すべく、育児休業の充実や短時間正社員制度、ワークシェアリングの活用等、女性社員の定着率の向上を図ることは必須となるでしょう。

（4）多様なハラスメントに対応する

　現在、多くの企業ではさまざまなハラスメント問題に頭を悩ませています。セクシュアルハラスメントやパワーハラスメントに限らず、2017 年 1 月 1 日に施行された妊娠・出産、育児・介護に関するハラスメントについても就業規則に盛り込まなければなりません。

　使用者責任を果たすうえでも、周知および啓発、そして処分まで、しっかりと規定しておきたいところです。

（5）社会保険適用拡大に対応する

　2016 年 10 月 1 日から従業員 501 人以上の会社に対して、社会保険（健康保険・介護保険・厚生年金保険）の適用対象が拡大することになりました。被保険者の

対象となる要件の1つとして、「週の所定労働時間が20時間以上見込まれること」があります。

　したがって、社会保険に加入義務のない「所定労働時間が正社員の4分の3未満」に対応して、従来通り「パートタイマーの週の所定労働時間は30時間未満とする」といったような規定をしている企業は見直しが必要となります。

　週21〜29時間という枠を設けて働いているパートタイマーは、社会保険に加入する代わりに手取りが減る可能性があるため、働き方の見直しを求める人も少なくないでしょう。

　適正な人員配置を図るには、社会保険適用拡大にあわせて就業規則を見直す必要があるのです。

新しい法律、判例に基づいた「就業規則の作成・見直し」で注意すべきところ

《1．ストレスチェック制度に対してはココを改定 》

2015 年 12 月 1 日施行の『ストレスチェック制度』に対応した、就業規則の作成・改定のポイントです。

①適用範囲を定める
②実施体制を定める
③社員に強制的に受検させることはできない
④不受検を理由とした懲戒処分規定は設けない
⑤結果提供に関する同意の方法を決める
⑥ストレスチェック結果の取扱い範囲を定める
⑦不利益取扱いの防止を定める

その他、「ストレスチェック制度実施規程」を参照してください（272 ページ以降）。

《2．マイナンバーに対してはココを改定 》

2016 年 1 月 1 日施行の『行政手続における特定の個人を識別するための番号の利用等に関する法律』（マイナンバー法）に対応した、就業規則の作成・改定のポイントです。

①採用時の提出書類に記載する
②個人番号カード以外のケースによる確認方法を決める
③住民票を提出させる場合は住民票記載事項証明書を指定する
④利用目的を明確にする

⑤服務や懲戒規定とリンクさせる

その他、就業規則第3章第1節を参照してください（36ページ以降）。

《3．改正特許法に対してはココを改定》

2016年4月1日施行の『特許法』に対応した、職務発明規程の作成・改定のポイントです。

①権利帰属を明確に規定する。
②職務発明を行った場合の届出義務を定める
③相当の利益を定める
④従業員からの意見の聴取手続き等を定める

その他、「職務発明取扱規程」を参照してください（291ページ以降）。

《4．改正労働契約法に対してはココを改定》

2013年4月1日施行の『改正労働契約法』に対応した、就業規則の作成・改定のポイントです。

①雇用期間の上限を設ける場合は最大で5年を上限とする
②正社員以外の従業員区分で無期転換する場合には定年退職日を設ける（任意）
③準社員等、新たな制度を設けるときは、労働条件を決める
　※必ずしも正社員と同等の労働条件である必要はありません

その他、「アルバイト・パートタイマー就業規則」を参照してください（195ページ以降）。

《5．同一労働同一賃金に対してはココを改定 》

『同一労働同一賃金』に対応した、就業規則の作成・改定のポイントです。

①正社員とそれ以外の従業員の役割の違いを明確にする
②転勤の有無や職種限定等、正社員と異なる処遇を明確にする
③別規程を作成する（正社員就業規則の全てを準用しない）

その他、「アルバイト・パートタイマー就業規則」を参照してください（195 ページ以降）。

《6．改正育児・介護休業法に対してはココを改定 》

改正育児・介護休業法に対応した就業規則作成・改定のポイントは、230 ページ以降をご覧ください。

第 2 部

「就業規則」の例と
作成・見直しポイント

第1章　総　則

第1条（目　的）

　この就業規則（以下「規則」という）は、株式会社○○（以下「会社」という）が、労基法第89条の規定に基づき作成したものである。

2　正社員の労働条件、服務事項、その他就業に関し必要な事項はこの規則に定める。

3　この規則に定めのない事項は、その都度会社が決定するものとする。

第2条（適用対象）

　この規則は、会社が所定の手続きによって採用し雇用する正社員に適用する。なお、アルバイトおよびパートタイマー（以下「A社員」という）および嘱託社員等で、別に定めた就業規則が適用される社員、または別途雇用契約書を作成する社員については対象としない。

第3条（行動指針）

　会社と社員は、信頼の3原則である「誠心誠意尽くす」・「約束を守る」・「知ったかぶりをしない」を忠実に履行し、相互信頼のもとに協力してこの規則を遵守し、効率的な業務の遂行によって業績向上を図るとともに、社員の健康で文化的な生活と、働きがいのある職場環境づくりに努めるものとする。

ここがポイント	ポイントの解説
就業規則の目的	就業規則の目的に「この規則に定めのない事項は、労基法等法令の定めるところによる」といった文言を記載する例もあります。しかし、このような記載はおすすめしません。この文言があるために、就業規則に記載のないものは『全て労基法の規定を準用する』と読めてしまうこともできるため、努力義務であるものまで自動的に労働契約上の義務となってしまう可能性があるからです。つまり、自社では負担が大きく現状では対応できないような義務を負ってしまうことがある、ということです。そこで、例えば「この規則に定めのない事項は、その都度会社が決定するものとする」のように、会社が決定する旨の記載をした方がよいでしょう。ちなみに、「この規則に定めのない事項は、労使協議のうえ会社が決定する」等とした場合は、何でもかんでも労使協議する必要が出てきてしまうので、避けた方がいいでしょう。
適用対象の明確化	新たな制度や新たな雇用形態ができた場合は、必ず適用範囲を設定するようにしましょう。また、「特別な定めがない場合は、この規則を準用する」のような記載方法も見られますが、適用対象があいまいになりがちなので、適用範囲はしっかりと決めておきましょう。ここでの記載があいまいになっていると、正社員の就業規則の内容が、雇用形態を問わず全ての社員に適用されてしまうことにもなりかねません。 今後も、有期契約社員の無期労働契約への転換等により雇用形態がますます細分化される傾向にありますので、適用対象者ごとに規程を作成し混在しないようにすることが、適正な労務管理の第一歩となります。
行動指針	会社の成長にとって労使の協調・協力は欠かすことのできない原動力です。行動指針や経営理念等を明らかにすることで、会社の経営に対する信念や考え方を社員と共有し、会社と社員が一体となって行動することにより、会社は健全に発展していくのです。 ちなみに、左ページの規定例は『社会保険労務士法人　大槻経営労務管理事務所』のものです。

第2部　「就業規則」の例と作成・見直しポイント　　35

第4条（勤続期間の計算）

正社員の勤続期間は、入社日から起算し、退職日までをもって計算する。

2　試用期間および休職期間は、勤続期間に算入する。ただし、退職金については退職金規程による。

第2章　社　員

第5条（社員の区分）

社員は正社員、A社員および嘱託社員に区分する。

2　正社員とは、特に労働契約期間を定めることなく正規社員として雇用する者をいう。

3　A社員とは、正社員の補助的な業務に従事する者であらかじめ2ヶ月または1年以内の労働契約期間を定めて雇用するアルバイトまたはパートタイマーをいう。

4　嘱託社員とは、第82条（定年）により定年退職した者で、引き続き嘱託として雇用する者をいう。

第3章　人　事

第1節　採　用

第6条（採用の方法）

採用は、就職希望者から原則として自筆の履歴書（写真貼付）および職務経歴書、新規学卒者にあっては卒業証明書（見込み）、学業成績証明書等を提出させたうえ、面接等の採用試験によって行う。

ここがポイント	ポイントの解説
勤続期間の定め方	勤続期間は休職、退職金規程等にも関係してきます。一概に「勤続期間」と言っても、年次有給休暇のように純粋に入社時からの在籍期間を計算するものと異なり、試用期間や休職期間等の扱いをあらかじめ決めておく必要があります。いざ、休職期間や退職金の金額を決定するときに混乱しないように、算入するものとしないものをしっかり決めておきましょう。
社員の区分	現在は正社員や有期契約社員、パートタイマー、アルバイト等さまざまな雇用形態を取り入れる会社が増えています。また、今後はパートタイマーやアルバイトでも有期や無期契約のケース、そして有期契約社員が無期転換するケース等、より一層複雑な雇用形態が発生することが考えられます。それぞれの雇用形態で契約期間の有無や給与体系、賞与、退職金の有無等の労働条件、また責任度合い等も異なりますので、自分がどの『社員の区分』に当てはまるのか、そしてどの就業規則が適用になっているのかを社員自身が分かるようにしておく必要があります。雇用形態ごとに、その定義を『社員の区分』にしっかり記載しましょう。
面接時の提出書類、確認事項	採用担当者が採用決定後の提出書類と面接時の提出書類の混同を防ぐためにも、面接時の提出書類についての記載をしておきましょう。履歴書については、パソコン等で作成したものを提出させる場合もありますが、丁寧さや誠実さの判断として、自筆の履歴書を提出させることを原則とする旨を記載することもあります。ただし、自筆の履歴書を提出させる旨の記載をする場合は、一定の障害のある人等で自筆の履歴書の提出が難しい場合についての配慮も必要になるので注意しましょう。 なお、提出書類や確認事項について、本人に責任のない事項（本籍・出生地、家族に関すること、住宅状況、生活環境等）や本来自由であるべき事項（宗教・支持政党・思想に関すること、生活信条に関すること等）を確認するための書類を提出させることや、面接時にそれを確認することは問題となる可能性があるので避けましょう。

第2部 「就業規則」の例と作成・見直しポイント 37

第7条（採否の決定）

　採否の決定は、面接等採用試験を総合的に勘案して行う。

第8条（採用・不採用通知）

　採用を決定したときは、口頭または書面のいずれかによって直接本人宛てに通知する。ただし、出社日は採用時に決める。

2　採用を決定した後であっても、履歴事項等に疑義があるとき、または出社日等会社の指示に従わない場合は不採用とする。

3　不採用の場合は、口頭または書面をもってその旨本人宛てに通知する。

第9条（労働条件通知書および入館証の交付）

　採用を決定した者には、所定の「労働条件通知書」と「入館証」を交付する。

ここがポイント	ポイントの解説
採用・不採用通知	採用を決定した後でも、履歴事項等に疑義がある場合や出社日等で会社の指示に従わない場合は、不採用とする旨の記載をしておく必要があります。これは、いわゆる入社前であったとしても、労働契約が成立しているケースではその者に就業規則が適用される可能性があるからです。
労働条件の明示	労働契約締結時に明示しなければならない労働条件は、以下の通りです。 ①労働契約の期間に関する事項 ②就業の場所、従事する業務の内容 ③始業・終業の時刻、所定勤務時間を超える労働（早出、残業等）の有無、休憩時間、休日、休暇および交替制勤務をさせる場合は就業時転換に関する事項 ④賃金の決定、計算・支払いの方法および賃金の締切り・支払いの時期に関する事項 ⑤退職に関する事項（解雇の事由を含む） ⑥昇給に関する事項 ⑦退職手当の定めが適用される労働者の範囲、退職手当の決定、計算・支払いの方法および支払いの時期に関する事項 ⑧臨時に支払われる賃金、賞与等に関する事項 ⑨労働者に負担させる食費、作業用品その他に関する事項 ⑩安全・衛生に関する事項 ⑪職業訓練に関する事項 ⑫災害補償、業務外の傷病扶助に関する事項 ⑬表彰、制裁に関する事項 ⑭休職に関する事項 ①〜⑥は必ず明示しなければならない事項、⑦〜⑭は制度を設ける場合には必ず明示しなければならない事項です。 さらに、①〜⑤については必ず書面の交付によって明示しなければなりません。⑥〜⑭についても後々、言った言わないの水掛け論にならないように書面での明示を行いましょう。

第10条（提出書類）

　採用を決定された者は、採用後10日以内に、次の各号の書類を提出しなければ
ならない。ただし、該当しない書類、または会社が省略することを認めた書類につ
いてはこの限りでない。

　（1）住民票記載事項証明書（個人番号の記載がないものに限る）

　（2）身元保証人連署の誓約書

　（3）個人情報保護に関する誓約書および個人情報取扱明示書兼同意書

　（4）現住所届

　（5）年金手帳または基礎年金番号通知書および雇用保険被保険者証の写

　（6）扶養控除申告書

　（7）源泉徴収票

　（8）卒業証明書（最終学歴）

　（9）個人番号カードの写（個人番号カードを持たない場合は、通知カードまた
　　　　は個人番号が記載された住民票記載事項証明書、および身元確認のできる
　　　　書類（運転免許証、パスポート等）の写）

　（10）資格・免許等の証明書その他、人事管理上必要とするもの

2　前項の書類を所定の期日までに提出しなかった者は、入社の意思がないものと
　して採用の取消しまたは規則に定める懲戒の規定を適用する場合がある。ただし、
　やむを得ない事情があると会社が認めた者は、この限りではない。

3　第1項第9号で取得した正社員および正社員の扶養家族の個人番号は、以下の
　目的で利用する。

　（1）雇用保険届出事務

　（2）健康保険・厚生年金保険届出事務

　（3）国民年金第3号被保険者届出事務

　（4）給与所得・退職所得の源泉徴収票作成事務

4　会社は、前項各号に定める利用目的に変更がある場合には、速やかに、正社員
　に通知する。

5　正社員の配偶者が国民年金法による被扶養配偶者に該当する場合の利用目的の
　通知については別途定める。

ここがポイント	ポイントの解説

採用決定後の提出書類の注意点

一般的な提出書類を例示しました。規定例以外の書類の提出を求めることも可能ですが、その場合は面接時の提出書類と同様に、プライバシーに関する事項やセンシティブな事項を確認するための書類とならないようにしてください。

また、2016年1月より個人番号（いわゆるマイナンバー）の利用が開始され、会社は源泉徴収票、社会保険届出事務の際に社員（場合によってはその家族）のマイナンバーの確認をする必要があります。個人番号カードの写、また個人番号カードを持たない社員には通知カード等の写とあわせて身元確認のできる書類の写の提出をしてもらうよう規定しています。また、マイナンバーについては、その利用目的を明らかにしたうえで利用する必要があり、その利用目的以外では利用できないことになっています。そこで、就業規則上でその利用目的を記載しておきましょう。なお、マイナンバーについては利用目的外の利用について、本人の同意があったとしても利用してはならないので注意が必要です。

※通常、左ページの規程例の（1）にある住民票記載事項証明書の提出を求めるのは社員の氏名や年齢、現住所の確認を目的とするものであり、これにマイナンバーの記載があると、目的外利用になってしまうおそれがあるので、あくまでも上記の確認を目的とする住民票記載事項証明書は、マイナンバーの記載のないものを求めるようにしましょう。一方、規程例の（9）にあるマイナンバー（個人番号）が記載された住民票記載事項証明書の提出を求めるのは、社員本人のマイナンバーの確認を目的とするものであり、社員本人以外の者の記載があると目的外利用になってしまうおそれがあるので、社員本人以外の者の記載がないように注意が必要になります。

※提出書類のなかに『住民票の写』の提出を求める場合がありますが、この住民票で本籍、出身地等の情報を取得してしまう可能性があります。『住民票の写』ではなく、請求者の希望で本籍地、世帯主との続柄等の記載を選択できる『住民票記載事項証明書』の提出を求めるようにしましょう。

※メンタルヘルス不調者の場合等、長期欠勤時や休職時に身元保証人への連絡を拒むケースもあることから、最近では誓約書の内容に、休職等をした際には、身元保証人に連絡をする旨の規定を記

第2部　「就業規則」の例と作成・見直しポイント　41

第11条（身元保証人）

　前条第1項第2号の身元保証人は、連帯保証人とし、独立して生計を営む資産身元確実であって、会社が適当と認めた者であること。

2　身元保証人が死亡し、または適当でないと会社が判断した場合は、別の身元保証人による誓約書を、速やかに提出しなければならない。

3　身元保証人の保証期間は5年とし、更新する場合は、会社がその都度確認の手続きをとるものとする。

4　前各項の他、身元保証人について必要とする事項は「身元保証に関する法律」の定めるところによる。

第12条（訂正・変更等の手続）

　会社へ提出した書類および身元保証人等に関し、訂正または変更等があった場合は、速やかに所属長を通して届出なければならない。

2　会社への提出書類および身元保証人等に関し、虚偽の申告、届出等を行い、または前項の手続きを怠ったときは採用を取消しまたはこの規則第86条（解雇手続）の手続きによって雇用関係を解除するものとする。

ここがポイント	ポイントの解説

載するケースもあります。

※新卒採用をする場合には採用試験の時点で卒業見込証明書を提出してもらうことがありますが、入社時点でも本人の申告通りに卒業しているのかどうかの確認のために卒業証明書を提出させているケースもあります。

※規定例の他、業種により『知的所有権の帰属に関する確認および譲渡書』や『自家用車利用に関する届出』等を提出させる場合もあります。

身元保証人

身元保証人については法律で義務付けられている訳ではありません。ただし、一般的には抑止的な意味合いで就業規則に規定するケースが多いでしょう。なお、身元保証書の提出は社員が会社に損害を与えた場合に、身元保証人が会社にその損害を賠償することを約束するものではありますが、身元保証書を提出させたからといって全ての損害を補償させることはできません。また、「身元保証に関する法律」により、身元保証の期間は期間の定めのない場合は3年間、期間を定めた場合でも5年を超えることはできません。保証期間を更新することは可能ですが、自動更新をすることはできません。更新をする場合は、改めて身元保証書の提出を求める必要があります。

第2部 「就業規則」の例と作成・見直しポイント　43

第2節　試用期間

第13条（試用期間）

　社員のうち正社員を予定して採用する場合は、入社日より2ヶ月間を試用期間とする。ただし、知識、技能、勤務態度、および勤務状況等により、その期間を延長または短縮することがある。

2　試用期間とは、その者の知識、技能の程度、勤務態度等を評価し把握するための期間をいう。

3　試用期間中または試用期間満了日において知識、技能もしくは勤務態度等が劣り継続して雇用することが困難であると判断したときは、この規則第86条（解雇手続）の手続きによって雇用関係を解除する。

第3節　配置および異動

第14条（配　置）

　正社員を配属する部署ならびに職種および職務は、あらかじめ採用時に決めるものとする。ただし、適在配置等を勘案するため試用期間中は、特定しないことがある。

第15条（異動・変更および転勤）

　正社員の配属部署を異動し、あるいは職種、職務の変更、または転勤を命ずることがある。

2　異動等は、原則として次の各号の場合に行うものとする。

（1）定期の人事異動を行うとき

（2）業務の都合により配置換えまたは転勤等の異動を行うとき

（3）特定の部署に人員の不足または過剰を生じ配置人員の調整を行うとき

（4）休職していた者が復職するとき

（5）役職位に任命し、または罷免するとき

（6）組織機構を改革するとき

（7）事業を拡張し、または縮小するとき

（8）業務の繁閑等、業務上やむを得ない事由があるとき

ここがポイント	ポイントの解説

試用期間の取扱い

試用期間とは、採用後に正社員として長く勤務できるかどうかの適格性を判断するテスト期間であり、『解約権留保付労働契約』と位置付けられ、「留保解約権に基づく解雇は、これを通常の解雇と全く同一に論じることはできず、前者については、後者の場合よりも広い範囲における解雇の自由が認められてしかるべきものといわなければならない」（「三菱樹脂事件」最大判　昭48.12.12）と解されています。しかし、試用期間の満了時に本採用拒否をした場合は『解雇』に該当するため、解雇権濫用法理により『合理的な理由』と『社会通念上の相当性』等をもって、その有効性は判断されます。また、試用期間は『解約権留保付労働契約』なので、労働者から見ると雇用関係が不安定な期間と言えます。そのために、試用期間が1年を超えるほど長すぎるものは、労働者保護の観点からも避けるべきでしょう（「ブラザー工業事件」名古屋地裁判　昭59.3.23、「安田火災海上保険事件」福岡地小倉支判　平4.1.14）。

異動・変更および転勤

転勤、配置転換等の異動は、ジョブローテーションとして日本企業では一般的に広く行われています。業務上の必要性からこのような『異動』を行うには、あらかじめ就業規則に「会社が業務の必要に応じて異動を命ずることがある」旨を明記しておく必要があります。

第16条（出　向）

　業務上必要がある場合は、他の会社等へ在籍または移籍出向させることがある。

2　出向する正社員の労働条件、その他就業に関し必要な事項は、あらかじめ協議し本人の同意を得るものとする。

3　出向する正社員は、出向期間中について誠実に職務を全うしなければならない。

第17条（出　張）

　業務上必要がある場合は、正社員に出張を命ずることがある。

2　出張とは宿泊が必要と会社が認めたものをいう。

3　出張にあたり旅費として次の各号を支払う。ただし、金額については別途定める。

　（1）交通費

　（2）日当

　（3）宿泊費

第18条（赴　任）

　異動、変更、転勤、出向等の発令をされた者は、所属長の指示にしたがって遅滞なく新任部署等に赴任しなければならない。

第4節　役職位等の任免

第19条（役職位等の任免）

　会社は、正社員を役職位（本部長、部長、課長、係長、主任）に任命し、または解任することがある。

2　役職位に任命された正社員は、会社の経営方針に基づいて所定の職務の権限と責任の範囲において業務を円滑に遂行しなければならない。

ここがポイント	ポイントの解説

出向と転籍

出向には『在籍出向（出向）』と『移籍出向（転籍）』の２つがあります。出向の場合、社員は元の会社と労働契約を結んだまま、他の会社の指揮命令を受けて労働を提供する形態となります。

出向は社員の個別の同意までは必要なく、就業規則に会社が出向を命じることがある旨を記載する等、包括的な同意があれば出向命令は有効とされています。ただし、出向に伴い労働条件が変わる場合には、就業規則に記載があったとしても一方的に命じることはできません。そのような場合は、社員に詳細な説明を行い、個別の同意を得ることが必要になります。なお、説明が明らかに不足しているようなケースでは、出向そのものが無効とされることになりますので注意が必要です。

一方、転籍については、元の会社との雇用関係はなくなり、新たな会社との雇用関係が発生することからも、実際に転籍を行う場合は、労働条件にかかわらず社員の個別の同意が必要となります。

出張の定義

法律上に『出張』の定義はありません。会社ではどういったものを出張とするのか、出張の種類にはどういうものがあるのか、出張にかかる費用はどういうものなのか、そしてその費用の金額、負担はどうなるのか等を規定します。特に"どこからを出張と扱うのか"や"経費の精算方法""マイルポイント等の取扱い"等は事前に決めておいた方がよいでしょう。また、宿泊費の金額については経済の動向等により変化することが考えられますので、毎年見直すことも必要になると思われます。海外出張がある場合は『海外出張規程』を別に設ける場合もあります。

第２部 「就業規則」の例と作成・見直しポイント　47

第4章　勤務時間、休憩および休日

第1節　勤務時間および休憩

第20条（勤務時間）

　正社員の所定勤務時間は1日8時間とし、勤務日における始業・終業時刻は原則として次の通りとする。

始業時刻　　午前9時

終業時刻　　午後6時

2　前項にかかわらず、○○部所属の正社員については、勤務日における始業・終業時刻を次の通りとする。

始業時刻　　午前10時

終業時刻　　午後 7 時

3　前各項の勤務日における始業・終業時刻は、電力・交通等の事情または業務上やむを得ない場合に変更することがある。

4　前各項にかかわらず、業務の必要に応じ、変形労働時間制、裁量労働時間制、事業場外労働のみなし労働時間制、または時差勤務制等を導入することがある。ただし、これらの制度を実施する場合は、所定の手続きに基づいて行うものとする。

ここがポイント	ポイントの解説

労働時間の定め方

労働時間は、労働条件のなかで最も重要な事項の1つです。そのため、自社の勤務実態を把握し、労基法の労働時間の規制のなかで労働時間制度を上手く活用しながら、最適な定め方を検討しましょう。

労基法における労働時間

そもそも、労基法における労働時間とは、「労働者が使用者の指揮命令の下に置かれている時間」を言います（平12.3.9「三菱重工業長崎造船所事件」最一小判）。つまり、必ずしも現実に精神または肉体を活動させていることを要件とせず、また、使用者の指揮監督下にあるか否かは、必ずしも明示的なものである必要はありません。

『労働時間に該当する例』
①来客当番
昼食休憩中に来客当番をさせている時間（昭23.4.7　基収1196号、昭63.3.14　基発150号、平11.3.31　基発168号）
いわゆる『手待ち時間』です。
②研修
使用者が実施または指示するものであって、その内容が業務との関連性が強く、また欠席の場合は就業規則上の制裁を受ける等の不利益な取扱いがある等、実質的に出席が強制される研修への参加時間（昭26.1.20　基収2875号、平11.3.31　基発168号）
③掃除、朝礼
使用者の明示、または黙示の指揮命令下に行われる作業前に行う準備および作業後の後始末、朝礼等の時間

法定労働時間、所定労働時間

労基法第32条では、「使用者は、労働者に、休憩時間を除き1週間について40時間を超えて」「1週間の各日については、（中略）1日について8時間を超えて、労働させてはならない」と定めており、これを『法定労働時間』と言います。なお、就業規則に「週の起算日は、月曜日とする」のように、起算日の定めをしない限り、1週とは日曜日から土曜日までの暦週を言い（昭63.1.1　基発1号）、1日とは、原則として午前0時から午後12時までの暦日を言います（昭23.4.5　基発535号）。『所定労働時間』とは、社員が労働契約上働かなければならない時間であり、休憩時間を除いた始業時刻から終業時刻までの時間になります。なお、会社は所定労働時間を独自に定めることができますが、法定労働時間を超える定めをすることはできません。

第2部　「就業規則」の例と作成・見直しポイント　49

● 「働き方改革関連法の改正」に伴う法改正のポイント

勤務間インターバル

　働き方改革関連法により、事業主の責務として、終業から次の始業までの休息時間、いわゆる勤務間インターバルを設定することについて、努力義務が課されました。これは、インターバルを保障することで社員の休息を確保することを目的とした制度です。なお、勤務間インターバルについては、その取扱いについて法制化されていないため、各社の実態を踏まえて検討すればよいでしょう。

〈始業時刻のみを繰り下げ、賃金を減額するケース〉

　会社は、正社員の勤務終了後、次の勤務開始時刻までに○時間以上の休息時間を与えるものとする。

2　勤務終了時刻から○時間の休息時間が翌日の始業時刻にかかる場合は、その休息時間が経過するまで始業時刻を繰り下げ、労働を免除するものとする。ただし、不就労時間については、賃金を支払わないものとする。

3　前各項にかかわらず、業務上やむを得ず、休息時間を確保できない事由が生じ、所属上長の承認を受けたときは、○時間の休息時間を与えないものとする。

ここがポイント	ポイントの解説
始業・終業時刻の必要性	始業・終業時刻は、労基法上、絶対的必要記載事項であるため、1日の所定労働時間数だけではなく、始業・終業時刻を必ず記載しなければなりません。
法定労働時間内で自社の働かせ方にあわせた設定をすること	会社内でも、部署によって始業時刻が異なれば、部署ごとに始業・終業時刻を定めます。また、週6日勤務させる場合やシフトによって勤務させる場合は、その『働き方』にあわせて定めをする必要があるのです。ただし、1週40時間、1日8時間を超えるシフトを組む場合は、変形労働時間制を採用しなければなりません。
始業・終業時刻を変更する根拠規定	天災事変や電力、交通事情等の他、業務上必要性がある場合に始業・終業時刻を変更することができるように規定しておきます。

第2部　「就業規則」の例と作成・見直しポイント　51

〈週6勤務をさせるケース〉

　正社員の所定勤務時間は月曜日から金曜日までを1日7時間、土曜日は1日5時間とし、勤務日における始業・終業時刻は原則として次の通りとする。

　　　　　　（月曜から金曜日）始業時刻　　午前9時

　　　　　　　　　　　　　　　終業時刻　　午後5時

　　　　　　（土曜日）始業時刻　　午前9時

　　　　　　　　　　　終業時刻　　午後3時

〈シフト制のケース〉

　交替制で勤務する正社員の所定勤務時間は、1日8時間とし、各シフトにおける始業・終業時刻は原則として次の通りとする。

シフトパターン	始業時刻	終業時刻
Aシフト	午前7時	午後4時
Bシフト	午前11時	午後8時
Cシフト	午後2時	午後11時

2　交替制で勤務する正社員のシフトは、毎月、前月末日までにシフト表で定めるものとする。

〈1ヵ月単位の変形労働時間制『1日ごとの勤務時間が異なるケース』〉

　○○部所属の正社員の所定勤務時間は、毎月1日を起算とする1ヵ月単位の変形労働時間制とし、1ヵ月を平均して、1週間の勤務時間が40時間を超えない範囲とする。

2　各日の始業・終業時刻および休憩時間は次の通りとし、毎月末日までに対象社員にシフト表を配布して通知するものとする。

シフト	始業時刻	終業時刻	休憩時間
Aシフト	午前9時	午後4時	正午から午後1時
Bシフト	午前9時	午後6時	正午から午後1時
Cシフト	午前9時	午後8時	正午から午後1時

〈1ヵ月単位の変形労働時間制『隔週で週休2日制とするケース』〉

　○○部所属の正社員の所定勤務時間は、毎月1日を起算とする1ヵ月単位の変形労働時間制とし、1ヵ月を平均して、1週間の勤務時間が40時間を超えない範囲とする。

2　前項における正社員の始業・終業時刻および休憩時間は原則として次の通りとする。

ここがポイント	ポイントの解説

労基法における労働時間制度

労基法では、原則的な労働時間管理（1週40時間、1日8時間）以外にも法定労働時間を弾力的に運用できる変形労働時間制、社員に始業・終業の時刻を委ねるフレックスタイム制、直行直帰の営業職等労働時間が算定し難い場合の事業場外みなし制、専門職や企画・立案業務等業務の遂行を社員の裁量に委ねる専門業務型裁量労働制、企画業務型裁量労働制があります。これら制度の特徴を上手く活かし、自社の実態にあった『効率のよい働き方』を実現しましょう。

1ヵ月単位の変形労働時間制

1ヵ月単位の変形労働時間制とは、『1ヵ月以内』の一定期間を平均して1週間あたりの労働時間が40時間を超えない範囲で各日、各週の所定労働時間を弾力的に定めることができる制度です（労基法第32条の2）。営業時間が長く休業日が少ない飲食店等のサービス業に適している制度でしょう。業務の繁閑にあわせて、あらかじめシフトを組むことで、1日8時間、1週40時間を超えて働かせることができるのです。そのため、シフト通りに勤務すれば1日8時間、週40時間を超えて働かせても法定時間外労働に該当しないので、割増賃金も必要ない訳です。

1ヵ月単位の変形労働時間を導入するためには、次のいずれかの手続きを行う必要があります。

①就業規則で定める場合

次の事項を全て定める必要があります。

　a）対象となる社員の範囲

　b）変形期間（1ヵ月以内）とその起算日

　c）変形期間を平均して1週間あたりの労働時間が40時間を超えない範囲で各日、各週の所定労働時間の具体的な定め

　d）各日の始業、終業時刻、休憩時間および休日

なお、業務の性質上、就業規則による特定が困難な場合には、「就業規則において各直勤務の始業終業時刻、各直勤務の組み合わせの考え方、勤務割表の作成手続きおよびその周知方法等を定めておき、それにしたがって、各日ごとの勤務割は変形期間の開始までに具体的に特定することで足りる」と解されています（昭63.3.14　基発150号）。ちなみに、各直勤務とは、それぞれのシフトパターンのことです。

始業時刻　　午前9時	休憩時間　正午から午後1時
終業時刻　　午後5時	

〈1ヵ月単位の変形労働時間制『労使協定を締結するケース』〉

　○○部所属の正社員の所定勤務時間は、労使協定を締結し、毎月21日を起算とする1ヵ月単位の変形労働時間制とし、1ヵ月を平均して、1週間の勤務時間が40時間を超えない範囲とする。

2　各日の始業・終業時刻および休憩時間は次の通りとし、毎月末日までに対象社員にシフト表を配布して通知するものとする。

シフト	始業時刻	終業時刻	休憩時間
Aシフト	午前10時	午後4時	正午から午後1時
Bシフト	午前10時	午後7時	正午から午後1時
Cシフト	午前11時	午後10時	午後4時から午後5時
Dシフト	午後1時	午後10時	午後4時から午後5時

〈1年単位の変形労働時間制〉

　1年単位の変形労働時間制を適用する正社員の所定勤務時間は、「1年単位の変形労働時間制に関する労使協定」で定めた起算日から1年間を平均して、1週間の勤務時間が40時間を超えない範囲とする。

2　前項における所定労働日、各日の始業・終業時刻は、各期間の初日の30日前までに対象社員にシフト表を配布して通知するものとする。

3　前項における始業・終業時刻および休憩時間は次の通りとする。

ここがポイント	ポイントの解説

②労使協定を締結する場合

労使協定は、様式第3号の2により労働基準監督署長へ届出る必要があります。協定事項は、53ページの①の項目と同様です。なお、労使協定を締結する場合でも、就業規則には①と同様の定めをする必要がありますが、例外的に就業規則のなかに引用すべき労使協定の条文番号を明記し、就業規則の別紙として労使協定を添付する方法も認められています（平6.5.31　基発330号）。

法定労働時間の上限の計算方法

変形労働時間制を採用した場合は、変形期間を平均して1週間あたりの労働時間が40時間を超えることができないため、変形期間中の所定労働時間を次の式で計算した時間を超えないように設定する必要があります。

【法定労働時間の上限時間＝40時間×変形期間の暦日数÷7】

なお、1ヵ月単位の変形労働時間制における法定労働時間の上限と1日の所定労働時間および必要な休日数をまとめると、下記の通りになります（1日の所定労働時間を固定している場合）。

	31日 （177.1時間）	30日 （171.4時間）	29日 （165.7時間）	28日 （160時間）
8時間00分	9日	9日	9日	8日
7時間45分	9日	8日	8日	8日
7時間30分	8日	8日	7日	7日
7時間00分	6日	6日	6日	6日

そのため、例えば30日（171.4時間）の月で1日7時間45分の場合は、必要な休日は8日になります。

1年単位の変形労働時間制

1年単位の変形労働時間制とは、『1年以内』の一定期間を平均して1週間あたりの労働時間が40時間を超えない範囲で各日、各週の所定労働時間を弾力的に定めることができる制度です（労基法第32条の4）。ゴルフ場等季節的に業務の繁閑がある業種や、製造業等年間で休日数をあまり確保できない業種に適している制度です。

1年単位の変形労働時間を導入するためには、次の事項を労使協定で締結する必要があります。

　　a）対象となる社員の範囲

　　b）変形期間（1ヵ月を超え1年以内）とその起算日

第2部　「就業規則」の例と作成・見直しポイント　　55

（1）通常

始業時刻　午前9時	休憩時間　正午から午後1時
終業時刻　午後5時	

（2）特定期間

始業時刻　午前9時	休憩時間　正午から午後1時
終業時刻　午後19時	

〈フレックスタイム制〉

　フレックスタイム制の適用を受ける正社員については、始業および終業時刻は正社員
の決定に委ねるものとする。

2　対象者および労働条件その他については、「フレックスタイム制度に関する協定」
　に定めるところによる。

| ここがポイント | ポイントの解説 |

c）特定期間（変形期間中に特に業務繁忙となる期間があれば定めます）

d）労働日と労働日ごとの時間（変形期間を平均して1週間あたりの労働時間が40時間を超えない範囲で定めますが、最初の期間以降は、労働日数および総労働時間のみを定めます）

e）労使協定の有効期間

なお、労働時間の上限の計算式は1ヵ月単位の変形労働時間制と同様になるため、変形期間が1年の場合は2,085時間（閏年は2,091時間）が法定の上限時間になります。また、年間の労働日数は280日が限度となります（変形期間が3ヵ月を超える場合に限る）。

したがって、1年単位の変形労働時間制を採用した場合の1日の所定労働時間と年間休日数の関係は、下記の通りになります。

1日の所定労働時間	年間休日数	年間休日数（閏年）
8時間00分	105日	105日
7時間45分	96日	97日
7時間30分	87日	88日

所定労働時間の上限

1年単位の変形労働時間制は、所定労働時間に上限があり、1日10時間、1週52時間までとされています。また、変形期間が3ヵ月を超える場合、所定労働時間が48時間を超える週は連続3週まで、さらに3ヵ月以内でも3週以下にしなければなりません。

フレックスタイム制

フレックスタイム制とは、社員本人に始業・終業時刻を委ね、日々の業務の繁閑や家庭の事情に応じて、社員自らが1日の労働時間を決めて効率よく働くことができるため、特に育児や介護中の社員には有効な制度です（労基法第32条の3）。

フレックスタイム制を導入するためには、①就業規則その他これに準ずるものにおいて、始業および終業の時刻を社員の自主的な決定に委ねる旨を定め、②労使協定で㋑対象となる社員の範囲、㋺清算期間（1ヵ月以内）、㋩清算期間における総労働時間（清算期間を平均し1週間あたりの労働時間が週の法定労働時間を超えないこと）、㋥標準となる1日の労働時間、㋭コアタイム（必ず働かなければならない時間帯）、フレキシブルタイム（社員が労働時間を選択できる時間帯）を設ける場合には、その開始および終了の時刻を定めることが要件となります。

● 「働き方改革関連法の改正」に伴う法改正のポイント

フレックスタイム制の弾力化

　働き方改革関連法により、フレックスタイム制の清算期間が1ヵ月以内から3ヵ月以内の期間で選択できるようになりました。これにより、育児や介護、自己啓発などの社員個々のニーズと仕事との調和がより一層可能となりました。

[主なポイント]

①清算期間が1ヵ月超の場合は、労使協定を労働基準監督署へ届出ることが必要となります。

②フレックスタイム制は、本来、清算期間が終わった段階で、時間外労働時間と不足時間が確定しますが、対象社員の過重労働防止の観点から清算期間内の1ヵ月ごとに、週平均50時間（31日の月221.4時間、30日の月214.2時間、29日の月207.1時間、28日の月200時間）を超えた労働時間については、一旦割増賃金の支払いが必要とされ、最終月に全期間の割増賃金の清算をすることになります。

③完全週休2日制を採用する場合の法定労働時間の総枠が見直されました。従来、完全週休2日制の下では、カレンダーによって、1日8時間相当の労働でも清算期間における法定労働時間の総枠を超えてしまうという問題を生じていました。今回の改正では、①完全週休2日制で、1週間の所定労働日数が5日の労働者について、②労使協定により、労働時間の限度について当該清算期間における所定労働日数に8時間を乗じて得た時間とする旨を定めたときは、清算期間における総枠を所定労働日数に8時間を乗じて得た時間数で取扱いできるようになりました。

※詳細は、就業規則のつくり方・見直し方　第3刷対応法改正情報『2. フレックスタイム制のわかりやすい解説＆導入の手引き』URL　https://otuki.info/index.php?act=news&cate_id=3 をご参照ください。

〈専門業務型裁量労働制〉

　会社は、○○の業務に従事する正社員に対して、「専門業務型裁量労働制に関する協定」を締結し、専門業務型裁量労働制を適用するものとする。

2　会社は、対象社員の業務の遂行の手段および時間配分については、対象社員の裁量に委ねるものとし、所定労働日の勤務については、「専門業務型裁量労働制に関する協定」で定める時間勤務したものとみなす。

3　対象社員その他の取扱いについては、「専門業務型裁量労働制に関する協定」の定めによるものとする。

ここがポイント	ポイントの解説
フレックスタイム制における時間外労働	フレックスタイム制を採用した場合に時間外労働（法定）となるのは、清算期間における法定労働時間の総枠を超えた時間です。なお、法定労働時間の上限の計算方法は、1ヵ月単位の変形労働時間制と同様になります（55ページ）。
フレックスタイム制における総労働時間の定め方	フレックスタイム制における総労働時間は、一般的には『標準時間×各月の所定労働日数』とするケースが多いのですが、『月150時間』等固定する方法もあります。いずれにしても法定労働時間を超えることはできません。
フレックスタイム制における出勤義務	フレックスタイム制は、あくまでも社員に始業・終業時刻を委ねているだけです。そのため、所定労働日に対しては当然出勤義務があります。したがって、欠勤があれば賞与や人事評価等に反映させることになります。ただし、総労働時間で清算するという制度上、総労働時間を満たしている場合は給与から欠勤控除することはできないので注意が必要です。
コアタイムとフレキシブルタイム	コアタイムは、必ず働かなければならない時間帯です。コアタイムがなければ会議等でも出勤を強制できなくなるので、自社の実態をよく確認して必要に応じて設定すべきでしょう。なお、コアタイムを設定する場合は、一斉休憩が適用される事業場ではコアタイムに休憩時間を設ける必要があります。フレキシブルタイムは、労働時間を選択できる時間帯です。長時間労働を抑止するため終了時刻を午後10時（深夜勤務にならないよう）に設定しているケースが多くあります。なお、フレキシブルタイムが極端に短い場合はフレックスタイム制とは認められない可能性があります。
専門業務型裁量労働時間制	専門業務型裁量労働時間制は、新商品の研究開発等その業務の性質上、業務遂行の手段や方法、時間配分等を大幅に労働者の裁量に委ねる必要があり、使用者が具体的な指示や命令をしない業務が対象です（労基法第38条の3）。なお、"裁量がある"とは自己の考え

第2部 「就業規則」の例と作成・見直しポイント　59

〈企画業務型裁量労働制〉

　会社は、「労使委員会の決議」で定める正社員に対して、企画業務型裁量労働制を適用するものとする。

2　会社は、対象社員の業務の遂行の手段および時間配分については、対象社員の裁量に委ねるものとし、所定労働日の勤務については、「労使委員会の決議」により定める時間勤務したものとみなす。

3　対象社員その他の取扱いについては、「労使委員会の決議」の定めによるものとする。

● 「働き方改革関連法の改正」に伴う法改正のポイント

> **高度プロジェッショナル制度**
>
> 　働き方改革関連法により、高度の専門的知識等を必要とし、その性質上従事した時間と従事して得た成果との関連性が通常高くないと認められるものとして厚生労働省令で定める業務に従事し、年収が一定以上の社員については、労働時間、休憩、休日および深夜割増賃金に係る労基法の規定を適用除外とする制度が新たに創設されました。
>
> 　なお、対象業務は、①金融商品の開発業務、②金融商品のディーリング等の業務、③有価証券市場における相場等の動向または有価証券の価値等の分析、評価又はこれに基づく投資に関する助言の業務、④顧客の事業に運営する重要な事項についての調査又は分析及びこれに基づく当該事項に関する考案又は助言の業務、⑤新たな技術、商品又は役務の研究開発業務に限定されており、年収については、1,075万円以上とされています。
>
> ※詳細は、就業規則のつくり方・見直し方　第3刷対応法改正情報『4. 高度プロフェッショナル制度わかりやすい解説』　URL　https://otuki.info/index.php?act=news&cate_id=3　をご参照ください。

ここがポイント	ポイントの解説
	で判断し、業務を進めることができることを言います。したがって、例えば新卒や社歴の浅い社員については対象になりません。対象となるのは、①新商品・新技術の研究開発等、②情報処理システムの分析・設計、③記事の取材または編集、④大学における教授研究、⑤税理士等19業務に限られ、制度を採用するためには労使協定を締結し、労働基準監督署長に届出る必要があります。
企画業務型裁量労働制	企画業務型裁量労働制は、「事業の運営に関する事項について、企画、立案、調査および分析する業務」であって、「その業務の遂行方法を大幅に社員の裁量に委ねる必要がある」ため、当該業務の遂行等に関し、会社が具体的な指示をしないこととする業務が対象です（労基法第38条の4）。例えば、経営企画等の業務で採用するケースが多くあります。この制度を採用するためには、対象事業場ごとに労使委員会を設置して『対象労働者の範囲』『みなし労働時間』等、所定の事項について決議を行い、その決議届を労働基準監督署長に届出る必要があります。また、対象となる社員は対象業務を適切に遂行するための知識経験を持った者だけが対象となるため、専門業務型と同様に新入社員は当然対象とならず、職務経験が数年以上ある社員が対象となります。なお、対象社員に制度を適用させるためには、社員の個別同意が別途必要となります。
みなし労働時間	裁量労働時間制を採用した場合は、その日の労働時間が4時間でも12時間であっても、みなした時間が8時間であれば、8時間労働したものとされます。ただし、深夜時間帯に働かせれば深夜割増賃金を支払う必要があり、また法定休日に働かせた場合は、みなし時間が適用されないため、実際に働いた時間に休日割増賃金を支払う必要があります。
労働者代表の選出手続きの重要性	裁量労働時間制は、実際に働いた時間にかかわらず労使協定で締結した時間を労働したものとみなすことになるため、労使協定の締結当事者が労働者代表となる場合は、その選出にあたっては特に注意が必要となります。労働者代表の手続きが民主的な適正方法（選挙等により過半数の同意を得ていることが分かる方法）でなければ、

第2部 「就業規則」の例と作成・見直しポイント 61

第 21 条（休　憩）

　休憩時間は原則として正午より 1 時間とする。

2　前項の休憩時間は、始業、終業時刻を変更した場合は、その都度別に定める。

ここがポイント	ポイントの解説
	労使協定そのものが無効と判断され、過去の労働時間について、仮に8時間と協定していたとしても実労働時間で清算しなければならなくなることも考えられるからです。
みなし時間は対象業務に従事したときのみ適用	裁量労働時間制は、対象業務に従事した日に対してのみ適用されます。そのため、応援等により臨時の業務等に従事し、対象業務に従事していなかった日は、その日の労働時間はみなし時間ではなく、実労働時間が労働時間になるわけです。
派遣会社の就業規則	派遣会社の場合は、自社の社員を派遣先の労働時間制度にあわせて働かせる必要があるため、さまざまな業界・業種に社員を派遣する場合は就業規則、労使協定を整備しておく必要があります。
労基法における休憩時間	労基法では、労働時間が6時間を超える場合に45分、8時間を超える場合には1時間の休憩時間を、労働時間の途中に与えなければならないと定めています。そのため、例えば所定労働時間を8時間とし、昼の休憩時間を45分とする場合は、時間外労働の途中に15分の休憩時間を与えなければ労基法違反となるので注意が必要です。
時間外労働をさせる前の休憩	時間外労働の開始前に30分程度の休憩時間を設け、社員が実際に休憩時間を取ったかどうかにかかわらず、自動的に労働時間から控除するという運用をしているケースがあります。未払い残業の土壌にもなりかねないので、確実に確保できないのであれば、"45分と15分"のように分割して与える制度はおすすめしません。
休憩時間を一斉に付与しない場合	休憩時間は、一斉に付与しなければなりません。そのため、法令で一斉付与が除外されている接客娯楽業等以外の業種については、休憩の一斉除外に関する労使協定を締結する必要があります。なお、労働基準監督署長への届出は不要です。

第2部 「就業規則」の例と作成・見直しポイント　63

第 22 条（事業場外の勤務）

〈所定勤務時間勤務したものとみなすケース〉

正社員が、外勤または出張等によって社外で就業する場合で労働時間を算定することが困難な場合の勤務時間は、役員または所属長が特別の指示をしない限り、通常の勤務時間を勤務したものとみなす。

〈労使協定で定めた時間勤務したものとみなすケース〉

外勤正社員で労働時間を算定することが困難な場合は、役員または所属長が特別の指示をしない限り、労使協定で定めた時間を勤務したものとみなす。

第 23 条（時間外勤務）

会社は、業務の必要に応じ、所属長を通して時間外勤務を命ずることがある。

2　会社と社員は、協力しあって作業の効率化を図り、時間外勤務は、「時間外労働協定」（36 協定）の範囲を上限とし、極力抑制に努めなければならない。

3　前各項にかかわらず、妊娠中または産後 1 年未満の社員から請求があった場合には、請求の範囲内で時間外勤務をさせることはない。

4　時間外勤務については、「給与規程」の定めるところにより、時間外勤務手当を支給する。

ここがポイント	ポイントの解説
出張等で労働時間が算定困難な場合	社員が出張等により事業場外で勤務した場合は、労働時間の算定が困難なケースがあり得ます。そういった場合に労働時間とみなすことができるのが、『事業場外労働みなし制』(労基法第38条の2)です。出張等により労働時間が算定困難な場合に所定労働時間労働したものとみなすことができるように定めておくことができます。
営業等の外勤社員に対する事業場外労働みなし制	出張等以外でも営業職等、主として事業場外で働かせる場合に、直行・直帰等により労働時間の算定が困難なときは一定時間労働したものとみなすこともできます。なお、みなし時間を労使協定により定めることもできますが、みなし時間が8時間を超える場合は労働基準監督署長に届出る必要があります。
事業場外労働みなし制の問題点	事業場外労働みなし制度は、あくまでも社員が事業場外で勤務するため、会社が労働時間を算定することができないケースに限られます。近年、携帯電話等のデジタル機器の普及により社員と簡単に連絡が取れ、随時会社に連絡、報告ができるようになっており、また日々の業務内容も日報等で報告を受けるケースも多く、会社が労働時間を算定することが困難とまでは言えない状況になっています。そのため、事業場外労働みなし制度そのものが認められ難くなっていると言えます。また、みなし時間を協定する場合は、あくまでも事業場外で労働する時間のみ協定することになります。事業内で労働する時間を含めず協定することになるので、採用する場合には、より慎重に進めてください。
時間外労働を命じるためには	社員に時間外労働を命じるためには、36協定だけでは足りず、就業規則にその根拠規定を定めなければなりません。 ムダな長時間労働を避けるためにも、社員からの事前の申出と所属長の承認というプロセスを経て行うべきです。また、不要な残業をなくすためにも、きちんとその旨を規定してください。

第2部 「就業規則」の例と作成・見直しポイント　　65

● 「働き方改革関連法の改正」に伴う法改正のポイント

時間外労働（36協定）の上限規制

　働き方改革関連法によって、例外の例外として制限のなかった特別条項付き36協定について、限度時間として、①年間720時間以内、②単月100時間未満（法定休日含む）の上限が設定されました。また、従来のルールではなかった、実際の労働時間の結果に対する上限規制として、③単月100時間未満（法定休日含む）、④2ヶ月から6ヶ月平均80時間以内（法定休日含む）の限度時間が定められました。さらに、これらに加え、上記の限度基準告示で定めていた1ヶ月45時間、1年間360時間、限度基準を超えることができる月数の他、36協定で定める事項等についても、労基法36条に条文化されました。これにより、労基法36条に違反すれば罰則対象となりました。

［主なポイント］

①限度時間は、「1日」、「1ヶ月」、「1年」について定めることになりました。従前は、1ヶ月だけでなく、各社の状況に合わせて「1日を超え3ヶ月以内の期間」で選択することができましたが、1ヶ月で協定することになります。

②上記③、④の通り、従来のルールではなかった、実際の労働時間の結果に対する上限規制が定められたため、36協定の締結時間にかかわらず、当月および過去の労働時間について管理・運用することが必要となりました。

③上記②、③、④のそれぞれの時間については、法定休日労働も含めてカウントする必要があります。これも従来にはなかった考え方であり、それ以外の時間については従来通り法定休日労働を含めずにカウントするので、注意が必要です。

④施行日は、大企業で2019年4月1日、中小企業で2020年4月1日になりますが、各社（事業場）で協定期間が異なるため、新ルールの適用時期は各社で異なります。具体的には協定期間中に施行日を跨ぐ場合は、その協定期間が終了するまでは旧法のルールのままで、それ以後新たに協定した期間から新法ルールが適用となります。そのため、例えば、協定期間を毎年1月〜12月の1年間で締結している大企業の場合は、協定期間中に施行日を跨ぐことになるため、その協定期間が終了した2020年1月からの協定から新法ルールが適用されることになります。

⑤建設事業、自動車運転業務、医師、鹿児島および沖縄県における砂糖製造業、新技術・新商品等の研究開発業務については、適用猶予、除外となっています。

※詳細は、就業規則のつくり方・見直し方　第3刷対応法改正情報『1. 時間外労働の上限規制　わかりやすい解説』　URL　https://otuki.info/index.php?act=news&cate_id=3 をご参照ください。

ここがポイント	ポイントの解説
36協定の届出がなければ法令違反	法定労働時間を超えて時間外労働をさせるためには、労働組合あるいは労働者代表と時間外・休日労働協定（36協定）を締結し、労働基準監督署長にあらかじめ届出ておく必要があります。もし、36協定の届出をせずに時間外労働をさせれば法令違反となります。なお、36協定の協定期間は最長でも1年となっており、届出をした日以降に効力があるので、届出漏れがないよう、年間スケジュールを組んでおくことが大切です。

特別条項付き36協定

36協定の締結にあたっては、限度基準告示（平10.12.28　労働省告示154号）を遵守する必要があります。
限度時間は下記の通りです。

a）通常の場合（b以外）

期間	1週間	2週間	4週間	1ヶ月	2ヶ月	3ヶ月	1年間
限度時間	15時間	27時間	43時間	45時間	81時間	120時間	360時間

b）変形期間が3ヶ月を超える1年単位の変形労働時間制の場合

期間	1週間	2週間	4週間	1ヶ月	2ヶ月	3ヶ月	1年間
限度時間	14時間	25時間	40時間	42時間	75時間	110時間	320時間

時間外労働の限度時間は、上記の限度基準告示の時間になりますが、例外のさらに例外として、一定の要件を満たした特別条項付の36協定を締結することによって、限度時間を超える時間を延長することが可能となります。
特別条項付き36協定のポイントは、前1年の勤務実態をきちんと把握し、今後1年の事業計画も鑑みて必要な限度時間を設定しましょう。また、特別条項の発動手続き方法については『労使協議』とすると実務上毎回行うことが難しいときもあり得るため、実現可能な『通知、通告』の方法を選択するのがよいでしょう（307ページ参照）。いずれにしても、会社の実態を踏まえ適正な時間を設定し、遵守できるように管理を徹底していくことが重要です。

第2部　「就業規則」の例と作成・見直しポイント　67

第2節　休　日

第24条（所定休日）
　正社員の所定休日は、週休2日制とし次の通りとする。
　（1）日曜日
　（2）土曜日
　（3）国民の祝日
2　休日のうち週1日を法定休日とする。

〈隔週で週休2日とするケース〉

　正社員の所定休日は、次の通りとする。
　（1）日曜日
　（2）土曜日（第1、第3週は除く）
　（3）国民の祝日
2　休日のうち週1日を法定休日とする。

〈法定休日、週の起算日を特定するケース〉

　正社員の所定休日は、週休2日制とし次の通りとする。
　（1）日曜日
　（2）土曜日
　（3）国民の祝日
2　法定休日は、日曜日とする。
3　週の起算日は、土曜日とする。

ここがポイント	ポイントの解説

労基法における休日

休日とは、労働契約上、そもそも労働する義務がない日のことを言います。労基法では、この休日については、最低でも週1日を与えなければならないと定めています（労基法第35条）。休日を土日としている会社が多いのですが、労基法上は特段曜日を指定している訳ではありません。なお、週とは、就業規則に定めがなければ日曜日から土曜日の暦週を指します（昭63.1.1 基発1号）。また、休日は午前0時から継続した24時間の暦日をいいます（昭23.4.5 基発535号）。

法定休日と所定休日の違い

労基法では、1週40時間を超えて労働させることができないため、週休2日制としてあわせて国民の祝日を休日としているケースが一般的です。このように、会社で定めた休日を所定休日といいます。一方、労基法では、1週間に1日の休日を与えればよく、これを法定休日といいます。なお、法定休日に働かせた場合は割増賃金が必要となる訳ですが、法定休日を特定することまでは義務付けられていません。なお、就業規則に休日が特定されていない場合、暦週（日曜～土曜）の土日ともに勤務したケースでは、後順の土曜日が法定休日となります（平21.10.5 改正労働基準法に係る質疑応答）。このように、法定休日を特定していなければ、個別に確認していく必要があり、また月の時間外労働60時間超えに対する割増賃金の集計では、法定休日を特定していなければ給与計算が大変困難となるので、就業規則で法定休日を特定しておくことをおすすめします。なお、法定休日を特定するにあたっては、割増賃金に影響があるため、自社における過去の休日出勤状況（土曜日の実績が多い等）を確認し、シミュレーションしたうえで決めた方がよいでしょう。

第2部 「就業規則」の例と作成・見直しポイント　69

第 25 条（振替休日および代休）

　前条（所定休日）の休日に勤務を命じる場合は、あらかじめ他の特定日に振替えるものとする。休日を振替えたときは、特定日を休日とし、従来の休日は通常の勤務日とする。

2　前項により休日の振替えができない場合は、代休を付与するものとする。

ここがポイント	ポイントの解説

振替休日と代休の違い

振替休日と代休は、どちらも就業規則上の所定休日に出勤し、その代わりに労働日であった日に休ませる制度ですが、2つの制度は全く異なるため注意が必要です。いずれの制度も実施する場合は、就業規則にその旨を定めておかなければなりません。

『振替休日』とは、休日と労働日を事前に振替えることで、休日と労働日を入替える制度です。簡単に言うと、休日は労働日となり、元々の労働日が休日となるので、休日に労働させたことにはならない訳です。つまり、休日割増賃金（135％）を支払う必要はないのです。一方、『代休』とは、休日労働させた後に、その代償措置として後日、通常の労働日の労働義務を免除する制度です。つまり、休日労働させた事実は変わらないのです。『振替休日』と『代休』は似ていますが、振替える日を事前に特定する『振替休日』に対して、『代休』は休日労働させた後に恩恵的に休みを付与するだけですので、休日労働した事実を消すことはできません。したがって、『代休』を取得した場合であっても、休日割増賃金は必要となるのです。ただし、代休を取得した日は、実際働いていないため、通常の賃金分を控除することができますが、あらかじめ就業規則にその旨を定めておく必要があります。

振替休日を取得しても時間外割増賃金が発生する

振替休日を取得した場合でも、休日であった日が通常の勤務になることによって、労働時間が週40時間を超えれば時間外割増賃金（125％）が発生します。例えば、所定労働時間が1日8時間の会社は、月〜金曜日ですでに週40時間であるため、同一週内に振替休日を実施できなければ、たとえ振替休日を行っても、1週40時間超えの時間外割増賃金を支払う必要があるので注意を要します。

第2部　「就業規則」の例と作成・見直しポイント　71

第 26 条（休日勤務）

会社は、業務の必要に応じ、所属長を通して休日勤務を命ずることがある。ただし、自ら休日勤務を行おうとする場合は、あらかじめ所属長に申出て、承認を得ることとする。

2　前項にかかわらず、妊娠中または産後 1 年未満の社員から請求があった場合には、請求の範囲内で休日勤務をさせることはない。

3　休日勤務は、原則として「休日労働協定」（36 協定）の範囲とし、所属長の指示によって行うものとする。ただし、所定の手続きを経ない場合、または所属長の指示に従わない勤務は、休日勤務として認めない。

第 3 節　深夜勤務

第 27 条（深夜勤務）

会社は業務の必要に応じ、所属長を通して深夜勤務を命ずることがある。

2　深夜勤務とは、午後 10 時より午前 5 時までの時間帯の勤務を言う。

3　深夜勤務については、「給与規程」の定めるところにより、深夜勤務手当を支給する。

第 4 節　出退勤、欠勤等の手続

第 28 条（出退勤の記録）

正社員は、出勤および退勤時刻を会社の指示する方法により記録しなければならない。

ここがポイント	ポイントの解説
休日勤務を命じる根拠	所定休日に労働を命じるためには、36協定だけでは足りず、就業規則にその根拠規定を定めなければなりません。
休日勤務は事前承認とすること	休日労働は、社員からの事前の申出とし、所属長の承認というプロセスを経て行うべきです。いつのまにか社員が自由に休日出勤をしているようでは、労務管理上でも健康管理上でも問題です。
出退勤の記録方法を定める	労働契約上、社員は始業時刻に業務を開始し終業時刻まで会社の指揮命令のもとに働く義務を負っています。そのため、社員に出退勤の時刻を遵守・記録させることは、労務管理の基本です。したがって、会社の出退勤の記録方法や運用ルールをきちんと定めて厳格に運用することが重要です。
労働時間の自己申告制	労働時間の把握方法については、「労働時間の適正な把握のために使用者が講ずべき措置に関するガイドライン」（平29.1.20　基発0120第3号）において、原則として①使用者が、自ら現認することにより確認し、記録すること、②タイムカードやICカード等の客観的な記録を基礎として確認し、適正に記録すること、とされています。自己申告制については、自己申告により把握した労働時間が実際の労働時間と合致しているか否かについて、必要に応じて実態調査をし所要の労働時間の補正をすること等を条件に例外的に認められています。したがって、労働時間を自己申告制によって把握する場合は、上記通達に基づき適正に運用する必要があります。
タイムカードと実労働時間の乖離	近年、長時間労働に伴うメンタルヘルス不調者が増加していることもあり、行政調査での労働時間に関する監督指導が厳しくなっています。調査では、タイムカード等の勤怠記録とセキュリティやパソコンのログ等を突き合わせ、その時間に乖離がある場合は、実際にその時間に何をしていたのか確認を求められ、勤務していることが分かれば、賃金を遡って支払うよう指導されます。そのため、タイムカード等と在社時間を定期的に確認する等自主的なチェックを行うことが重要となります。ただし、なかには個人的な理由、例えば通勤ラッシュが苦手で早く出勤する社員もいるようなケースもあります。そのような場合はタイムカード等にその旨を記録させ、一定時間までは勤務させない等のルールを決めておいた方がよいでしょう。

第2部　「就業規則」の例と作成・見直しポイント　　73

第29条（欠勤・遅刻の手続）

　傷病その他やむを得ない事由で欠勤または遅刻（以下「欠勤等」という）しなければならないときは、あらかじめ欠勤等の理由および予定日数等、所定の「欠勤届」または「遅刻届」を所属長に提出して会社の承認を受けなければならない。

　ただし、やむを得ない事情であらかじめ届出られないときは、当日の始業時刻前までに電話により所属長に申出て、事後、速やかに「欠勤届」等を提出するものとする。

2　傷病による欠勤で、欠勤日数が5日連続または1ヶ月に通算して7日以上となるときは、医師の診断書を提出させることがある。

3　欠勤等について、所定の手続きを怠った場合は、無断欠勤等とみなす。

第30条（直行・直帰、早退、職場離脱の手続）

　直行・直帰または自己都合その他やむを得ない事由で早退もしくは職場離脱により外出をしなければならないときは、その都度あらかじめ所属長に届出て許可を受けなければならない。

2　前項の手続きを怠った場合は、無断早退等とみなす。

ここがポイント	ポイントの解説
欠勤等の手続きルールは詳細に定める	社員もやむを得ない理由で欠勤、遅刻等をすることはありますが、SNS の普及から、近年、欠勤等を電話ではなくメールやそれらのアプリを用いて連絡したり、所属長ではなく同僚や管理職ではない先輩に連絡するような社員もいるようです。そのため、欠勤等の連絡は、①誰に対して、②どのような届出・連絡手段にするかを特定し、その方法によらなければ無断欠勤等として扱うことをきちんと定めておくことが重要です。なぜなら、このような定めがあり、厳格に運用されてなければ、勤怠不良の社員に対して有効な指導ができなくなるからです。
医師の診断書の提出を義務付ける根拠規定	社員が病気やけがによって長期間欠勤が続いている場合に、その状況を確認するケースが多くあります。そのため、欠勤がある程度続いた場合には医師の診断書を提出させることがある旨の根拠規定を定めておきます。なお、一般的には1週間程度としているケースが多いです。
直行等の手続きルールを定める	社員が直行・直帰、早退、職場離脱等の行為を勝手に行わないために、『会社に許可』を受けて行うように規定します。本来は当たり前のことではあるのですが、欠勤と同様に日頃から運用も厳格に行わなければ、勤怠不良等でいざ懲戒処分をするときに説得力がなくなってしまうからです。

第2部 「就業規則」の例と作成・見直しポイント　75

第31条（公民権の行使）

　勤務時間中に、選挙権その他公民としての権利を行使し、または公務を執行するためにあらかじめ会社の許可を受けたときは、その時間について勤務したものとみなす。

2　会社は前項の権利行使等について、支障をきたさない範囲において、時刻を変更させることがある。

3　公職選挙法に定める公職に立候補または就任するときは、事前に会社の許可を受けなければならない。

第32条（就業の禁止または退場）

　正社員が次の各号の一に該当するときは、就業を禁止し、または退場させる。ただし、当該時間帯については不就業時間とする。

（1）職場の風紀または秩序を乱したとき

（2）酒気を帯び勤務するに適当でない状況のとき

（3）業務上必要としない危険物を所持しているとき

（4）出勤を停止されているとき

（5）前各号に準ずる程度の事由があるとき

第5節　勤務時間等の適用除外

第33条（適用除外）

　会社の機密事務に従事する者、および部長以上の役職者については、この規則の勤務時間、休憩、および休日に関する規定を適用しない。ただし、労働基準法第41条各号に該当しない場合はこの限りでない。

ここがポイント	ポイントの解説
公民権行使と公の職務	労基法第7条では、「労働者が労働時間中に、選挙権その他公民としての権利を行使し、又は公の職務を執行するために必要な時間を請求した場合においては、拒んではならない」と定められています。そのため、社員から請求があれば原則その時間の勤務を免除する必要があります。ちなみに、賃金については支払う義務はありません。
職場内の秩序維持のため	職場内の秩序維持のために、酒気帯等勤務にふさわしくない状況である者について勤務を禁止し、職場に入れない、または退場させるために定めておきます。また、その時間は原則として不就業時間である旨も定めておきましょう。
労基法第41条2号に該当する管理監督者	労基法第41条2号では、管理監督者に該当する者について、労働時間・休憩・休日に関する規定が適用除外と定められています。そのため、自社においてどの職位やランク以上の者が労基法第41条2号に該当する管理監督者であるのかを、明確に定めておく必要があります。ただし、労基法第41条2号に該当する管理監督者とは、名称にとらわれず『経営者と一体の立場にある者』と解され、具体的には①職務権限、②勤怠の自由、③処遇、について総合的に勘案されて判断されることになります。したがって、自社における管理職と労基法第41条2号に該当する管理監督者がイコールとはならないので慎重に判断する必要があります。
管理監督者も深夜割増賃金は必要	管理監督者は、労働時間・休憩・休日について適用が除外されますが、深夜の規定については除外されません。したがって、管理監督者であっても深夜労働をすれば深夜割増賃金を支払う必要があります。

第2部 「就業規則」の例と作成・見直しポイント　77

第5章　休　暇　等

第1節　年次有給休暇

第34条（年次有給休暇）
〈労基法通りに入社日を基準日とするケース〉

年次有給休暇（以下「年休」という）は、入社日を起算日とし、勤続年数に応じて次表により付与する。

勤続年数	0.5年	1.5年	2.5年	3.5年	4.5年	5.5年	6.5年以上
付与日数	10日	11日	12日	14日	16日	18日	20日

〈4月1日を基準とした斉一的取扱いをするケース〉

年次有給休暇（以下「年休」という）は、4月1日から翌年3月31日までを休暇年度とし、毎年4月1日（入社初年度は入社日）をもって正社員に次の通り年休を付与するものとする。

（入社初年度）

入社月	4月から9月	10月	11月	12月	1月	2月	3月
付与日数	10日	5日	4日	3日	2日	1日	1日

（次年度以降）

勤続年数	1年以下	1年超2年以下	2年超3年以下	3年超4年以下	4年超5年以下	5年超以上
付与日数	11日	12日	14日	16日	18日	20日

2　出勤率が8割未満の者については、当該年度の年休は付与しないものとする。なお、出勤率は、次の算式で計算（小数点以下第1位を四捨五入）する。

$$\frac{当該期間の出勤日数}{当該期間の全労働日数} \times 100 = \qquad \%$$

ただし、業務上傷病で療養のため休業している期間、出産休暇、育児休業、介護休業、年休、特別休暇は、出勤したものとみなす。

ここがポイント	ポイントの解説

年次有給休暇

労基法では、年次有給休暇（以下「年休」という）について、入社日から6ヶ月継続勤務し、全労働日の8割以上出勤した社員に対して10日与えなければならないと定めています（労基法第39条1項）。
※アルバイト等については、アルバイト・パートタイマー就業規則を参照。

年休の斉一的取扱い

労基法上、年休は、入社日を基準として勤続年数に応じた日数を付与する制度であるため、入社日が異なれば、年休の管理が煩雑になってしまいます。そこで、煩雑な管理を解消する方法として年休を付与する基準日を統一する斉一的取扱いも認められています。なお、実施にあたっては以下の要件を満たす必要があります（平6.1.4　基発1号）。

①斉一的取扱いや分割付与により法定の基準日以前に付与する場合の年休の付与要件である8割出勤の算定は、短縮された期間は全期間出勤したものとみなすものであること

②次年度以降の年休の付与日についても、初年度の付与日を法定の基準日から繰上げた期間と同じまたはそれ以上の期間、法定の基準日より繰上げること

そのため、斉一的取扱いをする場合は、常に法定を上回り、社員の不利にならないように運用しなければならないので、法定より多く年休を付与することになります。また、新たに基準日を統一する場合でも、法定を上回るように実施しなければなりません。したがって、統一する基準日の直前に本来の基準日があるようなケース、例えば本来の基準日が3月1日で基準日を4月1日に統一する場合は、いったん本来の基準日である3月1日に付与したうえで、再度統一する基準日である4月1日に付与しなければならないのです。

第2部　「就業規則」の例と作成・見直しポイント　79

3　年休を取得できる期間は、発生日より2年間とする。

4　年休を取得しようとするときは、あらかじめ所属長に申出て所定の「休暇届」を提出しなければならない。

5　年休は、原則として本人が申出た時季に与える。ただし、会社は会社の事業の正常な運営を妨げる等、やむを得ない事情のある場合には、他の時季に変更することがある。

6　傷病、その他やむを得ない事由により欠勤した場合で本人から申出があり、会社が認めたときには、当該欠勤日を年休に振替えることができる。

7　年休は原則として1日単位で与えるものとする。ただし、特別な事情で本人から申出があり、会社が認めたときは、午前または午後のみの半日単位で与えることがある。

8　会社は年休のうち5日を超えない範囲で「時間単位年休に関する協定書」によって時間単位の年休を付与することがある。

9　会社は年休のうち5日を超える日数を対象に「計画年休に関する協定書」によって計画的付与とすることがある。

10　会社は年休が10日以上付与された正社員に対して、付与日から1年以内に当該正社員の有する年休日数のうち5日について、正社員の意見を聴取し、その意見を尊重した上で、あらかじめ時季を指定して取得させる。ただし、正社員が第5項、第7項および第9項により取得した日数については、当該日数分を5日から控除するものとする。

11　年休の給与は、給与規程第12条によるものとする。

● 「働き方改革関連法の改正」に伴う法改正のポイント

年休の5日間の取得義務化

　働き方改革関連法により、すべての会社を対象として、年休が10日以上付与される労働者に対して、使用者が年休5日間について時季を指定して取得させることが義務付けられました。ただし、社員が時季を指定して取得した日および計画的付与がなされた日については、その日数の合計を5日から差し引くことができます。

※詳細は、就業規則のつくり方・見直し方　第3刷対応法改正情報『3.　年5日間の年次有給休暇の確実な取得　わかりやすい解説』　URL　https://otuki.info/index.php?act=news&cate_id=3 をご参照ください。

ここがポイント	ポイントの解説

年休の消滅時効

年休の時効については、付与した日から2年になります。そのため、斉一的取扱いをしている場合に、初年度に入社月に応じて付与した年休を2年経過せずに翌々年度の基準日に消滅させる運用をしているケースがありますが、法令違反となりますので、ご注意ください。

年休の付与要件である出勤率

出勤率は、出勤日数を全労働日数（所定労働日）で除して算定します。まず、『全労働日』とは、労働契約上、労働義務が課せられている日を言い、総暦日数から所定休日を除いた日が該当します。したがって、休日出勤した場合であっても、その日は全労働日に含めないのです（昭33.2.13　基発90号）。次に、出勤率の算定にあたっては、下記の期間は出勤したものとみなす取扱いになっています（労基法第39条8項、昭22.9.13　発基17号）。
①業務上傷病で療養のため休業している期間
②産前産後休業期間
③育児・介護休業法に基づく育児、介護休業期間
④年休を取得した日

なお、上記以外の休暇等は原則として全労働日から除外して取扱うこともできますが、会社の判断で出勤とみなすことも差し支えありません。いずれにしても、きちんと定めておきましょう。

欠勤日に対する事後年休への振替

年休は、原則として事前に請求を行うものですが、病気等で欠勤したときに、後日社員からの請求に基づいて恩恵的に年休へ振替えることを認める規定です。なお、ポイントとしては、就業規則において、"やむを得ない事由により『会社が認めた場合に限り』、事後振替えることができる旨"を定めておきます。これがなければ、無断欠勤にまで年休を振替えることができてしまうからです。

年休の半日単位の付与

年休は、社員にリフレッシュしてもらうことを目的としているため、原則暦日単位で付与することになっています。ただし、会社が認めた場合は半日単位で付与することも可能です。そのため、半日単位を認める場合は、半日単位で付与できる旨を定めておきます。なお、半日単位は休憩時間を挟んだ午前、午後あるいは1日の所定労働時間の半分、フレックスタイム制の場合は標準時間の半分といった定めをしておく必要があります。

第2部　「就業規則」の例と作成・見直しポイント　81

● 「働き方改革関連法の改正」に伴う法改正のポイント

休暇に関する事項

休暇に関する事項は、就業規則の絶対的必要記載事項になるため、時季指定を実施する場合は、時季指定の対象となる労働者の範囲及び時季指定の方法等について、就業規則に定める必要があります。

第2節　特別休暇等

第35条（積立休暇）

前条（年次有給休暇）3項に定める期間内に取得できなかった年休は、積立休暇（有給休暇）として一定日数まで積立てるものとする。

2　積立休暇の積立上限は40日とする。

3　積立休暇は、以下の事由に限り使用できるものとする。

（1）正社員のけがや病気

（2）家族の介護や看護

（3）不妊治療

4　積立休暇を受けようとする場合は、所定の「休暇届」により所属長を経て会社へあらかじめ届出て承認を受けなければならない。

ここがポイント	ポイントの解説
年休の時間単位の付与	平成22年の労基法改正で、年休を時間単位で取得することができるようになりました。ただし、時間単位年休を実施するためには労使協定の締結が必要であり、協定事項は次の通りです。 ①時間単位年休の対象労働者の範囲 ②時間単位年休の日数（5日を上限） ③年休1日分に相当する時間単位年休の時間数 ④1時間以外の時間を単位とする場合はその時間数
年休取得日の給与	年休取得日の給与については、①平均賃金、②所定労働時間働いた場合の通常の賃金、③健康保険の標準報酬日額（労使協定の締結が必要）、のいずれかの方法でなければならず、またその支払方法を就業規則において定めておかなければなりません。
年休の買上げ	年休は、社員にリフレッシュしてもらうことが目的であるため、年休取得の妨げになるような年休の買上げは禁止されています。ただし、法律を上回る日数を付与している場合にその上回る日数を買上げる場合や退職により消化できない年休分を買上げることまでは禁止されていません。
積立休暇制度	積立休暇制度は、時効により消滅してしまった年休分を積立て、傷病や介護等といった会社が認めた事由に限り、有給休暇として取得できる制度です。もちろん、法を上回る恩恵的な制度になりますが、今後、日本の少子高齢化がますます進んでいくなかでこういった制度は積極的に取入れるべきでしょう。

第2部 「就業規則」の例と作成・見直しポイント　83

第36条（特別休暇）

　正社員が、次の各号の一に該当し、本人から請求があった場合には、特別休暇として次に定める日数を限度として与える。2日以上の休暇日数は、連続した日数とする。

【慶弔休暇】

（1）結婚するとき

　　　イ．本人の場合（婚姻後1年以内に限る）　　　　　　　　　　　5日

　　　ロ．子の場合　　　　　　　　　　　　　　　　　　　　　　　2日

　　　ハ．本人または配偶者の兄弟姉妹の場合　　　　　　　　　　　1日

（2）配偶者が出産するとき　　　　　　　　　　　　　　　　　　　3日

（3）親族が死亡したとき

　　　イ．父母（養継父母を含む）、配偶者、子（養子を含む）の場合　　5日

　　　ロ．祖父母、配偶者の父母、兄弟姉妹、子の配偶者、孫の場合　　2日

　　　ハ．伯叔父母およびその配偶者、配偶者の祖父母、配偶者の兄弟姉妹、

　　　　　兄弟姉妹の配偶者、子の配偶者の父母の場合　　　　　　　1日

【裁判員休暇】

（4）裁判員制度に参加するとき　　　　　　　裁判所が必要と認めた期間

【天災罹災休暇】

（5）天災その他の災害にあったとき　　　　会社が認めた時間または日数

【赴任休暇】

（6）第15条により正社員が転勤を命ぜられ会社が必要と認めるとき

　　　イ．単身赴任（独身者含む）　　　　　　　　　　　　　　　　3日

　　　ロ．家族同伴赴任　　　　　　　　　　　　　　　　　　　　　5日

【ボランティア休暇】

（7）会社が指定するボランティア活動に参加するとき（4月1日から翌3月31日までの1年間）　　　　　　　　　　　　　　　1年間に5日間

【永年勤続リフレッシュ休暇】

（8）会社は正社員に対して下記の日数をリフレッシュ休暇とし付与する（下記勤続年数につき、1回限り取得できるものとする）

　　　勤続15年　　　　　　　　　　　　　　　　　　　　　　　　7日間

　　　勤続20年　　　　　　　　　　　　　　　　　　　　　　　10日間

　　　勤続25年以上　　　　　　　　　　　　　　　　　　　　　14日間

ここがポイント	ポイントの解説
会社独自の休暇を設ける場合	労基法では、年休、生理休暇等を付与することが義務付けられていますが、それ以外の休暇、例えば慶弔休暇や夏季休暇等は法律で義務付けられていません。そのため、会社独自の休暇（特別休暇）を付与する場合は①どういった目的で、②誰に対して、③どのような要件で、④何日程度、⑤有給、無給、で付与するのかを明確にしましょう。
特別休暇の申請期限	特別休暇は会社が恩恵的に付与するものなので、社員には常識の範囲内で申請してもらいたいものですが、「結婚してから5年近く経った頃に婚姻休暇を申請されて困っている」といったような相談も増えています。そのため、不要なトラブルを未然に防止するためにも、あらかじめ申請期限を定めておくのがよいでしょう。
裁判員休暇	社員が裁判員制度に基づき裁判に参加することは、労基法上の『公の職務』に該当します。社員が裁判員に選任される可能性もあるので、賃金の支払いも含めて定めておいた方がよいでしょう。
赴任休暇	会社が社員に転勤を命じた場合に引っ越し等のために休暇を付与する制度です。
ボランティア休暇	災害等のボランティア活動に参加する社員に対し休暇を付与する制度です。東日本大震災以降、導入している会社も増えています。
永年勤続リフレッシュ休暇	長年会社に貢献してきた社員に対して、その勤続年数に応じてある程度の長期間の休暇を付与する制度です。
特別休暇に休日が介在する場合の取扱い	2日以上特別休暇を取得する場合は、特別休暇に休日が介在するケースもあるため、付与日数が労働日数であるのか、暦日数であるのか、を分かるようにきちんと定めておく必要があります。

第2部　「就業規則」の例と作成・見直しポイント　　85

2　前項の特別休暇の期間中に休日が介在する場合、当該休日は特別休暇日数に通算する。

3　○○休暇は、試用期間中の正社員および1ヶ月以内に退職する正社員については、取得することができない。

4　特別休暇の給与は、給与規程第13条によるものとする。

5　特別休暇を取得しようとする場合は、所定の「休暇届」により所属長を経て会社へあらかじめ届出て承認を受けなければならない。

第3節　母性健康管理措置・出産休暇・育児休業等

第37条（母性健康管理措置）

　妊娠中または出産後1年を経過しない女性正社員から、所定勤務時間内に、母子保健法に基づく保健指導または健康診査を受けるために申出があった場合は、次の範囲で所定時間内に通院を認める。

（1）産前の場合

妊娠23週まで	4週に1回
妊娠24週から35週まで	2週に1回
妊娠36週から出産まで	1週に1回

　ただし、医師または助産師（以下「医師等」という）がこれと異なる指示をしたときには、その指示により必要な時間。

（2）産後（1年以内）の場合　　　　　　　　医師等の指示により必要な時間

2　妊娠中または出産後1年を経過しない女性正社員から、保健指導または健康診査に基づき勤務時間等について医師等の指導を受けた旨申出があった場合は、次の措置を講ずる。

（1）妊娠中の通勤緩和措置として、通勤時の混雑を避けるよう指導された場合は、勤務時間の短縮または時差勤務を認める。

（2）妊娠中の休憩時間について指導された場合は、適宜休憩時間の延長や休憩の回数を増やす。

（3）妊娠中または出産後の女性正社員が、その症状等に関して指導された場合は、医師等の指導事項を遵守するための作業の軽減や勤務時間の短縮、休業等の措置をとる。

3　母性健康管理措置による不就業時間および不就業日の給与は、給与規程第14

ここがポイント	ポイントの解説
特別休暇の取得制限	入社してすぐの社員や退職が直近で決まっている社員等に対して取得を制限する場合は、その旨を定めておきます。
母性保護措置に関する規定	男女雇用機会均等法第 12 条、第 13 条では、妊娠中または出産後 1 年を経過しない女性社員に対して、健康管理上の措置を講ずることが義務付けられています。これらの措置についても、法令上、就業規則に定めておかなければなりません。

第 2 部 「就業規則」の例と作成・見直しポイント　　87

条によるものとする。

4　第1項および第2項の申出をする者は、医師等の指示または指導内容が記載された証明書を会社に提出するものとする。

第38条（出産休暇）

　出産休暇は、女性正社員に対し産前に6週間（多胎妊娠の場合は14週間）の範囲で本人から請求があった期間および産後8週間とする。ただし、産後6週間を経過して医師が支障ないと認める職務に就くときはその日の前日までとする。

2　出産休暇を請求するときは、あらかじめ所定の「出産休暇届」を所属長を経て会社に提出しなければならない。

3　出産休暇の給与は、給与規程第15条によるものとする。

第39条（育児時間）

　1歳未満の子を養育する女性正社員があらかじめ請求したときは、休憩時間とは別に1日2回それぞれ30分間の育児時間を与える。

2　育児時間の給与は、給与規程第16条によるものとする。

第40条（育児休業等および看護休暇）

　1歳未満の子を養育する正社員は、申出により育児休業を取得することができる。

2　3歳未満の子を養育する正社員は、申出により育児短時間勤務をすることができる。

3　小学校就学の始期に達するまでの子を養育する正社員は、申出により看護休暇を取得することができる。

4　育児休業等および看護休暇に関する手続き等必要な事項は、「育児休業規程」に定める。

第4節　その他の休暇等

第41条（介護休業等および介護休暇）

　要介護状態にある家族を介護する正社員は、申出により介護休業または、介護短時間勤務を取得することができる。

2　要介護状態にある家族を介護する正社員は、申出により介護休暇を取得することができる。

ここがポイント	ポイントの解説
産前産後休業	労基法第65条では、出産前6週間（多胎妊娠14週間）および出産後8週間（6週間経過後は医師が支障ないと認めた業務に限る）について働かせてはならないと定めています。なお、『出産』は妊娠4ヶ月（85日）以上の分娩であれば、生産、死産、流産を問いません。産後6週間は本人が希望しても働かせることができないので注意してください。
育児時間	労基法第67条は、生後満1年に達しない生児を育てる女性は、休憩時間の他、1日2回少なくとも30分、その生児を育てるための時間を請求することができると定めています。なお、育児時間は、勤務の始めや終わりに請求することも、まとめて60分として請求することもできます。なお、有給・無給は会社の判断に委ねられています。
育児・介護休業法に関する規定	育児・介護休業法に基づく制度は、休業をはじめ労働時間の短縮措置等ボリュームがかなり多いため、別規程とすることが多いです。

第2部　「就業規則」の例と作成・見直しポイント　89

3　介護休業等および介護休暇に関する手続き等必要な事項は、「介護休業規程」
　に定める。

第 42 条（夏季休暇等）
　夏季または年末年始において、会社はその都度特別の休暇を与えることがある。

第 43 条（生理休暇）
　生理休暇は、生理日の就業が著しく困難な女性正社員が所属長に請求したときに、
必要とする日数を与える。
2　生理休暇の給与は、給与規程第 17 条によるものとする。

ここがポイント	ポイントの解説
夏季休暇、年末年始休暇	休日と休暇の違いを理解することが重要です。なぜなら、割増賃金の単価が異なってくるからです。労働契約上、休日とは元々、労働義務のない日であり、一方、休暇とは労働義務のある日に本人の申請等により労働義務を免除された日のことを言います。割増賃金の単価を計算する際に用いる月平均所定労働時間は、【(365日−所定休日)×1日の所定労働時間÷12】の計算式で算出します。同じ夏休みであっても夏季休暇と夏季休日とでは、割増賃金の単価も異なってくるので、この違いを理解したうえで定める必要があります。
生理休暇	労基法第68条は、生理日の就業が著しく困難な女性が休暇を請求したときは、その者を生理日に就業させてはならないと定めています。生理休暇は、有給・無給は問いませんが、有給とする日数の上限を定めることは可能です。

第6章 休　職

第1節　通　則

第44条（休職の定義）

　休職とは、傷病その他やむを得ない事由により継続して欠勤する正社員に一定期間正社員としての資格を保有させることを言う。

第45条（休職の種類）

　正社員が次の各号の一に該当すると認められるときは、会社は休職を命ずる。
（1）傷病休職
（2）私的事由の休職
（3）出向等の休職
（4）業務上による傷病休職

第46条（休職中における定年）

　休職中に定年に達したときは、その日をもって休職期間の満了日とする。

第47条（休職中の現況報告と就業制限）

　休職中の者は、概ね1ヶ月ごとに休職の状況を会社の求めに応じて報告しなければならない。
2　休職中の者は、会社の許可を受けたうえでなければ就業してはならない。

ここがポイント	ポイントの解説
休職	休職制度とは、社員が傷病やそれ以外のやむを得ない事由で継続して欠勤しなければならない場合に、社員としての身分を一定期間保有したまま、会社が当該社員の労働を免除する制度のことを言います。 休職制度に関しては、労基法等法令での義務付けや規制もありませんが、会社が休職制度を設ける場合には、労働契約に関わるところですので、就業規則等で具体的に定めておかなければなりません。もちろん、休職制度そのものを設けない会社もあります。 昨今急増しているメンタルヘルス不調等による休職については、トラブルが複雑化する事案が多い状況となっています。さまざまな事象の休職に対応するため、傷病休職規程を別に設けたモデル規程となっています。
休職期間と雇用契約	前述の通り休職は、一定期間社員としての身分を保有したまま、会社が社員の労働を免除することです。したがって、定年退職や労働契約期間が到来したことにより、労働契約が終了する場合については、その労働契約関係を基礎とする休職も終了することになります。ただし、休職期間の途中に定年に達した、あるいは労働契約期間が満了した場合に、そこで『契約終了』とするのか、『休職期間満了まで継続』するのかを明確にしておかないと、トラブルになるおそれがあります。どちらが優先されるのかを就業規則でしっかりと決めておく必要があります。
状況報告	会社は、休職者の状況を把握するため、休職者に対して休職期間中の報告を義務付けるケースがあります。これは、休職者の状況等を具体的に知るために行うのですが、頻繁に報告をさせる場合、例えば傷病休職等であれば療養に支障をきたし、かえって病状を悪化させてしまうおそれがあります。したがって、報告は常識的な範囲、休職者の無理のない頻度を検討するとよいでしょう。概ね1ヶ月ごとの報告が一般的でしょう。

第2部 「就業規則」の例と作成・見直しポイント　93

第48条（復　職）
　休職事由が消滅したときは、所定の手続きを経て速やかに復職させるものとする。
ただし、所定の手続きをとらない場合は、復職の意思がないものとみなす。
2　復職の意思がないと会社が判断した場合には休職事由の消滅した日をもって休
　職期間満了とする。

第49条（復職の手続）
　復職の手続きは、本人が所定の「復職願」をもって会社に申出るものとする。
2　会社は復職の申出があった正社員について従前の職務に十分就業可能と判断し
　たうえで書面または口頭によって復職の通知をする。なお、復職の通知があるま
　では休職とし、休職期間は継続するものとする。

第50条（休職期間満了時の扱い）
　別に定める場合を除き、休職事由が、休職期間満了日において消滅せず復職でき
ないときは休職期間満了日をもって退職とする。

ここがポイント	ポイントの解説
休職期間中の休職事由の消滅	休職事由が休職満了日までに消滅したときは、その時点で休職は終了し、社員は復職しなければなりません。しかし、すでに休職事由が消滅しているにもかかわらず、復職の申出をしない者もいます。そのため、復職の意思がないと会社が判断した場合は、休職期間満了退職とできるよう規定しておく必要があります。
復職の判断	社員から『復職願』により復職の申出があった場合、会社は、復職可能な状況かどうかを判断する必要があります。この復職の判断については、原則として社員が休職前に従事していた業務を遂行できる状態にあるかどうかがポイントになります。 ただし、傷病休職の場合、従前の職場での復帰が困難な場合がありますので、一定の配慮は必要でしょう。（傷病休職規程の 148 ページ参照）
休職期間満了時の取扱い	休職の事由が休職満了日までに消滅したと会社が判断すれば復職することができますが、消滅せず復職できない場合については、休職期間満了をもって社員としての身分を失い、労働契約が終了することになります。この休職期間満了時の取扱いについては、就業規則にどのように規定しているかによって異なりますが、規定にあるように、休職期間満了日をもって自然退職とすると定めていれば、その日をもって自然に労働契約が終了となります。 また、「休職満了日をもって解雇とする」といった解雇事由の 1 つとして定めた場合、労基法第 20 条の解雇予告や解雇予告手当が必要となりますので、休職期間満了 30 日前の通知あるいは 30 日分の解雇予告手当が発生することになります。 なお、自然退職と規定した場合でも、休職は解雇を猶予する性質を持っているため、休職期間満了による退職が解雇の一種であるととらえられる可能性もありますので、実務的には休職期間満了 30 日前までに通知することをおすすめします。

第2節　傷病休職

第51条（傷病休職）

　正社員が、傷病（通勤災害を含む）のため欠勤し、療養するときは、傷病休職とする。

2　傷病休職に関する手続き等必要な事項は、「傷病休職規程」に定める。

3　傷病休職中の給与は、給与規程第9条によるものとする。

第3節　私的事由の休職

第52条（私的事由による休職）

　正社員が、次の各号の一に該当するときは、私的事由の休職とする。

（1）傷病以外のやむを得ない事由によって1週間以上継続して欠勤しなければならない場合で、あらかじめ会社の承認を受けたときは、承認された日から休職とする。

（2）会社の承認を受けない欠勤（無断欠勤等）が、1週間に達したときは、その翌日から休職とする。

（3）刑事事件に関連し、逮捕、拘留起訴されて就業できないときは、その日から休職とする。

2　私的事由による休職中の給与は、給与規程第9条によるものとする。

第53条（休職期間）

　前条（私的事由による休職）の休職期間は、次の各号に定める期間の範囲において会社が承認した期間とする。

（1）前条第1号の場合　　　　　　　　　　　　　　　　　　　　1ヶ月
（2）前条第2号の場合　　　　　　　　　　　　　　　　　　　　1週間
（3）前条第3号の場合は保釈拘留取消し等により身柄の拘束を解かれ、または判決が確定した日までとする。ただし、3ヶ月を限度とする。

第4節　出向等の休職

第54条（出向等の休職）

　次の各号の一に該当するときは、出向等の休職とする。

ここがポイント	ポイントの解説

通勤災害は傷病休職

通勤災害による傷病については、業務上ではなく、業務外の災害となるため、傷病休職として取扱うことになります。

なお、業務上災害については解雇制限がかかるため休職期間満了時の取扱いが異なります。この後の第5節の解説を参照してください（99ページ）。傷病休職については、第3部の傷病休職規程のポイントで解説します。

休職の種類

傷病以外の休職については、会社ごとに規定しているため、その種類はさまざまです。ここでは、一般的な規定例を記載しました。その他、議員に立候補する等の公職休職や留学休職等を規定している会社もあります。実情にあわせて規定してください。

①私的事由による休職（第52条1項1号、2号）

社員の自己都合による休職で欠勤が一定期間続いた場合に行う休職です。やむを得ない理由により欠勤することになり、あらかじめ会社の承認を受けるものと、無断欠勤等本人の懈怠により会社の承認を受けないものがあります。

②逮捕・拘留起訴休職（第52条1項3号）

刑事事件に関連して逮捕、拘留または起訴された者に一定の期間あるいは会社が認めた期間を上限とする休職です。

③出向休職（第54条）

社員が他社へ出向する場合その期間中の休職です。在籍出向は、出向元と出向先両方の会社と労働契約が発生しますが、出向先で労務提供が行われるため、出向元では、休職を命じて労働を免除し、出向期間中、社員としての身分を保有することになります。

第2部 「就業規則」の例と作成・見直しポイント　97

（1）会社の指示によって、他の会社へ出向するときは、出向日から休職とする。

（2）経営、その他会社が業務上の都合によって休業するときは、その休業日から休職とする。

2　前項第1号の休職の給与については、出向契約によるものとする。

3　第1項第2号の休職の給与については、都度定めるものとする。

第55条（休職期間）

前条（出向等の休職）の休職期間は、次の各号の定めるところによる。

（1）前条第1項第1号の場合　　　　　　　　　　　　　　　　出向期間中

（2）前条第1項第2号の場合　　　　　　　　　　　　　　その都度定める

第5節　業務上による傷病休職

第56条（業務上による傷病休職）

正社員が、業務上災害による傷病のため欠勤し、療養するときは、業務上による傷病休職とする。

2　業務上による休職中の給与は、給与規程第10条によるものとする。

第57条（休職期間）

前条（業務上による傷病休職）の休職期間は、傷病が治癒した日または、療養開始から3年を経過し、労働者災害補償保険法第19条の傷病補償年金を受けることとなった日までとする。

第7章　給与・退職金

第58条（給　　与）

正社員の給与は、「給与規程」の定めるところによる。

第59条（退職金）

正社員の退職金は、「退職金規程」の定めるところによる。

ここがポイント	ポイントの解説
休職期間と給与	休職期間の長さについても法令等で決まりがないので、会社で自由に決めることができます。私的事由による休職の場合は、自己都合の休職のため1ヶ月程度と、比較的短期間での設定、また出向休職の場合は、その事由が消滅するまでの期間、としているところが多く見られます。 また、給与についても有給・無給は会社が自由に決めることができます。
業務上災害による休職	業務上災害による傷病が原因で休職している場合には、労基法第19条による「使用者は、労働者が業務上負傷し、又は疾病にかかり療養のために休業する期間及びその後30日間（中略）は、解雇してはならない」という解雇制限が適用されます。 したがって、業務上災害による休職期間を就業規則で定める場合には、解雇制限が解除される「療養開始から3年が経過し、労働者災害補償保険法第19条における傷病補償年金を受けることとなった日まで」を上限として規定すべきでしょう。

第2部　「就業規則」の例と作成・見直しポイント　99

第8章 服 務

第60条（勤務上の服務）

正社員は、勤務にあたり次の各号の事項を遵守しなければならない。

（1）始業時刻前に出社し、就業に適する準備を整えていること

（2）自己の健康管理を各人ごとに徹底し、暴飲暴食、夜更かしは特に留意すること

（3）無断の欠勤、遅刻・早退、私用外出等は、理由の有無にかかわらず皆無であること

（4）社員としてふさわしい品位、人格を保ち、あいさつ、言葉遣い、身だしなみ、携帯電話・メールの扱い等職場の常識マナーの保持に努めること

（5）正社員は、ソーシャルネットワーク（以下「SNS」という）の自分のアカウントについて、客先との個人的な交換は原則しないこと

（6）正社員は会社に関する事項について電子掲示板サイト、またはSNS等に書き込まないこと

（7）職場における口論やけんかその他トラブル等で、風紀や秩序を乱さないこと

（8）正社員は会社の承認を受けないで取引先関係（請負、営業関連等）から贈与、接待その他の利益を得ないことおよび会社または自己の地位を利用して利益を受けてはならないこと

（9）会社および会社の役員、所属長、社員その他関係者等の名誉、信用を傷つけるような中傷、誹謗等の行為をしないこと

（10）職場の周辺および机上等身の回りについて常に整理整頓し、情報データ等の流失および盗難、火災の防止に最善をつくすこと

（11）会社に帰属する金品等を、私的に流用、使用をしないこと

（12）会社の業務に関連する機密、および不利益となる情報を他に漏らしてはならないこと

（13）会社および取引先関係等の個人情報および特定個人情報等を漏えい、紛失させないように管理に十分注意を払うとともに、自らの業務に関係のない情報を不当に取得し、または目的外の利用をしてはならないこと

（14）職場または職種を異動あるいは退職するに際して、自らが管理していた会社および取引先関係等の個人情報および特定個人情報等に関するデータ・書類等を速やかに返却しなければならないこと

（15）会社に帰属する物品、帳簿、伝票、資料等の持ち出し、または業務以外でコピー

ここがポイント	ポイントの解説
服務規律	服務規律とは、社員が守るべき職場での秩序、規律といったルールのことです。定める際のポイントは抽象的ではなく、具体的に定めておくことです。そうすることで日々の業務における指導や後述の懲戒処分を行う際に根拠が明確になり、労務トラブルを防ぐことにつながります。 規定例にとらわれることなく、会社の業種や企業風土等を考慮し、具体的に定めておきましょう。

等使用しないこと

(16) 勤務時間中に、職務に関係のないインターネットを閲覧しないこと

(17) 会社の名称を業務以外の目的で使用するときは、所属長を通して会社の許可を受けること

(18) 在籍のまま他の企業等の役員となり、もしくは重複して雇用契約を為し、またはコミッション契約等の交渉もしくは契約をしてはならないこと

(19) 執務および作業の遂行にあたり、所属長の指揮命令に反しないこと

(20) 会社の許可なくして、職務権限を超えた専断的な行為をしないこと

(21) 暴力団、暴力団関係企業、総会屋、社会運動標ぼうゴロ、政治活動標ぼうゴロ、特殊知能暴力集団等、反社会的勢力と一切の関係を持たないこと

(22) 公私を問わず酒気を帯びて車両等の運転をしないこと

(23) 会社の掲げる方針やその他の規程（個人情報保護基本規程、特定個人情報保護規程等）、通知事項を必ず遵守すること

第61条（施設、物品等利用上の服務）

正社員は、会社の施設および物品等を利用するにあたり、次の事項を守らなければならない。

（1）会社の事務室等施設および物品等は大切に取扱うこと

（2）会社に帰属する機械器具、什器備品等の物品を業務以外の目的で使用するときは、所属長を通して会社の許可を受けること

（3）会社の事務室等施設を業務以外の目的で利用または使用しないこと。ただし、社員同士のレクリエーション等で使用する場合は、事前に申出ることにより許可することがある

第62条（ハラスメントの禁止）

正社員は、他の社員を業務遂行上の対等なパートナーとして認め、職場における健全な秩序および協力関係を保持する義務を負うものとする。

2　会社は次の各号に掲げる行為をセクシュアルハラスメントと規定する。正社員は職場内において、他の社員に対しセクシュアルハラスメント行為をしてはならない。また、相手方の性的指向および性自認の状況に関わらない他、異性に対する言動だけでなく、同性に対する言動も該当する。

（1）性的および身体上の事柄に関する不必要な質問・発言

（2）わいせつ図画の閲覧、配布、掲示

ここがポイント	ポイントの解説
施設利用上の服務	施設利用に関するルールも明確に定めておきます。企業秩序の維持の観点からも、政治または宗教活動を目的とする利用の禁止や、ビラの配布禁止、施設・備品等を私的に利用することの禁止を定めておきましょう。また電子メールの私的利用の禁止等を明記することもあります。 なお、社員同士のコミュニケーション向上を図る目的で、社内でのサークル活動を推奨している例もあります。そのような場合に対応するため、一律に禁止にするのではなく、規定例のように申請のうえ、許可制としてもよいでしょう。
セクシュアルハラスメント	男女雇用機会均等法第11条で、セクシュアルハラスメント防止のため、事業主は雇用管理上必要な措置を講じなければならないと定められています。具体的な措置の内容は次の通りです。 ①事業主の方針の明確化およびその周知・啓発 ②相談（苦情を含む）に応じ、適切に対応するために必要な体制の整備 ③職場におけるセクシュアルハラスメントにかかわる事後の迅速かつ適切な対応 ④①から③までの措置とあわせて講ずべき措置（相談者・行為者等のプライバシー保護のための必要な措置と周知、相談したことや事実関係の確認に協力したこと等を理由とした不利益取扱いの禁止についての周知・啓発）

第2部　「就業規則」の例と作成・見直しポイント　103

（3）性的なうわさの流布

（4）不必要な身体への接触

（5）性的な言動により、他の社員の就業意欲を低下せしめ、能力の発揮を阻害する行為

（6）交際・性的関係の強要

（7）執拗な食事・デート等への誘い

（8）性的な言動への抗議または拒否等を行った社員に対して、解雇、不当な人事考課、配置換え等の不利益を与える行為

（9）その他、相手方および他の社員に不快感を与える性的な言動

3　会社は次の各号に掲げる行為を妊娠・出産・育児または介護休業等に関するハラスメントと規定する。正社員は職場内において、他の社員に対し妊娠・出産・育児または介護休業等に関するハラスメント行為をしてはならない。

（1）部下の妊娠・出産、育児・介護に関する制度や措置の利用等に関し、解雇その他不利益な取扱いを示唆する言動

（2）部下または同僚の妊娠・出産、育児・介護に関する制度や措置の利用を阻害する言動

（3）部下または同僚が妊娠・出産、育児・介護に関する制度や措置を利用したことによる嫌がらせ等

（4）部下が妊娠・出産等したことにより、解雇その他の不利益な取扱いを示唆する言動

（5）部下または同僚が妊娠・出産等したことに対する嫌がらせ等

4　会社は次の各号に掲げる行為をパワーハラスメントと規定する。正社員は職場内において、職務上の地位や人間関係等の職場内の優位性を背景にした、業務の適正な範囲を超える言動により、他の社員に精神的・身体的な苦痛を与えたり、就業環境を害するようなパワーハラスメント行為をしてはならない。

（1）暴力行為

（2）脅迫

（3）他の社員の名誉を傷つけるような発言やひどい暴言

（4）特定の社員を無視する行為

（5）業務上明らかに不要なことや、遂行不可能なことを他の社員に強制する行為

（6）部下に対し、理由もなく仕事を与えない、または与えても過度に程度の低い仕事を与えるような行為

（7）他の社員のプライバシーに過度に立ち入る言動

ここがポイント	ポイントの解説
LGBT	LGBT（レズビアン、ゲイ、バイセクシュアル、トランスジェンダーといったセクシュアルマイノリティー）当事者が日常の生活において抱える問題は、昨今社会で広く認識されるようになってきました。会社としてもどのように向き合っていくか、現実的な問題として認識し対応していく動きが広がっています。また、平成28年8月2日改正の「事業主が職場における性的な言動に起因する問題に関して雇用管理上講ずべき措置についての指針」（厚労省告示314）にて、「被害を受けた者（以下「被害者」という）の性的指向又は性自認にかかわらず、当該者に対する職場におけるセクシュアルハラスメントも、本指針の対象となるものである」と明記され、LGBTについても、セクシュアルハラスメントの対象となることが明らかになっています。そのため、就業規則等にも禁止される内容に追記し、相談窓口や処分の対象となることを周知・徹底する対応が必要となります。
マタニティハラスメント	平成29年1月1日の法改正により、男女雇用機会均等法にて「職場における妊娠、出産に関するハラスメント」、いわゆる「マタハラ」と、育児・介護休業法にて「育児休業・介護休業等に関するハラスメント」について、会社が対応すべき内容が指針で示されました。主な内容としては次の通りです。①事業主の方針の明確化およびその周知・啓発②相談（苦情を含む）に応じ、適切に対応するために必要な体制の整備③職場における妊娠、出産、育児休業等に関するハラスメントにかかわる事後の迅速かつ適切な対応④職場における妊娠、出産、育児休業等に関するハラスメントの原因や背景となる要因を解消するための措置⑤①～④までの措置とあわせて講ずべき措置（相談者・行為者等のプライバシーを保護するために必要な措置を講ずるとともに、その旨を労働者に対して周知すること等） 上記5つのうち、①については妊娠出産等に関するハラスメントの行為者について、厳正に対処する旨の方針・対処の内容を就業規則等で明確にし、管理・監督者を含む社員に周知・啓発することとなっています。本書の規定例ではマタハラ等の指針に対応し、会社としての方針を示し、違反者に対して懲戒処分する旨を定める内容となっています。

第2部　「就業規則」の例と作成・見直しポイント　105

5　管理職の地位にある者は、良好な職場環境を確保するため、日常の指導等により前2項から4項に定めるハラスメント（以下「ハラスメント」という）の防止および排除に努めるとともに、ハラスメントに起因する問題が生じた場合には、各職場において迅速かつ適切に対処しなければならない。

6　ハラスメントに関する相談および苦情処理の相談窓口は人事部に設置し、責任者は人事部部長とする。人事部部長は、窓口担当者を周知する。

7　ハラスメントを受けていると思う正社員は、会社に申出ることができる。また、他の社員等が被害を受けていると思われる場合も、当該社員等に代わって申出ることができる。

8　相談および苦情への対応にあたっては、関係者のプライバシーは保護されるとともに、相談をしたことまたは事実関係の確認に協力したこと等を理由として不利益な取扱いはしない。

第63条（貸与パソコン等の私用禁止とモニタリング）

　正社員は、パソコン、スマートフォン、タブレット等その他会社より貸与された情報機器等を私的に使用してはならない。

2　正社員はフリーメールやプログラムのインストール等会社の許可を受けずに行ってはならない。また私物のパソコン、USB等記憶媒体を会社のパソコンに接続してはならない。

3　会社が必要と判断した場合には、正社員の同意を得ることなく貸与したパソコン等のインターネットの閲覧履歴、メールの送受信履歴その他蓄積されたデータ等のモニタリングを行うものとする。

4　正社員は会社がモニタリングを行う際にはパスワードの開示等に協力しなければならない。

ここがポイント	ポイントの解説
パワーハラスメント の禁止	現在さまざまな形でパワーハラスメント問題が表面化しています。上司から部下だけではなく、部下から上司等のケースもあります。対応としては、当事者間の個別問題で終わらせるのではなく、会社の問題として取組むことが重要です。就業規則に規定するだけでなく、研修等を積極的に行う等パワーハラスメントのない職場を目指しましょう。
貸与パソコンの私用 禁止とモニタリング	少子高齢化が進み、育児や介護の支援目的からリモートワーク、在宅勤務等を導入する会社が増えてきました。社員にパソコンのみならず、スマートフォン等携帯機器の貸与を行う会社も少なくありません。会社がモニタリングを行う際、経済産業省の個人情報の保護に関する法律についての経済産業分野を対象とするガイドライン（平28.12.28　厚生労働省・経済産業省告示第2号）では、社員へのモニタリングについて留意事項を次のように定めています。 ①モニタリングの目的、すなわち取得する個人情報の利用目的をあらかじめ特定し、社内規程に定めるとともに、従業者に明示すること ②モニタリングの実施に関する責任者とその権限を定めること ③モニタリングを実施する場合には、あらかじめモニタリングの実施について定めた社内規程案を策定するものとし、事前に社内に徹底すること ④モニタリングの実施状況については、適正に行われているか監査または確認を行うこと 上記については、労働組合等と必要に応じて協議を行い、決定された重要事項は労働者等に周知することが望ましいとされています。 なお、個人所有のパコソン等を会社が強制的にモニタリングすることはプライバシーの侵害にあたり、不法行為になる可能性があります。

第2部　「就業規則」の例と作成・見直しポイント　　107

第64条（SNSの遵守義務）

　正社員は以下の各号に該当する会社の業務、役員、社員その他関係者ならびに取引先や顧客（法人、個人は問わない）に関するいかなる事項も会社の許可なくインターネットやSNS、その他あらゆる媒体に書き込み、投稿、発信、公開、または掲示等をしないこと。

（1）会社のロゴや商品の画像または映像等、会社が識別できる事項

（2）著作権、商標権、肖像権等第三者の権利を侵害するような事項

（3）役員、社員または顧客が識別できる事項

（4）会社、役員、社員または取引先や顧客を誹謗中傷する事項

（5）会社の商品、人事、顧客リスト等営業、売上等経理に関する事項

（6）前各号に準ずる事項

2　前項各号に該当する書き込み等を行っている場合は、速やかに削除すること。

3　正社員は第1項に該当すると思われる書き込み等を発見した場合には、直ちに会社に通報すること。

4　会社が業務上SNSを利用する場合はこの限りではない。

第65条（秘密保持義務）

　正社員は在職中、退職後を問わず、業務上知り得た秘密および個人情報（以下各号に定めるがこれに限らない）を会社の指示なく開示、提供、利用、保管し、または第三者に洩らしてはならない。

（1）業務にかかわるノウハウ

（2）新製品および研究開発に関する情報

（3）顧客（法人、個人は問わない）に関する情報

（4）取引先に関する情報

（5）会社の人事、顧客リスト等営業、売上等経理、監査に関する情報

（6）その他会社が業務上秘密としている情報

第66条（競業避止義務）

　正社員が在職中および退職後1年間、会社と競合する他社に就職および競合する事業を営むことを禁止する。ただし、会社が正社員と個別に競業避止義務について契約を締結した場合には、当該契約によるものとする。

ここがポイント	ポイントの解説
SNS の遵守義務	SNS は今や日常生活のツールとして幅広く利用されています。その手軽さゆえに情報漏洩や、不用意な言動により会社の風評被害を招くリスクがあります。業務に関する事項等の書き込み禁止を明確に示し、社員へ周知しましょう。また、客先との業務以外での私的なトラブルから社員を守るためにも個人的なアカウントの交換を禁止する規定も有効です。
競業避止義務	会社の技術やノウハウ、営業機密は、利益を生み出すための大切な資産です。これらが、ライバル会社に渡らないように在籍中はもちろん、退職後も一定期間競業他社への転職を禁止する旨を定めておくことは重要です。また、定めておくことで抑止的な効果にもなります。ただし、在籍中は社員として、当然にこの競業避止義務を負っているものの、退職後は『職業選択の自由』があるため、合理的な範囲でしか認められません。そのため、退職後の競業禁止期間について、あまりに長い期間であると無効と判断される可能性があるので注意が必要です。 なお、競業避止義務違反による退職金の減額または不支給については退職金の章で説明します（189 ページ参照）。

第 2 部　「就業規則」の例と作成・見直しポイント　109

第9章　表彰および懲戒

第1節　表　彰

第67条（表彰事由）

　正社員が、次の各号の一に該当するときは、会社が役員会議に諮り審査のうえ表彰する。

（1）業務遂行上の改善および業績向上に著しい貢献があったとき

（2）社会的に功績または善行があり、名誉となるような行為があったとき

（3）災害等を未然に防ぎ、または非常時の対応に功績があったとき

（4）勤務成績等優秀にして、他の社員の模範となっているとき

（5）業務に関し、有益な工夫・考案を為し、または提案を行ったとき

（6）その他表彰に値する事由があったとき

2　所属長は、表彰の対象者にふさわしいと認めた正社員について、会社へ書面をもって上申することができる。

第68条（表彰の方法）

　表彰は、その功績、善行の程度により次の一または二以上あわせて行うものとする。

（1）賞状授与

（2）賞品（記念品）の授与

（3）賞金（金一封）の授与

（4）特別功労金の支給

（5）その他

第2節　懲　戒

第69条（懲戒の種類）

　懲戒は、次の各号の一また二以上あわせて行うものとする。

（1）けん責――始末書をとり戒める。

（2）減　給――始末書をとり1回の減額を平均賃金（労働基準法第12条）の1日分の1／2とする。ただし、総額は当該給与計算期間の総支給額の1割以内に留める。

ここがポイント	ポイントの解説
表彰	社員のモチベーション向上のために表彰制度を設けることがあります。永年勤続等長年の功労に対し表彰するケースが多いのですが、最近は MVP 等 1 年や四半期で表彰する会社も増えてきています。
表彰の方法	表彰の方法は、金銭に限りません。金銭による一時金や記念品等が代表的なものですが、その方法は自由です。ただし、税法上の課税・非課税の取扱い、または健康保険・厚生年金保険上の取扱いについて確認を行うようにしてください。
懲戒	懲戒とは、企業秩序に違反した社員に対して科す制裁罰です。
懲戒の種類	懲戒の種類と内容は次の通りです。 ①けん責 『始末書』をとり、将来に向かって戒めることです。場合によっては『始末書』をとらずに『戒告』として口頭での注意にとどめる会社もあります。

第2部 「就業規則」の例と作成・見直しポイント　111

（3）出勤停止 —— 始末書をとり 30 日以内の出勤を停止し、その期間の給与は支給しない。
（4）降職、解任、降格 —— 始末書をとり役職位を降職しまたは解任、資格等級の降格を行う。
（5）諭旨解雇 —— 退職願の提出を勧告し退職させる。ただし、会社の定めた期間内に勧告に従わない場合は懲戒解雇とする。
（6）懲戒解雇 —— 即時解雇とする。

ここがポイント	ポイントの解説

②減給

懲戒処分として一定額の賃金を控除することです。なお、労基法第91条にて、労働者に対して「減給の制裁を定める場においては、その減給は、一回の額が平均賃金の一日分の半額を超え、総額が一賃金支払期における賃金の総額の十分の一を超えてはならない」と一定の制限があるため、注意が必要です。

③出勤停止

一定期間出社させず、賃金の支払いを行わないことです。なお、賃金を支払わないことについては、制裁として出勤停止の当然の結果であり、前述の「減給」で述べた労基法第91条の制限を受けるものではありません（昭23.7.3　基発2177号）。

④降職、解任、降格

制裁として、職位を引き下げる、役職を解くまたは資格等級を引き下げることです。降職、解任、降格により、給与が変更された場合でも、「職務毎に異なった基準の賃金が支給されることになっている場合、職務替によって賃金支給額が減少しても、労基法第91条の減給制裁規定に抵触しない」とされています（昭26.3.31　基収第938号）。

⑤諭旨解雇

本来懲戒解雇に該当する事案ですが、情状が認められる場合に懲戒解雇とせずに、退職願の提出を勧告することです。その際、会社が定めた期間内に退職願が提出されない場合には懲戒解雇とします。

⑥懲戒解雇

懲戒として解雇処分することであり、懲戒のなかで最も重い処分です。懲戒解雇は、一般的に退職金が不支給とされ、また懲罰履歴が残り再就職にも影響が生じ、社員にとっては著しく不利益を被ることになるため、極めて慎重に行わなければなりません。

自筆の始末書を書かせること	『始末書』を提出させる場合は以下を確認してください。 ①自筆で書かれていること ②自筆の署名があること ③事実関係を認め、二度と同じような違反行為はしないことを宣言していること ④今後同様の違反行為を行った場合はいかなる処分も受けることを宣言していること

第2部　「就業規則」の例と作成・見直しポイント　113

第70条（懲戒事由）

　正社員が、次の各号の一に該当したときは、前条（懲戒事由）に定める懲戒に処する。

（1）会社が定める諸規則に違反し、会社の役員や所属長の業務命令に従わないときまたは従おうとしなかったとき

（2）正当な理由なく異動を拒否したとき

（3）職場で業務上不正行為があったとき

（4）故意または過失により業務または就業に関して会社に虚偽の事項を述べたとき

（5）出勤状況または勤務態度が不良で、注意を受けても改めないとき

（6）無断欠勤、無断の遅刻・早退、無断の職場離脱等があったとき

（7）正当な理由なく欠勤、遅刻・早退、職場離脱等があったとき

（8）故意または過失によって会社の業務または信用関係において不利益を与えたとき

（9）誠実に勤務せず職務を怠ったとき、または職務遂行上で顧客の業務に支障をきたしたとき

（10）職務を怠り、災害、事故を引き起こし、または会社もしくは取引先企業の設備、器具等を損壊したとき

（11）会社の業務を妨害し、または妨害しようとしたとき

（12）法令等に違反する行為があったとき、または窃盗、横領、傷害等刑法犯に該当する行為があったとき

（13）素行不良等により、職場の規律をみだし、会社に悪影響を及ぼしたとき

（14）雇入れ時に、採用条件の判断となる学歴・職務経歴等を偽っていたとき

（15）扶養控除申告その他給与計算の基礎となる事項について、虚偽の申告、届出等を行っていたとき

（16）会社の承認を得ず他の企業等の役員となり、もしくは重複して雇用契約を為し、またはコミッション契約等の交渉もしくは契約をしていたとき

（17）所定の手続きを経ないで一方的に退職したとき

（18）第60条（勤務上の服務）、第61条（施設、物品等利用上の服務）、第62条（ハラスメントの禁止）、第63条（貸与パソコン等の私用禁止とモニタリング）、第64条（SNSの遵守義務）、第65条（秘密保持義務）または第66条（競業避止義務）の定めその他この規則に違反したとき

（19）その他前各号に準ずる程度の事由があったとき

ここがポイント	ポイントの解説

懲戒事由を定めるということ

会社が実際に懲戒処分を行うためには、あらかじめ就業規則において懲戒の種別および事由を定め、周知しておかなければなりません（平15.10.10「フジ興産事件」最二小判）。

懲戒事由を定める際のポイントは、より具体的に想定することです。会社として看過できない事由は詳細に規定しましょう。

なお、全てを想定することは困難なため、最後に「その他前各号に準ずる程度の事由があったとき」という事由の規定も忘れないでください。左ページの第70条（19）のように明記します。

懲戒処分の妥当性

労契法第15条では、「使用者が労働者を懲戒することができる場合において、当該懲戒が、当該懲戒に係る労働者の行為の性質及び態様その他の事情に照らして、客観的に合理的な理由を欠き、社会通念上相当であると認められない場合は、その権利を濫用したものとして、当該懲戒は、無効とする」と定めています。

これは、会社が社員を懲戒することができる場合であっても、その懲戒が「客観的に合理的な理由を欠き、社会通念上相当であると認められない場合」には権利濫用に該当するものとして無効となることを明らかにするとともに、権利濫用であるか否かを判断するにあたっては、労働者の行為の性質および態様その他の事情が考慮されることを規定したものです（平24.8.10　基発0810第2号）。社員の違反事項と、それに対する懲戒処分が妥当なものであるか、事情等も考慮して慎重に判断することが必要です。

二重懲罰の禁止

懲戒処分を行う場合『二重懲罰の禁止』に注意が必要です。過去に一度懲戒処分を行ったにもかかわらず、同じ行為について再度処分を行うことは禁止されているのです。

第2部　「就業規則」の例と作成・見直しポイント　　115

第71条（懲戒の対象者）

懲戒は、当事者の他教唆し、もしくは幇助した者、または監督不行届きのあった責任者等もその対象とする。

第72条（懲戒の手続）

懲戒は、会社の懲罰委員会に諮り決定する。

2　懲戒は、その事項につき事実の調査、確認等を行い必要に応じて本人に弁明の機会を与えるとともに、所属長やその他の関係者の意見を聴き審査のうえ行うものとする。

3　なお、懲罰委員会の委員については、会社が都度決定する。

第73条（自宅待機）

会社は、懲戒事由に該当する行為があった場合または該当が疑われる場合、調査または審議が決定するまでの間、当該正社員に対して自宅待機を命ずることがある。

2　前項により自宅待機を命じる場合は、原則として1日につき平均賃金の6割を支払う。

第74条（損害賠償）

会社は、正社員が故意または過失によって会社に損害を与えたときは、その損害について賠償請求するものとする。

2　損害賠償を補てんした場合であっても、懲戒を免じることはない。

3　損害賠償の義務は、退職後においても免れるものではない。

ここがポイント	ポイントの解説

違反行為者以外の懲戒

懲戒事由に該当する違反行為を行った社員だけではなく、教唆（きょうさ）または幇助（ほうじょ）を行った他の社員、またはその社員の上司を対象に懲戒処分を行う場合も想定されます。懲戒処分が就業規則を根拠に有効とされることから、それらも対象とすることを定めておく必要があります。

懲戒処分の手続き

懲戒処分の手続き方法を定めておきましょう。手続きを定め、運用を行うことが懲戒処分の有効性を高めます。左ページの規定例のように懲罰委員会を設置する場合は、その構成等も事前に定めておきましょう。また、本人に弁明の機会を与えることもポイントの1つです。

自宅待機は休業手当が必要

自宅待機は、懲戒処分が決定するまでの間、その社員が証拠隠滅や隠蔽を行わないようにするため、また職場にいる他の社員に対して悪影響を及ぼさないために設けるものです。
懲戒処分としての出勤停止とは異なり、会社の業務命令で就業させない処置になるので休業手当の支払いが必要です。なお、この休業手当は、労基法第26条で定められており、使用者の責に帰すべき事由により休業させる場合に、使用者は休業期間中に労働者に対して、平均賃金の100分の60以上の手当を支払わなければならないとされています。

損害賠償を予定する規定は違反

労基法第16条では、「使用者は、労働契約の不履行について違約金を定め、又は損害賠償額を予定する契約をしてはならない」としています。これは会社が損害を受けた場合は、社員は○○万円支払うものとするというように、あらかじめ損額賠償額を定めておくような契約内容を指します。社員の故意または過失により、会社に実際に損害が発生した場合、社員に対し損害賠償を行うこと自体を禁止しているものではありません。
規定には懲戒処分とは別である旨と、退職後の損害賠償の義務について定めておきます。

第2部 「就業規則」の例と作成・見直しポイント 117

第10章　安全衛生および災害補償

第75条（健康と安全）

　会社は正社員の健康障害の防止に努めるものとする。また正社員は会社の施設の保安、職場の整理、整頓に努め、災害の予防に努めるものとする。

第76条（災害の措置）

　正社員は、災害が発生し、またはその危険があることを知ったときは、速やかに所属長へ通報する等、適切な措置をとらなければならない。

2　前項につき、所属長は通報者に対し適切な指示を行うとともに担当部署へ報告しなければならない。

第77条（健康診断等）

　会社は、正社員に対し雇入れの際、および毎年1回（深夜業務等に従事する者は6ヶ月ごとに1回）定期的に健康診断を行うものとする。

2　会社は、正社員に対し必要に応じて、健康診断または予防接種を受けさせることがある。

3　正社員は、正当な理由がない限り、前各項の健康診断等を受診しなければならない。

4　会社は、正社員の過重労働による健康障害を防止するため、次の各号の一に該当する場合は医師による面接指導を行う。ただし、1ヶ月以内に面接指導を受けた正社員で、面接指導を受ける必要がないと医師が認めた者はこの限りではない。

（1）時間外・休日勤務時間が、1ヶ月あたり80時間を超え、かつ、当該正社員より申出があったとき

（2）時間外・休日勤務時間が、2ヶ月から6ヶ月の平均で1ヶ月あたり60時間を超え、かつ、当該正社員より申出があったとき

5　会社は、正社員に前項の申出を適正に行わせ、正社員の健康を確保するために時間外・休日労働時間の合計が1ヶ月あたり80時間を超えたとき、または2ヶ月から6ヶ月平均で1ヶ月60時間を超えるときは、当該社員にすみやかにその情報を通知するものとする。

6　会社は、正社員のメンタルヘルス不調の未然防止（一次予防）に資するために、毎年1回定期的にストレスチェックを行うものとする。

7　正社員は、前項のストレスチェックを受検するよう努めなければならない。

ここがポイント	ポイントの解説
会社の安全配慮義務	会社は、労働契約に伴い、労働者がその生命、身体等の安全を確保しつつ労働することができるよう、必要な配慮をしなければなりません（労契法第5条）。これを安全配慮義務と言い、具体的には、会社が、施設・設備の保安を行ったり、社員に対して安全教育を実施したり、あるいは、健康診断や長時間労働者に対して医師の面接指導等を実施する等して、社員が安全な環境下で、健康を害することなく働けるように配慮することを言います。 この安全配慮義務を果たすためには、会社だけではなく社員も、会社施設の保安等を行って、災害が発生しないように協力する必要があるのです。
一般健康診断	会社には、社員を雇入れた際や定期的に健康診断を実施する義務が課せられていますが、それと同時に、社員に対しても健康診断を受診する義務が課せられているのです。しかし、義務とはいえ健康診断を受診しない社員もいる可能性があるので、就業規則では、「会社は健康診断を実施する」旨を記載することとあわせて、「社員が受診しなければならない」旨も明記する必要があるのです。会社によっては受診率向上のために、社員が会社の受診命令に従わない場合には懲戒処分の対象とすることもあります。 また、健康診断（一般健康診断）の費用および受診中の社員の給与については、①「健康診断の費用については、法で事業者に健康診断の実施の義務を課している以上、当然、事業者が負担すべきものであること」、②「社員の健康確保は事業の円滑な運営に不可欠な条件であることを考えると、受診に要した時間の賃金を会社が支払うことが望ましい」とされています。（①昭47.9.1　基発第602号、②昭47.9.18　基発第602号）
医師による面接指導	長時間労働を恒常的に行った結果、脳疾患・心臓疾患や精神疾患を発症するケースが急増しており、近年、過重労働による健康障害が深刻化しています。その過重労働による疾病を予防する対策の1つとして、政府は、平成18年に労働安全衛生法を改正して、「長時間労働者に対する医師による面接指導の実施」を義務付けておりましたが、働き方改革関連法により、従来の基準がより一段と厳しく改正されました。具体的には、1ヶ月あたり80時間を超える時間外と休日労働を行い、かつ、当該労働者より申出があった場合に実施

第2部　「就業規則」の例と作成・見直しポイント　119

●「働き方改革関連法の改正」に伴う法改正のポイント

健康情報等に関する取扱い規程

　会社は、社員の心身の状態に関する情報を収集し、保管し又は使用するにあたっては、社員の健康の確保に必要な範囲内で社員の心身の状態に関する情報を収集し、当該収集の目的の範囲内でこれを保管し、及び使用しなければなりません。働き方改革関連法により、会社は健康情報等の適正な取扱いのために、労使の協議により、各種情報を取り扱う目的、方法、権限等について取扱規程を定め、社員に周知することが必要になります。（巻末282ページに、厚生労働省作成の規定例を基にした『健康情報等に関する取扱規程』を載せているのでご参照ください。）

第78条（伝染病等による出勤停止）

　正社員は、次の各号の一に該当する伝染病等にかかった場合、会社へ届出て、直ちに出勤を停止しなければならない。なお、家族もしくは住居付近で発生した場合は、会社に報告し、判断を仰ぐものとする。

　（1）感染症法に定める感染症にかかった場合

　（2）病毒伝播のおそれがある伝染性の疾病にかかった場合

　（3）前各号に準ずる疾病で厚生労働大臣が定める疾病にかかった場合

2　前項にかかわらず、会社が就業することが不適当と認めた正社員に対して、出勤停止を命じることがある。

ここがポイント	ポイントの解説
	が義務付けられました。また、改正により、1ヶ月80時間を超えた労働者に対して、速やかに当該超えた労働に関する情報を通知する必要があるため、注意が必要です。 なお、これらの基準を上回るものであれば会社は自由に定めてよいとされているので、対象者を明確にして就業規則へ記載するとともに、社員が申出しやすい環境や体制を整備することも必要です。
ストレスチェック	平成27年12月よりスタートしているストレスチェック制度は、うつ病等精神疾患を未然に防止するため、メンタルヘルスケアの一環であるセルフチェックの実施を義務化したものです。ストレスチェックは、社員が自ら心身の状況に気づき、病気になる前段階で何らかの手を打ち、メンタルヘルス不調者にならないようにすることを目的としています（一時予防）。 会社には、ストレスチェックを実施する義務がありますが、健康診断とは異なり、社員に対しては、ストレスチェックを受検する義務が生じません。したがって、ストレスチェック受検を義務付けるような明記や、受検しなかった者に対しては懲戒処分とする、というような規定は避けるべきでしょう。 また、できるだけ多くの社員に受検してもらうためには、社員への周知が重要になります。就業規則に記載するだけではなく、実施計画の策定や別規程の作成等も有効です。 （巻末272ページに、厚生労働省作成の規程例を基にした『ストレスチェック制度実施規程』を載せているのでご参照ください。）
伝染病感染による出勤停止	会社は、社員が伝染病等に感染した場合は、出勤を停止させなければなりません。 また、毎年流行する季節性インフルエンザやノロウィルス等法令に基づかない伝染病にかかった場合についても出勤停止できるように、「会社が就業することが不適当と認めた社員に対して、出勤停止を命じることがある」旨、規定しておくとよいでしょう（左ページの第78条2項）。 特にノロウィルスは感染期間が2週間～1ヶ月程度であり、仮に症状がなくなった場合でも、ある程度の期間休業させなくてはなりません。そのため、出勤停止期間および出勤再開時期の判断（医師の

第2部　「就業規則」の例と作成・見直しポイント　121

3　会社は、前各項により出勤停止とされた正社員および伝染病等にかかった疑い
のある正社員に対し、会社が指定する専門医の受診を命じるものとする。正社員
は正当な理由がない限り、これを拒むことができない。
4　出勤停止期間および出勤再開時期については、該当正社員より指定医師の診断
書を提出させ、会社が決定するものとする。

第 79 条（業務上・通勤災害の補償）
　会社は、正社員が業務上負傷、疾病または死亡した場合には、労働基準法の定め
るところにより災害補償を行う。ただし、同一の事由について、労働者災害補償保
険法の定めるところにより給付を受ける場合は、これに限らない。
2　正社員は、業務上災害を被った場合は、速やかに所属長を通して人事部に報告
しなければならない。

第 11 章　教育訓練

第 80 条（研修等）
　会社は、正社員の資質、技能の向上等レベルアップを図ることを目的として研修
その他教育訓練を行うものとする。
2　正社員は、会社の指示する研修、教育訓練等に対し積極的に参加しなければな
らない。

第 12 章　職務発明

第 81 条（職務発明）
　職務発明については、別に定める「職務発明規程」によるものとする。

ここがポイント	ポイントの解説
	診断書を提出させる等）についても規定しておく必要があります。 出勤停止となっている期間の給与については、法令（安衛法第 68 条、感染症予防法第 18 条）に基づく疾病による出勤停止であれば、会社都合によるものではないため、労基法第 26 条による休業手当の支給は不要となります。ただし、法令に基づかない疾病や家族や自宅近辺住民が原因で発生したことによる出勤停止については、会社都合による休業となり、休業手当の支給が必要になります。
職務発明制度	職務発明制度とは、社員の職務上の発明に対し、会社が特許権等を取得した場合の権利やその対価（報酬）の取扱いについて定める制度です。
特許の権利を会社に 帰属させる場合	社員の職務上の発明について、会社がその特許の権利を有するには、あらかじめその旨を就業規則に定めておく必要があります。 業種によっては、別規程で詳細を定めておいた方がよい場合もあります。なお、定める場合は、次の事項等が考えられます。 ①発明の届出・認定に関する事項 ②権利の承継・処分に関する事項 ③対価の算定方法・支払時期・発明者からの意見の聴取に関する事項 （巻末 282 ページに、特許庁作成の規程例を基にした『A 株式会社職務発明取扱規程（中小企業用）』を載せているのでご参照ください。）

第 2 部 「就業規則」の例と作成・見直しポイント　123

第13章　定年・退職・解雇

第1節　定　年

第82条（定　年）
　正社員の定年は満60歳とし、当該年齢に達した日（誕生日の前日）をもって退職とする。
2　定年に達した正社員が希望する場合は、退職事由または解雇事由に該当しない限り、満65歳を限度に、嘱託社員として再雇用する。嘱託社員の労働条件については個別雇用契約に定めるものとする。

ここがポイント	ポイントの解説
定年制	定年制とは、社員が一定の年齢に達したとき雇用契約を解除することを、あらかじめ就業規則等によって定める制度です。 なお、年齢については60歳を下回ることはできません。しかし、実際には65歳までの継続雇用が義務付けられていますので（高齢者等の雇用の安定等に関する法律第9条）、雇用確保措置を講じなければなりません。
3つの雇用確保措置	雇用確保措置は、以下の3つです。 ①定年の引き上げ ②継続雇用制度の導入 ③定年の廃止 なお、②については④定年再雇用制度、⑩勤務延長制度に分けられます。④は定年でいったん退職とし、新たに雇用契約を結び直す制度であり、⑩は定年で退職とはせずに引き続き雇用する制度となります。 平成25年4月1日の法改正により、定年再雇用制度を採用する場合は、退職・解雇事由（ただし年齢に係るものは除く）に該当する場合を除き、「対象者を労使協定で限定」することができなくなりました。 なお、経過措置として平成25年3月31日までに、労使協定で再雇用の基準を定めていた場合は、老齢厚生年金の支給開始年齢以上の者に限り、平成37年3月31日まで定年再雇用制度の対象者を限定する基準を設けることが認められています。
定年退職日を特定すること	定年退職の日は、「満○歳に達した日」や「満○歳に達する誕生日の属する月の月末」等定め方はさまざまです。しかし、「定年退職は60歳とする」のように、"その日"を特定できない定め方は運用上、トラブルを招くので注意が必要です。 なお、「満60歳に達した日」と定めた場合、"誕生日の前日"を指し、"誕生日"当日を指すものではないので、注意が必要です。

第2部 「就業規則」の例と作成・見直しポイント　　125

第2節　退　職

第83条（退　職）

正社員が次の各号の一に該当したときは、その日をもって退職とする。

（1）「退職届」を提出し会社の承認があったとき

（2）休職期間満了の日において休職事由が消滅せず復職できないとき

（3）休職期間中に休職事由が消滅した日において復職の申出をしないとき

（4）定年に達したとき

（5）役員に就任したとき

（6）解雇されたとき

（7）死亡したとき

（8）会社に連絡がなく欠勤し、30日が経過し会社が所在を確認できないとき

第84条（退職の手続）

正社員が自ら退職しようとする場合は、少なくとも1ヶ月前に退職届を提出するものとする。

2　退職届を提出した場合であっても会社の承認があるまでは従来の職務に服さなければならない。

3　前条（退職）の第2号、第3号、第4号、第5号、第7号および第8号については、自然退職とし、特別の事情がない限り会社が自動的に退職の処理を行う。

4　前条（退職）の第6号については、第86条（解雇手続）によって退職の処理を行う。

5　退職するときは、所属長の指示にしたがって、業務の引継ぎを行うとともに、健康保険被保険者証、その他会社に帰属する書類、金品等の一切を速やかに返還しなければならない。

ここがポイント	ポイントの解説
一般的な退職事由	退職事由として主に挙げられるのは、以下の通りです。 ①自己都合退職 ②労働契約期間の満了 ③休職期間の満了 ④定年 ⑤役員就任 ⑥解雇 ⑦死亡
自然退職	『自然退職』とは、あらかじめ就業規則に記載しておくことで、社員本人の意思にかかわらず当然に退職になるものとして、その事由が発生した場合には、会社が自動的に当該社員の退職手続きを行うことができる事由となります。なお、上記退職事由のうち、②〜⑤および⑦が自然退職です。
無断欠勤への対応	社員の無断欠勤が長期間続いている場合、一般的に解雇事由に該当すると考えられますが、解雇は『意思表示』であるため、社員にその意思が到達しなければ効力が生じません。これらのことから実務上は、規定例のように長期間無断欠勤が続いた場合は、自動的に退職とする旨を規定すべきでしょう。
退職の申出時期	自己都合による退職の場合、「退職を希望する1ヶ月前に会社へ申出るものとする」と定めている会社は多くあります。業務の引継ぎ、人員の手配や配置等が主な理由です。 しかし、民法上では期間の定めのない社員が退職を申出た場合、申出から2週間を経過するとその退職が有効とされています（民法第627条1項）。就業規則に規定されているという理由のみをもって退職を認めないことはできないのでご注意ください。

第2部 「就業規則」の例と作成・見直しポイント　127

第3節　解　雇

第85条（解雇事由）

　正社員が次の各号一に該当するときは、会社は雇用関係を解除し解雇する。

（1）業務遂行能力のレベルが劣り、他の社員の志気の高揚または業務遂行に支障をきたしていると判断したとき

（2）遅刻、早退、欠勤等または勤務時間中の態度が悪く他の社員とのコミュニケーションやチームワークを阻害し、業務遂行に支障をきたしていると判断したとき

（3）組織機構の改革、もしくは事業の縮小、統廃合等業務の必要上またはやむを得ない事由によって人員の調整を行う必要があると判断したとき

（4）災害によって事業の継続が不可能となったとき

（5）試用期間中に、または試用期間満了後も継続雇用するに適さないと判断したとき

（6）第70条（懲戒事由）に該当したとき

（7）この規則第12条第2項に該当したとき、またはこれに準ずる程度の会社と社員の信頼関係を損ねる行為があったとき

（8）精神または身体に故障があり就業に耐えることが困難であると認められたとき

（9）その他前各号に準ずるやむを得ない事由があったとき

ここがポイント	ポイントの解説

解雇事由

労基法第89条により、退職に関する事項として、就業規則に解雇事由を規定しなければなりません。

解雇については、労契法第16条において「解雇は、客観的に合理的な理由を欠き、社会通念上相当であると認められない場合は、その権利を濫用したものとして、無効とする」と定められています。つまり、社会一般に認められるような事由でなければなりません。

解雇の事由として次のような事項が考えられますが、できるだけ具体的に数多く定めておくべきでしょう。

①社員の能力不足

②勤務状況の不良

③経営上の理由や、天災事変による事業等の縮小

④試用期間中の者に対する適性

⑤精神的・肉体的に業務に耐えられないと会社が判断したとき

また、第85条（9）のように事由の最後に包括的条項を設けることも忘れないでください。

普通解雇と懲戒解雇

普通解雇：社員の勤務態度、成績、健康上の理由または会社の経営上の理由によるもの等就業規則上定める事由により行う解雇

懲戒解雇：秩序違反した社員に対して、懲戒のなかで最も重い処分として処分する解雇

普通解雇は就業規則で定める事由をもとに、社員に対して一方的に労働契約の解約をすることですが、懲戒解雇は社員の重大な違反行為に対して制裁処分として行うものです。

解雇が禁止されている事由

以下、解雇が禁止されている代表的な事由です。

①労働者の国籍、信条、社会的身分

②労働者の性別

④労働者が労働基準監督機関に申告したこと

⑤女性労働者が婚姻したこと、妊娠・出産したこと等

⑥労働者が、個別労働関係紛争に関し、都道府県労働局長にその解決の援助を求めたこと

⑦労働者が、男女雇用機会均等法、育児・介護休業法およびパートタイム労働法にかかわる個別労働紛争に関し、都道府県労働局長にその解決の援助を求めたり、調停の申請をしたこと

第2部　「就業規則」の例と作成・見直しポイント　129

第 86 条（解雇手続）

　解雇は、次に定める手続きによって行う。

　（1）口頭または書面によって通告する

　（2）30 日前に予告するか、または 30 日分の平均賃金を支払って即時解雇とする

2　前項第 2 号の予告日数は、1 日につき平均賃金を支払った場合は、その日数を短縮する。

3　次の各号の一に該当する場合は、平均賃金を支払わずに即時解雇とする。

　（1）日々雇用する者で 1 ヶ月を超えていないとき

　（2）2 ヶ月以内の期間を定めて雇用した者で、所定の期間を超えていないとき

　（3）試用期間中の者が、入社日より 14 日を超えていないとき

　（4）所轄労働基準監督署長に解雇予告除外の認定を受けて解雇するとき

ここがポイント	ポイントの解説

⑧労働者が育児・介護休業等の申出をしたこと、または育児・介護休業等をしたこと

⑨労働者が労働組合の組合員であること、労働組合に加入し、またはこれを結成しようとしたこと、労働組合の正当な行為をしたこと等

⑩公益通報をしたこと

上記⑤については、女性労働者の妊娠中または産後1年以内になされた解雇は、事業主が妊娠等を理由とする解雇でないことを証明しない限り無効となるので注意が必要です。

解雇予告

解雇の手続きについては、労基法第20条において、「使用者は、労働者を解雇しようとする場合においては、少なくとも30日前にその予告をしなければならない。30日前に予告をしない使用者は、30日分以上の平均賃金を支払わなければならない」と定められています。ただし、以下のケースについては、解雇予告等が除外できることになっています。

①日々雇入れられる者（1ヶ月を超えた者を除く）

②2ヶ月以内の期間を定めて使用される者（所定の期間を超えた者を除く）

③季節的業務に4ヶ月以内の期間を定めて使用される者（所定の期間を超えた者を除く）

④試用期間中の者（14日を超えた者を除く）

⑤所轄労働基準監督署に解雇予告除外の認定を受けたとき

なお、⑤のケースついては、労働者の責に帰すべき事由による場合（横領、無断欠勤等）と、天災事変その他やむを得ない事由で事業の継続が不可能による場合（火災による焼失や地震よる倒壊等）になります。

第 87 条（解雇制限）

　次の各号の定めに該当する場合は、解雇をしない。ただし天災事変その他やむを得ない事由のため事業の継続が不可能となり所轄労働基準監督署長の認定を受けた場合はこの限りではない。

（1）業務上災害によりその療養のため欠勤または休職する期間およびその後 30日間
（2）出産休暇およびその後 30 日間

2　前項第 1 号の場合で、療養開始の日から 3 年が経過し、会社が平均賃金の 1,200日分の打切補償を支払う場合、または労働者災害補償保険法第 19 条における傷病補償年金を受けることとなった場合はこの限りではない。

第 14 章　附　　則

第 88 条（附　　則）

　この規則は、平成○○年○月○日から施行する。

ここがポイント	ポイントの解説
解雇が制限されている期間	労基法上、解雇が制限されている期間として、「労働者が業務上負傷し、又は疾病にかかり療養のために休業する期間及びその後三十日間並びに産前産後の女性が第六十五条の規定によって休業する期間及びその後三十日間は、解雇してはならない」と規定されています（労基法第 19 条）。 ただし、「業務上負傷し、又は疾病にかかり療養のために休業する期間及びその後三十日間」については、①療養中の労働者が療養開始後 3 年を経過しても負傷または疾病が治癒しない場合においては、使用者が平均賃金の 1,200 日分の打切補償を支払う場合、②労働者が、療養開始後 3 年を経過した日において、労災保険法の傷病補償年金を受けている場合、またはその日以後において同年金を受けることとなった場合は、解雇制限が解除され例外的に解雇できるようになります。

第 2 部　「就業規則」の例と作成・見直しポイント　133

第 3 部

「傷病休職規程」の例と作成・見直しポイント

第1条（定義等）

　傷病休職とは、業務外の傷病（通勤災害を含む）、および体調不良等の健康上の理由（以下「傷病等」という）により欠勤し療養を要する正社員に対し、正社員としての資格を保有したまま、その療養に専念できる期間として、復職を前提に設けるものとする。

2　復職は、休職期間満了日までに治癒していると会社が認めた場合に限るものとする。なお、治癒とは、原則として、元の職務または同等レベルの職務を通常程度行える健康状態に回復していることを言う。

3　復職基準は以下の通りとする。

（1）所定勤務日数および所定勤務時間を勤務できること

（2）職場復帰に対して十分な意欲を示していること

（3）通勤時間帯に1人で安全に通勤ができること

（4）業務に必要な作業を遂行することができること

（5）作業等による疲労が翌日までに十分回復していること

（6）適切な睡眠覚醒リズムが整っていること

（7）昼間の眠気がないこと

（8）業務遂行に必要な注意力・集中力が回復していること

4　休職および復職等については、役員会議の合議に諮り、決定する。

第2条（休　職）

　正社員が次の各号の一に該当した場合には、会社は「休職通知書」を交付し、休職を命じることができる。

（1）傷病等による欠勤、遅刻、早退等の不完全就労日（以下「欠勤等」という）が直近3ヶ月間の所定勤務日において20日以上に達し、療養を要するとき

（2）傷病等により、労務提供が不完全であり、概ね1ヶ月以上の療養を要すると会社が判断したとき

2　前項において、会社が指定する医師への受診命令、家族に対して状況報告、および事情聴取等を行うことがあり、正社員は正当な理由がなくこれを拒むことはできない。

3　前項の会社が指定する医師への受診命令に従わない場合は、就業を禁止または制限することがあり、その期間は第1項第1号の欠勤等として取扱う。

4　傷病の原因について、所轄労働基準監督署長によって、業務上災害と認定された場合は、本規程によらず、就業規則第56条（業務上による傷病休職）の定めによるものとする。

ここがポイント	ポイントの解説
傷病休職の定義と復職の判断基準	傷病休職は、傷病等健康上の理由により、労務提供が不能となった社員に対して、継続して療養が必要であると会社が判断した場合に、一定期間社員としての身分を保有したまま労働を免除し療養に専念させ、再度職場に復帰させることを目的としています。その一方で、傷病が治癒せず復職できなかった場合には、自然退職あるいは解雇をすることになります。要するに、社員が労務提供できなくなった場合に療養させて一定の期間解雇を猶予する、といった制度ともいえるのです（解雇猶予期間）。また、復職については、「休職に入る前の健康状態に回復して従前の職務あるいは同レベルの職務を問題なく行える状態になっていると会社が判断した場合に復職させる」といったように、復職の判断基準を明確に定めておくことが重要です。
出勤と欠勤を繰り返す社員への対応	この休職発令の要件が、傷病休職のなかで最も重要な項目の1つでしょう。近年はうつ病等メンタルヘルス不調による精神疾患の件数が増加していますが、メンタルヘルス不調の場合、身体の病気とは異なり、症状の安定・悪化が日によって変化することがあるため、出勤・欠勤を繰り返すのが特徴的です。そのため、例えば、「欠勤が引き続いて20日以上に達し、療養を要するとき」のような規定の仕方では、欠勤が連続して20日とならない限り、いつまでも休職を命じることができなくなってしまいます。そこで、第2条1項1号のように「直近3ヶ月間の所定勤務日において欠勤等が20日以上に達し療養を要するとき」等の規定をしておけば、出勤と欠勤を繰り返すような断続的な欠勤の場合でも、欠勤等が累積して20日となれば休職を命じることができる、という訳です。 メンタルヘルス不調の場合、出勤しているものの、病気の影響により、労務提供が不完全となり業務そのものに支障が生じてしまうケースもあるので、第2条1項2号のような規定も重要でしょう。ただし、この規定を適用する際は、対象となる社員に対して、不安定な勤怠によって業務に支障が出ていることを説明し、「合意をもって休職に

第3条（適用除外）

　傷病休職は下記の社員には適用しない。

（1）A社員

（2）嘱託社員

（3）試用期間中の者

（4）休職期間中に回復の見込みがないと医師により判断された正社員

第4条（休職期間）

　休職期間は次の各号に定める期間の範囲において、医師が就業不能と認め、会社が承認した期間とする。ただし、復職の判断が間に合わない等やむを得ない事情があると会社が認めた場合は、休職期間を延長することがある。

（1）勤続1年未満　　　　　　　　　　　　　　　　　　　　3ヶ月

（2）勤続1年以上3年未満　　　　　　　　　　　　　　　　6ヶ月

（3）勤続3年以上5年未満　　　　　　　　　　　　　　　　　1年

（4）勤続5年以上　　　　　　　　　　　　　　　　　　1年5ヶ月

2　復職後1年以内に次の各号の一に該当する場合は、会社は再休職を命じることができ、その期間は前回の休職期間に通算する。

（1）同一または類似の傷病により欠勤したとき

（2）労務提供が不完全であり、勤務の継続が困難または健康に悪影響を及ぼすと会社が判断したとき

ここがポイント	ポイントの解説
	入る」といった実務的な対応も、重要なポイントとなります。 メンタルヘルス不調の症状により、遅刻や欠勤等、勤怠不良や業務に支障をきたしているにもかかわらず、本人が傷病を自覚していないケースもあります。そのような場合は、会社指定の専門医や産業医等の受診をさせることを規定上、義務付けます。産業医等の診断結果を根拠として、休職を命じることができるように明記しておくことも重要なポイントです。
〈適用除外①〉 アルバイト、パートタイマー	アルバイトやパートタイマーは、労働契約期間満了ごとに更新の有無を判断されることが多いため、長期間の勤務を免除する私傷病休職制度を設けない会社も多くあります。
〈適用除外②〉 試用期間中	試用期間とは、正社員としての適性を実際の働きぶりから判断する期間のことです。したがって、休職として労働を免除することは試用期間の趣旨に反するため、試用期間中の者については休職の対象から除外している会社もあります。 もちろん、アルバイトやパートタイマー、試用期間中の社員に対して、傷病休職制度を導入している会社もあります。
休職期間は会社の体力の範囲で設定	休職期間をどのぐらいの長さに設定する必要があるのかという点については、そもそも、労基法等法令で「傷病休職を設けなければならない」といった定めがないため、会社が任意に休職期間の長さを決定することができます。一律に○ヶ月と決めたり、勤続年数に応じて決めているケースもあります。会社の規模や業種によって、会社が許容できる範囲を設定していくのがよいでしょう。採用や育成が難しい業種では長めの期間を設定していることが多いように思います。 また、健康保険の傷病手当金の受給限度期間が1年6ヶ月であるため、欠勤期間と通算して1年6ヶ月となるように休職期間の長さを設定しているケースもあります。

第3部 「傷病休職規程」の例と作成・見直しポイント　139

第5条（休職期間の取扱い）
　休職期間中の給与は無給とする。ただし、休職期間中に、通常の業務と関連する業務を行った場合は、給与を支給することがある。
2　給与の改定および賞与については、対象期間から休職期間を除いて算定する。

第6条（休職期間中の報告義務等）
　休職中の正社員は概ね1ヶ月ごとに休職の状況を人事部に報告しなければならない。
2　休職中の正社員は、休職期間中の負担すべき社会保険料の本人負担分保険料、会社立替金等を毎月会社が指定する期日までに、会社指定の銀行口座に振り込まなければならない。
3　会社は、休職中でも必要に応じて、医師の診断書を提出させ、または産業医もしくは会社の指定する医師の診断を受けさせることがあり、正社員は正当な理由がなくこれを拒むことはできない。

ここがポイント	ポイントの解説
休職期間の延長	休職期間満了直前に社員から復職の申出があった場合、休職期間満了日において、会社の「復職の判断が間に合わない」といった事態が発生してしまう可能性があります。そこで、「会社が認めた場合は休職期間を延長することがある」旨を規定しておき、延長期間中に会社が復職可否の判断をできるようにしておくとよいでしょう。この規定がないにもかかわらず延長してしまうと、休職期間満了日があいまいになりトラブルに発展してしまうおそれがあります。
休職期間の通算	うつ病等メンタルヘルス不調が原因による傷病の場合、いったん復職したとしても、またすぐに再発してしまうケースがあります。この場合、138ページの規定例第4条2項のような再休職と休職期間の通算の規定がなければ、休職と復職を何度も繰り返してしまい、いつまでたっても休職期間満了に到達しないことになります。
休職期間中の給与	休職期間中の給与についても定めておく必要があります。 傷病休職中は労働が免除されているため、ノーワーク・ノーペイの原則により、給与を支給しないとするのが一般的です。 しかし、やむを得ない事情で休職期間中に業務を行った場合は、当然、労働の対価として給与を支払う必要があります。
休職期間中の状況報告	会社は、社員の傷病の経過(復職に向かっているのか、休職事由が継続しているのか等)を把握しておくことが必要なため、傷病休職中の状況(休職事由が続いているのかどうか、傷病の状況、回復の程度)を会社に報告させるように規定しておくとよいでしょう。

第3部 「傷病休職規程」の例と作成・見直しポイント　141

第7条（復職の手続）

　復職を希望する場合は、復職希望日の1ヶ月前までに、元の職務または同等レベルの職務を、通常程度行える健康状態に回復したことが記載された主治医の診断書を添付のうえ、所定の「復職願」を会社に提出しなければならない。

2　主治医の診断書をもとに、元の職務または同等レベルの職務を、通常程度行える健康状態に回復したと会社が認めた場合に、「復職許可通知書」をもって、復職を認める。なお、会社が必要と認めた場合は、第9条（仮出勤）に定める仮出勤を実施することがある。

3　復職が認められない場合は、「復職不許可通知書」をもって、休職期間満了日を限度に休職が継続される。

4　復職審査の際、会社は必要に応じて会社が指定する医師の診断および当該医師による診断書の提出を命じることがあり、正当な理由がなく正社員はこれを拒むことができない。

第8条（休職期間満了）

　休職期間が満了しても復職できない場合は、休職期間満了日をもって退職とする。

2　休職事由が消滅したにもかかわらず、所定の復職手続きをとらない場合には、休職事由の消滅した日をもって退職とする。

ここがポイント	ポイントの解説
休職期間中の社会保険料	休職期間中に給与の支給がない場合は、社員に本人負担の社会保険料を納付してもらう必要があります。そこで、「会社が指定する期日までに会社指定の銀行口座に振込む」等、納付方法についても規定しておいた方がよいでしょう。
復職の手続き	会社の復職可否の判断にはある程度時間が必要です。一方で休職者のなかには復職願を提出すれば、その翌日からすぐ職場復帰できると思っている者もおり、休職満了日直前になって復職願が提出されるケースがあります。したがって、復職の申出については、あらかじめ定めた期限（復職希望日の1ヶ月前等）までに申請するよう規定しておくことをおすすめします。
	復職にあたっては、会社所定の復職願とあわせて主治医の診断書も提出させ、復職基準（136ページの規定例第1条3項）を満たすところまで回復しているかどうかの確認をします。
	ただし、主治医の発行する診断書だけでは十分な情報が得られず、従前の業務を行えるまで回復しているかどうかを会社が判断できない場合がありますので、仮出勤の実施や会社指定の専門医の診断等を規定しておきましょう。
	この復職時の手続きについては、詳細に規定しておくことがポイントです。
	また、休職期間満了時に休職の事由が消滅せず、復職できない場合の取扱いについても注意が必要です（自然退職とするのか、解雇とするのか）。詳細は【休職期間満了時の取扱い】95ページを参照してください。

第3部 「傷病休職規程」の例と作成・見直しポイント　143

第9条（仮出勤）

　会社は、職場復帰の判断等を目的として、休職の身分のまま一定期間仮出勤を実施することがある。仮出勤の必要の有無については、会社が決定するものとする。

2　仮出勤期間中は、会社が作成した以下のスケジュールにしたがって出勤し、在社時間中の過ごし方については、会社と本人の話し合いのもとに会社が決定する。

		スケジュール
仮出勤	第1週	始業時刻に出勤し、午前中在社（週5日）
	第2週	始業時刻に出勤し、14時まで在社（週5日）
	第3週	始業時刻に出勤し、16時まで在社（週5日）
	第4週	フルタイム在社（週5日）

3　仮出勤期間中は、年次有給休暇の取得はできない。

4　仮出勤中に通常の業務と関連する業務を行った場合は、休職期間中であっても、仮出勤手当として給与を支給することがある。

5　仮出勤期間は原則として4週間とするが、会社の判断により、その期間を短縮、または延長することがある。

6　出勤状況が不完全であると会社が判断した場合は、直ちに仮出勤を中止し、当該仮出勤期間は休職期間に通算するものとする。

7　仮出勤が中止となった場合の再度の復職の申出は、仮出勤中止時より原則として1ヶ月間療養した後でなければならない。

ここがポイント	ポイントの解説
仮出勤の目的	復職させるにあたって、従前の業務を行える段階まで回復しているか否かは、会社が復職基準を勘案して判断します。しかし、提出された主治医の診断書だけではその判断が困難な場合もあります。そのため、休職者が復職可能かどうか、復職する前に直接チェックできる仮出勤制度を設けている会社も少なくありません。 特に、メンタルヘルス不調が原因の休職者については、身体の傷病とは異なり、就業できる状態にまで回復しているかどうかの判断が非常に難しく、一度回復し復職してもすぐに再発し、再び休職してしまうといったケースも少なくありません。そこで、会社は休職中の社員に対し、復職前の休職期間中に仮出勤してもらい、業務を行える段階まで回復しているかどうかの確認をしておいた方がよいでしょう。
仮出勤中のスケジュール	仮出勤は、会社が作成したスケジュールに沿って進めていきます。仮出勤の目的の1つとして、長期間、会社から離れて生活をしていた休職者に、出勤し在社できるように慣れてもらうこともあります。そのため、まずは通勤して短い時間在社することから始め、週を追うごとに徐々に在社時間を長くし、最終的には始業時刻から終業時刻まで在社できるようにしていくことがポイントです。また、在社時間中の過ごし方については、休職者との話し合いで決めることになりますが、産業医とも協議のうえ、休職者に無理のないように配慮する必要があります。
仮出勤中の給与等	仮出勤は、原則として業務を行わせることはありません。休職者の回復度合いによっては、リハビリとして簡単な業務を行わせることもあります。そういったケースを想定して、仮出勤手当を支給することがある旨を規定しておきましょう。 また、仮出勤期間は休職中のため、年次有給休暇を取得することはできないので注意してください。
仮出勤の延長・短縮	会社が設定した仮出勤期間では、復職が判断できない場合や、反対にすぐ復帰して問題ないと判断できる場合もありますので、仮出勤期間を延長、短縮できるような規定もしておいた方がよいでしょう。なお、仮出勤中に会社が期待していたような回復が確認できないケースや、傷病が悪化してしまい復職できない状態に陥る、というケー

第3部　「傷病休職規程」の例と作成・見直しポイント　　145

第 10 条（主治医との連携）

　会社は主治医に対して、本人の同意を得たうえで、職場復帰時に本人に求められる職務の内容その他について情報の提供を行うこと、または面談・所見聴取等を行うことがある。

2　会社が主治医と面談等をするにあたり、正社員は同行するかまたは会社が主治医との面談をすることについて同意をするよう、協力しなければならない。

3　主治医との面談等に正社員が協力しない場合は、主治医による診断書や本人より提供された情報、資料等を休職・復職の判断材料として採用しないことがある。

第 11 条（診断書等の費用）

　主治医による診断書にかかる費用については、本人がこれを負担し、会社が指定する医師の診断書等にかかる費用については、会社がこれを負担する。

ここがポイント	ポイントの解説
	スもあります。そのような場合には、直ちに仮出勤を中止して引き続き休職させることになりますが、仮出勤中は休職として取扱うので、休職期間に通算できるように規定しておきます。
仮出勤の中止後の取扱い	仮出勤が中止となった後、傷病がいまだ回復していないにもかかわらず、休職満了日の直前になって再度復職の申出を行ってくるケースがあります。そのため、仮出勤が中止になった場合は、中止時より一定期間は復職の申出はできないように規定しておくことも必要でしょう。
主治医との連携	復職にあたっては、社員が主治医の診断書を添付のうえ、会社所定の『復職願』を提出することになりますが（第7条）、社員から提出された診断書のなかには、主治医が休職者の職場環境や業務内容を把握していないため、『復職可』としか記載されていないケースもあります。復職は、原則として「元の職務または、同等レベルの職務を通常程度行える健康状態に回復している」（第1条2項）ことを前提としますので、会社は、社員が復職した場合の職務内容や職場環境の情報提供や面談・意見聴取等を実施し、主治医と連携できるようにすることも重要となります。 また、会社が復職の可否を適切に判断できるように、社員は、会社と主治医の面談等に同行あるいは同意するように協力しなければならない旨も規定しておくべきでしょう。
診断書の費用負担	診断書等の費用については、休職状態から復職できる段階まで回復していることは社員本人に証明する責任がありますので、社員負担とします（もちろん会社負担としても問題ありません）。一方、会社指定の医師の診断書にかかる費用については、会社の指示により発生するものですから会社負担とするのが一般的です。

第3部 「傷病休職規程」の例と作成・見直しポイント 147

第12条（復職後の職務等）

　復職を許可された正社員は、原則として休職前の職務に復帰させる。ただし、復職時に旧職務への復帰が適当でないと会社が判断した場合は、旧職務と異なる職務への配置や、その状況に応じた降格、給与の減額、給与体系の変更等の調整する等、その待遇を見直すものとする。

第13条（附　則）

　この規程は、平成○○年○月○日から施行する。

ここがポイント	ポイントの解説

復職時の配置

復職後は原則、休職前の職務に復職させる必要がありますが、傷病の状態によっては、従前の職務に就くことは困難だが他の軽易な業務は行えるというケースもあります。そういった場合を想定して、他の職務への配置やそれに伴う給与等、労働条件を変更する旨も規定しておくことが重要でしょう。ただし、実際に他の職務へ配置転換させ、それに伴い給与の引き下げや降格等の労働条件の変更を何の根拠もなく行った場合、合理的な理由を著しく欠き、社員に不利益を与えるものとして無効とされるおそれもあります。復職時に労働条件を変更する際は、本人からの同意をとるべきでしょう。

第 4 部

「給与規程」の例と
作成・見直しポイント

第1章　総　則

第1条（目　的）
　この給与規程（以下「規程」という）は、勤務する正社員の給与に関し、必要な事項を定めたものである。
　この規程に定めのない事項は、各人ごとに特別の契約がない限り、その都度会社が決定するものとする。

第2条（適用の対象）
　この規程は、就業規則第5条に定める正社員に適用する。

第3条（給与の体系）
　給与体系は、次の通りとする。

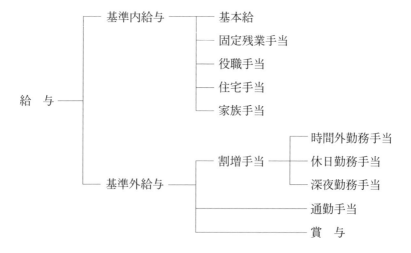

● 「働き方改革関連法の改正」に伴う法改正のポイント

> **同一労働同一賃金**
> 　無期労働契約と有期労働契約との間の待遇差について争った、ハマキョウレックス事件等を踏まえ、不合理と判断された場合でも正社員の規定が適用されることのないように、正社員に適用される就業規則と契約社員等に適用される就業規則はそれぞれ別々に作成し、規則についても適用範囲を明確にしておくべきです。

ここがポイント	ポイントの解説
絶対的必要記載事項	労基法第89条により、「賃金（臨時の賃金等を除く。以下この号について同じ。）の決定、計算及び支払の方法、賃金の締切り及び支払の時期並びに昇給に関する事項」については、就業規則において規定しなければならない事項となっています。 なお、給与規程だけを変更した場合でも、就業規則の変更となり、所轄の労働基準監督署長に届出る必要があります。
対象者	労働者の雇用形態（正社員と非正社員等）により、給与体系等が異なる場合については、本給与規程がどの社員に適用されるか明確にする必要があります。
手当	労基法において支払いが義務付けられている手当（時間外勤務手当、休日勤務手当、深夜勤務手当）を除き、どのような手当を支給するかは、原則として会社の自由です。どのような項目・名称を用いるか等、手当の設定については、会社が独自に決めることができるのです。 なお、いったん設定した手当については、労働条件の一部として、要件に該当したなら支払いが義務付けられます。また、金額を下げたり、手当を廃止することは不利益変更となり、認められない可能性が高くなります。 その他、割増賃金の算定基礎への算入等を考慮して手当の設定をしてください。
割増賃金の算定除外手当	家族手当や通勤手当のように、労働と直接的な関係がなく、労働者個人の事情に基づいたいわゆる属人的な要素が高い手当については、割増賃金の算定基礎にすると、家族数・通勤距離等の個人的事情の違いによって、各人の割増賃金単価に差が生じてしまいます。 このことから、労基法第37条5項および同施行規則第21条では限定的に『家族手当』『通勤手当』『別居手当』『子女教育手当』『住宅手当』『臨時に支払われた賃金』『1ヶ月を超える期間ごとに支払われる賃金』については、割増賃金の算定基礎から除外することが認められているのです。 ただし、上記の手当においても、「単に名称によるものでなく、その実質によって取り扱うべきもの」とされています（昭22.9.13　基発17号）。

第4部　「給与規程」の例と作成・見直しポイント　153

第4条（給与計算期間および支払日）
　給与は、原則として前月21日より起算し、当月20日に締切って計算する。
2　給与は、当月末日に支給する。ただし、支給日が土曜日、日曜日あるいは国民
　の祝日等の場合は、その直前の金融機関営業日に支払うものとする。

ここがポイント	ポイントの解説
	したがって、家族手当であれば、扶養家族数またはこれを基礎とする家族手当額を基準として算出した手当であることが求められますので、給与の均衡上、独身者にも一定額が支払われている場合や、家族数に関係なく一律に支払われる場合には、割増賃金の算定基礎から除外することができないのです。 通勤手当については、実費相当分の支給であることが条件ですので、距離にかかわらず一律に支給するような場合には除外することができません。 住宅手当については、『住宅に要する費用の 10％』のように実際のコストに応じて算定されていることが求められます。一律に支払われている場合や、賃貸住宅には 5 万円・持ち家居住者に 3 万円というように定額で支払われている場合は除外することができません。
毎月 1 回以上・一定期日払いの原則	労基法第 24 条により、「賃金は、毎月 1 回以上、一定の期日を定めて支払わなければならない」と規定されています。給与の締切り期間については、暦月ではなく、月をまたぐ 1 つの期間とすることも可能です。 また、支給日については、『毎週第 2 金曜日』のように支給日が変動するような決め方は認められず、『毎月末日』のように期日を特定する必要があります。

第 4 部 「給与規程」の例と作成・見直しポイント　155

第5条（給与の支払方法）

　給与は、正社員の同意を得て所定の手続きを経て、金融機関への口座振込とする。

2　正社員が死亡した場合の給与は、労基法施行規則第42条および第43条の定める順位に準じて支給する。

3　正社員または正社員の収入によって生計を維持する者が出産、疾病、災害その他法令で定める非常の費用に充てるため請求する場合は、支払日前であっても既往の労働に対する給与を支給する。

第6条（端数処理）

　給与支払額の総額に1円未満の端数が出たときは、1円に切り上げて支給する。ただし、遅刻・早退・欠勤等をした場合の給与減額については、1円未満を切り捨てる。

第7条（給与からの控除）

　次の各号に定めるものは給与から給与計算時に控除する。ただし、休職中等で控除できないときは、本人が直接会社へ納めるものとし、やむを得ない事由がある場合は本人の申出により会社が一時立替払いをすることがある。

（1）源泉所得税および住民税

（2）健康保険料、介護保険料、厚生年金保険料、雇用保険料等の被保険者負担分

（3）給与から控除することを協定したもの

ここがポイント	ポイントの解説

通貨払いの原則

労基法第24条により、給与は通貨で支払わなければならないと規定されています。

ただし、労基法施行規則第7条の2において、労働者の同意を得た場合には『労働者が指定する銀行その他の金融機関に対する口座振込みの場合』『労働者が指定する金融商品取引業者に対する当該労働者の預り金への振込みの場合』は例外として認められています。

なお、口座振込みの場合は

①口座振込み等の対象となる労働者の範囲

②口座振込み等の対象となる賃金の範囲およびその金額

③取扱金融機関および取扱証券会社の範囲

④口座振込み等の実施開始時期

について労使協定を締結する必要があります（平10.9.10　基発530号）。

端数処理と全額払いの原則

給与計算の端数処理については、就業規則に定めることにより、1ヶ月の給与支給額に100円未満の端数が生じた場合は、50円未満の端数を切り捨て、それ以上を100円に切り上げて支給することが認められています（昭63.3.14　基発150号）。

また、1ヶ月の給与支払額に生じた1,000円未満の端数を翌月の給与支給日に繰越して支給することも認められています。

なお、一定の項目（社宅、厚生施設の費用、組合費等）について、労使協定を締結した場合には、法令（所得税・住民税・健康保険料・介護保険料・厚生年金保険料・雇用保険料）に定めがない場合であっても給与から控除することができます。

原則として給与と債務を相殺することは許されません。ただし、労働者の完全な自由意思がある場合は、給与と債務の相殺は有効とされています。

直接払いの原則

①月1回以上、②一定期日払い、③通貨払い、④全額払い、に⑤直接払いの原則、を加えて労基法の賃金5原則と言います。

『直接払いの原則』は、給与の中間搾取を防ぐため、労働者本人以外に支払うことを禁じています。よって、労働者の家族に給与を渡したとしても、本人に対して給与の支払いがされていないと判断されるケースもあるのです。

第8条（給与の計算方法）

　正社員が遅刻・早退・欠勤等をした場合は、その日または時間について給与を減額する。なお、給与計算期間の全所定労働日について欠勤した場合は、給与を支給しない。

2　給与計算期間の中途において、正社員が入社・退職した場合は、日割りで計算して支給する。

（1）遅刻・早退控除の算式

$$\frac{基準内給与}{1ヶ月あたりの平均所定勤務時間数} \times 遅刻・早退時間数$$

（2）欠勤控除の算式

$$\frac{基準内給与}{1ヶ月あたりの平均所定勤務日数} \times 欠勤日数$$

（3）日割り計算の算式

$$\frac{基準内給与}{当該月の所定勤務日数} \times 勤務日数$$

　なお、1ヶ月あたりの平均所定勤務日数は、（年間暦日数－年間所定休日数）÷12、1ヶ月あたりの平均所定勤務時間数は、（年間暦日数－年間所定休日数）×8時間÷12で得たものである。

第9条（休職期間中の給与）

　休職期間中の給与は、支給しない。

2　給与計算期間の途中で休職に入ったとき、または復職したときの給与は日割り計算とする。

第10条（業務上災害の給与）

　正社員が、業務上災害の傷病で欠勤し、または休職する場合は、労働者災害補償保険法（以下「労災保険法」という）に定める休業補償給付と休業特別支給金の支給を受けるものとし、給与は支給しない。

2　労災保険法における待期期間3日分については、平均賃金の6割を支給する。

ここがポイント	ポイントの解説
ノーワーク・ノーペイの原則	給与は、原則として労働者による労務の提供があってはじめて支払われるものなので、労働者による労務の提供がない時間については、支払う必要はありません。 ただし、就業規則・給与規程に遅刻・早退・欠勤を理由に給与を減額する根拠となる規定がない等で、使用者に控除した金額の支払いを認めた例もあります。遅刻・早退・欠勤について減額するのであればその旨の規定をしておくべきです。 また、計算の都合上、給与計算期間の1ヶ月において1日も労働実績がない場合でも給与を支払うような規定をしてしまっている場合もあるので、全欠勤の場合は全額不支給となる旨の規定もしておかなければなりません。 なお、時間割・日割の計算式において、手当を含める・含めない、また、控除の基礎に含める・含めない等、項目により異なる取扱いもできます。 遅刻・早退・欠勤控除の計算式において、固定残業手当を含めた場合は、設定した時間外勤務手当相当分の時間数も減ることになるので留意する必要があります。
休暇等の賃金	休暇とは、労働義務がある日について、本人の申請により労働義務が免除される日のことです。本人の申請により労働義務を免除しているので、会社都合により休業させる訳ではないため、年次有給休暇を除き、有給・無給の設定は会社に委ねられています。ただし、有給にするか、もしくは無給にするか、明確に規定するべきです。

第4部　「給与規程」の例と作成・見直しポイント　159

第 11 条（通勤災害の給与）

正社員が、通勤途上の災害による傷病で欠勤し、または休職する場合は、給与は支給しない。

2　通勤災害とは、労災保険法第 7 条第 2 項の定めに該当する場合をいう。

第 12 条（年次有給休暇の給与）

年次有給休暇の給与は、通常の給与を支給する。

第 13 条（特別休暇の給与）

特別休暇の給与は、通常の給与を支給する。

第 14 条（母性健康管理措置の給与）

母性健康管理措置による不就業時間および不就業日の給与は、支給しない。

第 15 条（出産休暇の給与）

出産休暇の給与は、支給しない。

第 16 条（育児時間の給与）

育児時間の給与は、支給しない。

第 17 条（生理休暇の給与）

生理休暇の給与は、支給しない。

第 18 条（育児休業等の給与）

育児休業および看護休暇の給与は、支給しない。

2　育児短時間勤務の場合、短縮された時間についての給与は支給しない。

第 19 条（介護休業等の給与）

介護休業および介護休暇の給与は、支給しない。

2　介護短時間勤務の場合、短縮された時間についての給与は支給しない。

┌─────┐
│ コラム │
└─────┘

Q 始業9：00〜終業18：00の所定労働時間8時間の会社で、午前中に半日有給休暇（9：00〜12：00）を取得し、その後13：00から勤務し20：00まで働いた場合に、18：00を超える時間に対して時間外割増賃金の支払いは必要となるか？

A 「法定労働時間を超えた場合」と規定していれば、原則として支払う必要はありません。

時間外割増賃金の支払いが必要となる労働時間は、実際に労働した実労働時間が対象となります。

このケースを考えると、半日有給休暇（9：00〜12：00）の3時間と実際に労働した時間（13：00〜20：00）の7時間で合計10時間となり、8時間を超える2時間分について、時間外割増賃金の支払いが必要となるように思われるかもしれません。

しかし、時間外割増賃金の支払いが必要となるのは、実労働時間が対象となるので、実際に労働した時間が7時間（13：00〜20：00）であれば、法定労働時間である8時間を超えていないことから、原則として時間外割増賃金を支払う必要はないのです。

なお、1.0の通常の賃金を支払う必要はあります。

ただし、規定の仕方により事情は異なります。例えば、「所定終業時刻（18：00）を超えて勤務した場合は時間外勤務手当を支給する」のような規定をしている場合は、たとえ実労働時間が8時間未満でも、18：00以降に働いた時間については、時間外割増賃金を支払わなければならないというわけです。

なお、実際に労働した時間である（13：00〜20：00）について、労働時間が6時間を超えるので45分の休憩が必要となるのでご注意ください。

第4部 「給与規程」の例と作成・見直しポイント　　161

第 20 条（業務命令に基づかない就業）
　会社または所属長の指示命令に反し、または命令に基づかない就業についてはその日またはその時間に対する給与は支給しない。

第 21 条（平均賃金の計算）
　平均賃金は、算定事由が発生した直前の給与計算締切日から前 3 ヶ月分の総支給額を暦日数で割って計算する。その他必要な事項は、労働基準法第 12 条の定めるところによる。

ここがポイント	ポイントの解説
業務命令に基づかない就業	労働時間とは、会社の指揮命令下において労務を提供する時間のことを言い、その時間に対して給与が支払われます。したがって、会社が、特段指示・命令をしていない場合は、原則として給与を支払う義務はありません。ただし、社員の自主的な残業を上司が黙認しているような場合は、たとえ指示・命令がなくても、労働時間と判断されるケースがあるので注意が必要です。

第4部 「給与規程」の例と作成・見直しポイント 163

第2章　基準内給与

第1節　基本給

第22条（基本給）

基本給は、各人ごとの職務歴、経験、実績、能力、評価等を総合的に勘案して決定する。

第2節　基本給の改定

第23条（給与の改定）

基本給の改定は、原則として1年以上継続勤務し、査定期間の末日に在職している正社員を対象に実施するものとする。

2　前項の査定期間は、毎年4月から翌年3月までの1年間とする。

3　給与の改定は、第22条に定める基本給について行うものとし、職務区分ごとに人事評価の結果に基づき各人ごとに改定（昇給、降給および現状維持）を行う。

4　前項における人事評価は、第1次評価者を部長以上の役職者とし、その意見を参考に取締役会で決定する。

5　第2項の査定期間を短縮することがある。

第3節　諸手当

第24条（固定残業手当）

固定残業手当は第29条の時間外勤務手当（○○時間相当分）に代えて支給するものとする。なお、実際の時間外勤務が○○時間を超えた場合には、その超えた時間に対して別途時間外勤務手当を支給する。

2　前項の規定は、就業規則第33条（適用除外）に定める部長以上の役職者等については適用しない。

ここがポイント	ポイントの解説
降給	就業規則の絶対的必要記載事項に『昇給に関する事項』が含まれますが、降給のケースも想定しておく必要があります。したがって、降給も可能となる根拠規定を定めておくべきでしょう。ただし、実際に降給を行う場合には、双方が納得できるようなプロセスを経ていなければ、トラブルになってしまいますので、慎重な対応が必要です。
固定残業手当	固定残業とは、時間外労働の有無あるいは長短にかかわらず、あらかじめ一定の時間を見込んだ定額の時間外勤務手当を支払うものです。 その目的は、給与計算を簡便にすることや、一定額の時間外勤務手当が支払われることにより安定的な給与が見込めること、および労働時間の効率化の推進等があります。 固定残業手当が、時間外勤務手当相当分として認められるためには、少なくとも以下の事項を満たす必要があります。 ①時間外勤務手当相当分として他の給与と明確に区別されていること ②何時間分の時間外勤務手当を含んでいるのかを明確にすること ③固定残業時間数を上回って残業をした場合は、その差額を支払うことが明示され、実際に支払われていること そのため、例えば、「基本給の一部に時間外勤務手当相当分を含む」と規定しているだけでは、明確に区別されていると言えないため、固定残業だとはみなされず、未払い賃金が発生していることになってしまいます。したがって、上記①～③を踏まえて規定することが重要です。

第4部 「給与規程」の例と作成・見直しポイント　　165

第25条（役職手当）

役職手当は、以下の職位にある正社員に対して支給する。

（1）本部長　　15万円（月額）

（2）部　長　　10万円（月額）

第26条（住宅手当）

住宅手当は、賃貸住宅に居住する正社員に対して、以下の区分にしたがって支給する。

（1）家賃が5万円以上10万円未満　　　　　　　　　　　　　2万円（月額）

（2）家賃が10万円以上　　　　　　　　　　　　　　　　　　3万円（月額）

2　住宅手当は、本人の申請に基づき決定する。支給にあたっては、事実を確認するための書類の提出を求めることがある。

3　住宅手当は、申請のあった日の属する月の給与から変更をする。ただし、本来支給すべき金額よりも多く支給していた場合には、差額を事由発生月まで遡って徴収するものとする。

第27条（家族手当）

家族手当は、以下の家族を扶養している正社員に支給する。

（1）配偶者（所得税法上の扶養親族に限る）　　　　　　　1万円（月額）

（2）18歳未満の子（所得税法上の扶養親族に限る）　　　　5千円（月額）

2　家族手当は、本人の申請に基づき決定する。支給にあたっては、事実を確認するための書類の提出を求めることがある。

3　家族手当は、申請のあった日の属する月の給与から変更する。ただし、本来支給すべき金額よりも多く支給していた場合には、差額を事由発生月まで遡って徴収するものとする。

ここがポイント	ポイントの解説
役職手当	規定例のように、労基法第41条に該当する役職者に手当を支給することにより、時間外勤務手当・休日勤務手当の支給対象者ではないことを明確にし、手当が支給される優位性をもって、役職者のモチベーションを高めることができます。 ただし、労基法が求める管理監督者は、経営者と一体的な立場にある必要があります。そのため、必ずしも会社内における管理職が該当する訳ではないことに留意する必要があります。 （詳細は、【労基法第41条2号に該当する管理監督者】77ページを参照してください。）
住宅手当	時間外割増賃金の算定から除外できる住宅手当は、「賃貸住宅居住者には家賃の一定割合、持家居住者にはローン月額の一定割合を支給する」「家賃（およびローン）月額が5〜10万円の者には2万円、同10万円を超える者には3万円を支給する」といったように住宅に要する費用を段階的に区分し、費用が増えるにしたがって額を多くして支給する必要があります（平11.3.31　基発170号）。 そのため、「賃貸住宅居住者には一律2万円、持家居住者には一律1万円を支給する場合」「扶養家族がある者には2万円、扶養家族がいない者には1万円を支給する場合」等、住宅の形態ごとに一律に定額で支給されているケースは、除外することができません。
家族手当	時間外割増賃金の算定から除外できる家族手当は、扶養家族数またはこれを基礎とする家族手当額を基準として算出した手当であることが必要です（昭22.11.5　基発231号）。なお、扶養の要件として、「健康保険上の扶養者であること」としている場合もありますが、扶養の追加・削除手続きを常に管理しなければなりません。規定例のように所得税法上であれば、年1回の年末調整時に確認すればよいので簡便です。

第3章　基準外給与

第1節　割増手当

第28条（割増手当の内訳）

　割増手当は、時間外勤務手当、休日勤務手当、深夜勤務手当を言う。

第29条（時間外勤務手当）

　時間外勤務手当は、就業規則第23条に規定する時間外勤務の時間数に対して、次の算式により計算して支給する。ただし、代休を与えた場合は、「1.25」を「0.25」に読み替える。

$$\frac{算定基礎額}{1\,ヶ月あたりの平均所定勤務時間数} \times 1.25 \times \left(\begin{array}{l}対象となる時間外\\勤務の時間数\end{array}\right)$$

2　月60時間を超える時間外勤務の時間数に対しては、次の算式により計算して支給する。

$$\frac{算定基礎額}{1\,ヶ月あたりの平均所定勤務時間数} \times 1.50 \times \left(\begin{array}{l}月60時間を超えた\\時間外勤務の時間数\end{array}\right)$$

3　算定基礎額は、基本給＋役職手当とする。なお、「1ヶ月あたりの平均所定勤務時間数」は、第8条第2項尚書の規定による。

4　時間外勤務手当は、就業規則第33条（適用除外）に定める部長以上の役職者については支給しない。

● 「働き方改革関連法の改正」に伴う法改正のポイント

> **中小企業に対する割増賃金猶予廃止**
>
> 　働き方改革関連法により、中小企業に対する猶予措置は廃止され、2023年4月1日から施行されます。

ここがポイント	ポイントの解説

時間外勤務手当

割増賃金の支払い（125％）が必要となる時間外労働とは、労基法第32条に定める法定労働時間（1週40時間または、1日8時間）を超える労働を対象としていることから、所定労働時間を超える労働であっても、法定労働時間を超えていなければ、必ずしも割増賃金を支払う義務はありません。そのため、例えば、所定労働時間が7時間30分のところ、8時間勤務したとします。この場合、所定時間外労働である30分間については、割増賃金（125％）の対象とする必要はないのです。ただし、30分間については通常の給与（100％）は支払わなければなりません。

なお、所定労働時間を超える労働についても割増賃金を支給すると規定した場合は、所定労働時間を超えていれば割増賃金を支払わなければならない訳です。

また、『1ヶ月あたりの平均所定勤務時間数』については、閏年や祝祭日等の関係で1年ごとに見直しが必要となることがあります。

なお、下表に定める中小企業は猶予されていますが、該当しない場合は、1ヶ月60時間を超える法定時間外労働については、割増賃金（150％）を支払わなければなりません。

業種	資本金の額または出資の総額	または	常時使用する労働者数
小売業	5,000万円以下		50人以下
サービス業	5,000万円以下		100人以下
卸売業	1億円以下		100人以下
その他	3億円以下		300人以下

第4部　「給与規程」の例と作成・見直しポイント　169

第30条（休日勤務手当）

休日勤務手当は、就業規則第26条に規定する休日勤務の時間数に対して前条第1項（時間外勤務手当）の算式により計算して支給する。ただし、当該休日が法定休日の場合は、「1.25」を「1.35」（代休を与えた場合は「0.35」）に読み替える。

2　前条第3項および第4項はこれを準用する。

第31条（深夜勤務手当）

深夜勤務手当は、就業規則第27条の規定する深夜勤務の時間数に対して、次の算式により計算して支給する。

$$\frac{算定基礎額}{1ヶ月あたりの平均所定勤務時間数} \times 0.25 \times \left(\begin{array}{c} 対象となる深夜 \\ 勤務の時間数 \end{array} \right)$$

2　第29条第3項はこれを準用する。

第2節　通勤手当

第32条（通勤手当）

会社の承認した順路により、交通機関を利用して通勤する正社員に対し、定期乗車券相当の実費（上限月額50,000円、勤続2年経過後は上限月額100,000円）につき通勤手当として支給する。ただし、バスの利用は最寄駅へ2キロメートル以上の場合に限り認めるものとする。

2　正社員が転居・異動等により通勤経路を変更するとき、または通勤距離に変更が生じたときは、速やかに所定の書式を会社に届け出るものとする。

3　正社員が前項の届出を怠ったとき、または不正の届出により通勤手当その他給与を不正に受給したときは、会社はその返還を求め、就業規則に基づき制裁を行うことがある。

4　正社員が出張、休暇、欠勤その他の理由により、第4条（給与計算期間および支払日）に定める給与計算期間の初日から末日までの全日数にわたって通勤しないこととなるときは、その月の通勤手当は支給しない。

ここがポイント	ポイントの解説
休日勤務手当	割増賃金の支払い（135％）が必要となる休日労働とは、労基法第35条に定める法定休日（1週1日、4週4日）に労働した場合に対象となることから、法定休日以外の所定休日に労働したとしても、必ずしも割増賃金を支払う義務はありません。そのため、例えば、日曜日を法定休日とし、土曜日を所定休日とした場合に、土曜日に労働したとしても、割増賃金（135％）を支払う必要はないのです。ただし、土曜日に労働したことにより、1週間の労働時間が40時間を超える場合は、時間外勤務の割増賃金（125％）を支払わなければなりません。 なお、「休日について割増賃金を支払う」と規定した場合は、法定休日に限らず、所定休日についても割増賃金（135％）を支払わなければならないような規定になってしまいます。したがって、割増対象となる休日を明確に規定しておくべきです。
管理監督者	労基法第41条2号に該当する管理職は、労働時間・休憩および休日に関する規定が適用除外となります（深夜労働時間は除く）。したがって、原則として時間外勤務手当・休日勤務手当の支給対象とはなりません。
通勤手当	通勤手当を現物（定期券等）で支給する場合には、労働協約を締結する必要があります。つまり、労使協定では対応することができず、労働組合がない会社では、現物で支給することは違法となります。 昨今は、交通インフラの向上により、新幹線等を利用した遠距離通勤が可能となっています。今後さらに向上することを考えると、規定例のように通勤手当に上限を設定しておいた方がよいでしょう。 また、順路・通勤方法についても、規定例のように会社承認を入れておくとよいです。例えば、「バスは○○キロメートル以上の場合に認める」等が考えられます。 虚偽の届出により多額の通勤手当を受取ることは、会社に対する背信行為となりますので、返還を求めるだけではなく、就業規則の懲戒規定等により制裁を行う旨の規定を設けておくべきでしょう。

第4部 「給与規程」の例と作成・見直しポイント　171

第3節　賞与等

第33条（賞　与）

　賞与は、上半期分を前年 11 月 21 日から当年 5 月 20 日まで、下半期分を当年 5 月 21 日から 11 月 20 日までをそれぞれ査定対象期間とし、会社の業績および正社員各人の勤務成績等を勘案し、上半期分を 7 月に、下半期分を 12 月に支給するものとする。ただし、支給日当日に在籍していない場合は支給しないものとする。なお、社会情勢または経営状況等により賞与を支給しない場合がある。

2　正社員各人ごとに支給する賞与は、試用期間を含め原則として 1 年以上継続勤務している正社員を支給の対象とする。

3　賞与の支給日、その他必要な事項はその都度別に定める。

第34条（賞与の支給対象の除外）

　次の各号の一に該当する場合は、原則として賞与の支給対象から除外する。

（1）査定対象期間を全て休職している者

（2）勤務成績不良につき、会社に多大の損害を与えたとき

（3）顧客との取引等において所属長に対する報告・連絡・相談を怠り、専断的な行為によって売掛債権等の回収を不能とし、または著しく回収等を遅延させたとき

（4）懲戒処分により賞与の対象とするにふさわしくないとき

第4章　その他

第35条（給与等の返還）

　虚偽の届出・怠慢等により不正に支給を受けた者は、すでに支給を受けた給与のうち不当な部分、給与計算の結果生じた過払い分を速やかに返還するものとする。

第36条（附　則）

　この規程は、平成○○年○○月○○日より施行する。

ここがポイント	ポイントの解説
賞与	賞与を支給するかどうかも含め、その支給基準は会社に委ねられています。 ただし、賞与について「毎年7月と12月に賞与を支給するものとする」と規定されていると、支給が確約されたものとして捉えられる可能性があります。 そこで「支給する場合がある」と規定しておくか、もしくは規定例のように「支給しない場合がある」と規定することによって、経営状況の悪化等の際『支給しない』という経営判断も可能となるのです。 また、支給日に在籍しない者には支給しない旨を規定し、周知がされているのであれば、賞与を支給しなくても有効と考えられています。

第 5 部

「退職金規程」の例と作成・見直しポイント

第1条（目的）

　この退職金規程（以下「規程」という）は、就業規則第59条（退職金）に基づき、正社員が死亡または退職した場合の退職金の支給に関する事項について定めるものとする。

2　この規程に定める正社員とは、就業規則第5条（社員の区分）に定める正社員を言う。

3　この規程に定めのない事項は、都度定めるものとする。

ここがポイント	ポイントの解説

退職金

退職金は、法令上で義務付けられた制度ではありません。そのため、退職金制度を設けるか否か、さらにその内容については会社の判断に委ねられています。

一方で社員からすると、退職後の生活を考えたときに退職金の存在は非常に重要なものになります。そのため、退職金規程の定めが不十分で解釈や運用に疑義があれば、退職金について争いが生じてしまいます。そうならないためにも、社員にとって分かりやすい、また会社にとっても判断に迷わず運用できるような規程が求められるのです。

そこで労基法では、退職金の定めをする場合においては、「適用される労働者の範囲、退職手当の決定、計算及び支払の方法並びに退職手当の支払の時期に関する事項」を就業規則に定め、届出なければならないことが規定されています（労基法第89条3号の2）。就業規則に定める場合には、「退職金に関しては、別に定める」と規定をしたうえで、詳細について別途『退職金規程』を設ける方法が一般的です。

退職金の性質

「退職金、結婚祝金、死亡弔慰金、災害見舞金等の恩恵的給付は原則として賃金とみなさないこと。但し、退職金、結婚手当金等であって労働協約、就業規則、労働契約等によって予め支給条件の明確なものはこの限りではない」（昭22.9.13　発基17号）。

退職金を設ける場合には、規程上にその計算方法等について定めなければなりません。つまり、退職金制度が会社にあるのであれば、それは賃金であるため、労働者に請求権があり、使用者には労基法第24条等に定める支払義務が課されることになります。退職金制度を設ける義務はありませんが、ひとたび設けた以上は労基法上の義務を負い、また勝手に変更・廃止することは許されません。

第2条（支給対象者）

　退職金は、次の者に支給する。

（1）勤続1年以上で次の各号の一に該当する事由により退職する正社員

　　　①就業規則第86条（解雇手続）により解雇されたとき

　　　②就業規則第82条（定年）により定年退職するとき

　　　③会社都合により退職するとき

　　　④死亡したとき

　　　⑤役員に就任したとき

（2）勤続3年以上で次の各号の一に該当する事由により退職する正社員

　　　①自己都合で退職したとき

　　　②休職期間満了により退職したとき

　　　③就業規則第69条（懲戒の種類）第5項または第6項により退職したとき

2　前項にかかわらず、前項第2号③により退職する正社員にはその全部または一部を支給しない。

ここがポイント	ポイントの解説
対象者	支給対象になる対象者を定義付けます。どの雇用形態に対して支払いをするのかを明確にするとともに、勤続年数等一定の条件を設けたい場合には、『勤続3年以上の者に対して支払う』等の支給条件もあわせて明確に規定しておきましょう。 　なお、契約社員やパートタイマー等の非正社員には退職金制度を設けていない会社も少なくありません。退職金を支払うか否かは前述の通り会社が判断をするところでありますが、正社員と全く同じような働き方をしているにもかかわらず、その雇用形態の名称だけで退職金の支給の有無等、労働条件に大きな区別をつけることは法令により禁止されています。労契法第20条では、職務内容や配置変更の範囲等を考慮して不合理に労働条件を相違させることを禁止しています。また、パートタイム労働法第9条でも「短時間労働者の差別的な取扱い」を禁止しているので、非正社員に"退職金の支払いをしない"と定める場合には、非正社員の在り方を含めて検討する必要があります。 　なお、退職金制度がない場合には、特段就業規則に規定することは義務付けられていませんが、トラブル防止の観点から就業規則上に「退職金の支給はない」と明確にしておくことが望ましいでしょう。
懲戒解雇等と退職金の不支給	懲戒解雇等の処分を受けた社員に対しては、「退職金を不支給または減額する」としている会社は多く見られます。これは、当然にできる措置ではなく、規定上の根拠が必要となります。つまり、前ページの規定例第2条2項にあるような規定を設けることによって、はじめて不支給（または減額）にすることができるのです。しかし、このような規定があったとしても、それが公序良俗に反するような場合には、裁判で無効とされてしまうケースもあります。 　退職金は、長年の功労に対しての報奨という側面があるので、不支給にするには、懲戒解雇等となった事案が『永年の勤続の功を抹消してしまう』ほどの不信行為であるかどうかがポイントとなります。そのため、懲戒解雇等となった事案ごとに不信行為の程度を検討し、不支給等について決定する必要がある訳です。

第5部　「退職金規程」の例と作成・見直しポイント　179

第3条（退職金の計算方法）

〈一時金（基本給連動方式）のケース〉

退職金は、退職時における基本給に別表に定める支給率を乗じて算出する。

2　前項に定める支給率は、以下の通りとする。

（1）前条第1項第1号に定める事由に退職する場合　　支給率A

（2）前項第1項第2号に定める事由に退職する場合　　支給率B

〈ポイント制のケース〉

退職金の支給算式は、次の通りとする。

資格等級ポイント× 退職事由別支給率 × 10,000 円

2　資格等級ポイントは、別表に定めるものとする。

3　退職事由別支給率は、次の通りとする。

（1）前条第1項第1号による退職　　1.0

（2）前条第1項第2号による退職　　0.7

ここがポイント	ポイントの解説
退職金の種類	退職金は任意の制度になります。そのため、退職金の支払方法や支払額のカーブ（退職の時期によって退職金の上昇率を変えること）、退職理由による支払額の差等は、各会社によってさまざまです。ここでは、代表的なものを紹介します。
退職一時金	退職金を一時金として支給する制度です。従来から広く採用されています。優秀な人材を長期間確保するために、勤続年数が長いほど金額が大きくなるように設計されていることが一般的です。算出方法はさまざまですが、代表的なものが以下の3方式です。これらを単体または組合せて、退職一時金の額を決定します。なお、厚生年金基金や中退共等で支給される一時金額を退職金の一部とする場合にはその旨を規定しておかなければ二重に支払うことになりかねませんので、注意が必要です。

【基本給連動方式】
退職時の基本給（または基本給に一定率を掛けた基礎給）に勤続年数に応じて定める支給率を掛けて算出する方式です。年功序列制のもと、広く採用されてきました。退職時の基本給で決定するため、退職金額の決定方法が公平であるというメリットがある一方、それ以前の功労が反映されにくいというデメリットもあります。
別表の例は 192 ページを参照してください。

【別テーブル方式】
勤続年数や等級、役職ごとに決まっている金額のテーブルを使って退職金額を算出する方式です。算出するのは簡単ですが、退職時の等級等で金額が決定するため、基本給連動方式と同様に、それ以前の功労が反映されにくいというデメリットがあります。

【ポイント制】
等級、勤続年数、役職、人事考課等をポイント化し、毎月または毎年ポイントを積み上げることで、退職時の総ポイント数にポイント単価を掛けて算出します。在籍中の会社への貢献度が退職金に反映されるとして、近年採用する会社が増加しています。一方で、ポイント数の管理が煩雑になるというデメリットがあります。
別表の例は 193 ページを参照してください。

ここがポイント	ポイントの解説

退職年金（企業年金）

退職金を分割して支給する制度です。退職年金の積立て・運用・管理は基本的に会社外で行われ、年金受給期間は有期または終身というように、制度によって違いがあります。また、本人が希望すれば一時金としても受給可能なものもあります。

【厚生年金基金】

公的年金の一部を代行し、代行部分と会社が負担する加算部分を基金が運用主体となって、公的年金に加算をして年金給付を行います。昨今、財政悪化のため、解散を余儀なくされている厚生年金基金も少なくありません。

【確定給付企業年金】

退職者が受け取る年金給付額が確定している企業年金制度です。確定している給付額に基づき会社が掛け金を拠出するため、運用結果が悪いと最終的に会社の負担が増える場合もあります。規約に基づき、会社と信託銀行や生命保険会社等と契約を結んで、年金資金の運用・管理を会社外で行う規約型と、企業年金基金を設立し、運用・管理・年金給付を行う基金型に分別されます。

【確定拠出年金】

会社の拠出する額が確定している企業年金制度です。社員個人ごとに拠出した拠出金を、社員自身が運用について指図し、その運用益を年金給付とし受給します。運用実績によっては多額の給付を受けることができる反面、給付額が少なくなるというリスクがあります。また、掛け金を社員が追加拠出するマッチング拠出も認められています。ただし、実際に受給できるのは60歳以降になり、必ずしも退職時に受取ることはできないため、実質的には退職金とは言えません。

中小企業退職金共済制度（中退共）

独自で退職金を持つことが困難な中小企業のために、国の援助で退職金制度の確立を目的とした制度です。事業主が毎月、各社員の掛け金を拠出することで、退職時には、社員の請求により中退共から直接、退職者に対して退職金（一時金または一定要件を満たした場合は分割）が支払われます。懲戒解雇等であっても退職金を不支給にすることができず、勤続期間によっては、退職金より掛け金の方が多くなってしまう等のデメリットがあります。

第5部　「退職金規程」の例と作成・見直しポイント　183

第4条（勤続年数の計算）

　勤続年数は、入社日から退職日までとする。

2　前項にかかわらず、就業規則第45条（休職の種類）に定める休職期間、第40条（育児休業等および看護休暇）に定める育児休業および第41条（介護休業等および介護休暇）に定める介護休業を取得した期間は、勤続年数に算入しない。

3　試用期間は、勤続年数に算入する。

4　1年未満の端数が生じたときは月割とし、1ヶ月未満は1ヶ月とし、1年未満の端数は切り捨てる。

5　A社員等から正社員に雇用形態を変更した場合は、A社員等として在籍していた期間は、含めない。

ここがポイント	ポイントの解説
前払い退職金	退職時ではなく、給与や賞与に上乗せして支払う制度です。確定拠出年金と併用し、どちらかを選択できる制度が一般的です。会社にとっては退職金積立てのリスクはなくなりますが、給与・賞与に上乗せされるため、所得税や社会保険料は、退職一時金や退職年金と比べ負担が増えることになります。
勤続年数	退職金を算出するにあたっては、勤続年数に応じてその支給額を決定する定めをしていることがほとんどです。この勤続年数の考え方は、年次有給休暇のように必ずしも在籍期間にする必要はなく、原則として会社で任意に定めることができます。しかし、この勤続年数の定義が不明確である場合には退職金そのものの金額に大きく影響するため、トラブルに発展する可能性があります。勤続年数として含めるもの、含めないもの、また1年に満たない期間の取扱い等を明確にしておきましょう。 〜定めておきたい勤続の取扱い〜 休職期間※、長期欠勤期間、試用期間、出向期間、組合専従期間、他の雇用形態であった期間、合併等による転籍前の勤続年数 ※休職期間のうち、育児休業期間および介護休業期間については、実際に労務を提供しなかった期間を働かなかったものとして取扱うことは可能ですが、その日数を超えて働かなかったものとして取扱いをすることはできません（育児・介護休業法第10条、第16条を参照してください）。

第5部　「退職金規程」の例と作成・見直しポイント　185

第5条（功労加算）

　在籍中の功労が特に顕著であると会社が認めた場合は、第3条で算出した金額に別途、功労金を加算して支給することがある。

2　功労金の支給額は、その都度決定するものとする。

第6条（退職後の不支給および減額）

　退職後に就業規則第69条（懲戒の種類）第5項に定める諭旨解雇および第6項に定める懲戒解雇に該当する事実が発覚した場合、または退職時誓約書に違反する行為を行った退職者については、原則として退職金の全部または一部を支給しないものとする。

2　前項において、退職金支給後に発覚した場合には、会社は支払い済みの退職金の全部または一部の返還を命じることができる。退職者は、返還を命じられた場合には、直ちに退職金を返還しなければならない。

ここがポイント	ポイントの解説
功労加算	在籍時に特別な功労のあった社員に対して、「通常の退職金額を超えて支払いたい」と思ったときにこの規定が有効になります。退職金規程は、退職金を支給するためのルールブックです。人によって退職金の額が違ってしまえば、そもそもの退職金制度の整合性は揺らぎ、ルールブックとしての本来の役割を果たすことができません。そこで加算をしたい場合には、規定通りの退職金額を算出したうえで、退職金に功労金として加算する形をとることで、他の退職者との整合性を図ります。これは、会社都合や早期退職等により、退職金を規定の金額を超えて支払いたい場合にも利用することができます。なお、支払額を都度決定できるよう、退職金制度は設けず、功労金のみを制度として設けている会社もあります。
退職金の返還	この規定例では、懲戒解雇等によって退職することになった社員に退職金の全部または一部を支払わないとしています（178ページの規程例第2条2項）。しかし、退職した後に重大な不正な事実が発覚した場合や、懲戒処分を行うための調査中に退職をしてしまった社員はどうなるのでしょうか。たとえ、在籍中の不信行為であったとしても、すでに退職してしまった者に対して懲戒解雇等の懲戒処分を行うことはできません。一方で、退職金は、功労報奨の意味合いもありますから、在職中に起こした不信行為がその功労を打ち消すくらい重大なものであれば、退職金を支払いたくないと考える会社もあるでしょう。そこで有効になるのが、この返還規定です。この規定があることではじめて、退職後に発覚した不信行為により退職金を不支給（減額）することができ、またすでに支給してしまった退職金の全部（一部）の返還を求めることが可能になるのです。ただし、この規定によって無制限に不支給にすることができる訳ではありません。あくまでも不信行為の重大さによるのです（【懲戒解雇等と退職金の不支給】179ページを参照してください）。

第5部 「退職金規程」の例と作成・見直しポイント　187

第7条（競業避止義務）

　退職後6ヶ月間、会社と競合する他社への就職および競業する事業を営むことはできない。退職後に当該事実が発覚した場合については、原則として退職金の全部または一部を支給しないものとする。

2　前項において、退職金支給後に発覚した場合には、前条第2項の手続きによる。

第8条（金額の端数計算）

　退職金の計算において、100円未満の端数が生じたときは100円に切り上げる。

第9条（退職金の受給権者）

　退職金の支給を受ける者は、本人（本人が死亡した場合は、その遺族）とする。

2　前項の遺族の範囲および順位については、労基法施行規則第42条および第43条の定めるところによる。同順位者が2名以上となる場合は、そのなかの1名からの請求および1名に対する支給をもって全員からの請求および全員に対する支給とする。

3　会社は、前項について確認するために証明書類等を求めることがある。

ここがポイント	ポイントの解説

競業避止と退職金

技術やノウハウ、営業機密は、利益を生み出すための大切な資産です。これらがライバル会社に渡らないように、退職後において一定期間同業他社への転職を禁止することを競業避止義務と言います。本来、退職後については『職業選択の自由』がありますが、一方で会社の利益もまた守らなければなりません。そのため、労働者との個別の同意または就業規則に記載することで、合理的な範囲での競業避止義務が認められています。

この競業避止義務の実効性を高めるためにとられるのが、競業避止義務違反に対する退職金の減額または不支給です。退職金の功労報奨的な性質から一部の判例で認められているケースもありますが、非常に限定的です。したがって、同業の他社への転職や同業種の開業という事実だけで判断をせず、懲戒解雇等と同様に、永年の功を抹殺してしまうほどの不信行為であるのか個別具体的に判断をしていく必要があるのです。

退職者が死亡した場合と死亡退職

そもそも退職金を請求する権利は、その支払日ではなく、『退職』という事実によって発生します。そのため、退職金の支給日前に退職者が死亡してしまった場合でも、退職金を請求する権利はすでに発生しており、その請求権は死亡後、相続財産に含まれます。

一方、死亡退職について行政解釈では「労働者が死亡したときの退職金の支払について別段の定めがない場合には、民法の一般原則による遺産相続人に支払う趣旨と解されるが、労働協約、就業規則等において、民法の遺産相続の順位によらず、労基法施行規則第42条、第43条の順位による旨定めても違法ではない」とされています（昭25.7.7　基収1786号）。つまり、退職金規程等で定めていない場合は遺産相続人に、退職金規程で遺族の範囲等を定めていればその規定にそって支払えばよい、ということです。頻繁に起こるケースではありませんが、後のトラブルを防止するためにも、ここで明確にしておくべきでしょう。基準は会社によってまちまちですが、行政解釈のように労基法施行規則第42条、第43条の順位を準用している会社が多く見られます。また、実際の支払い時には、規定に定める受給権者なのかどうかを公的書類等で確認をとるための根拠条文も入れておきましょう。

第5部　「退職金規程」の例と作成・見直しポイント　189

第10条（退職金の支払時期と方法）
　退職金は、特別な事情がある場合を除いて、原則として退職した日から2ヶ月以内に支給する。
2　退職金は、本人または遺族が指定する銀行その他の金融機関の本人（死亡の場合は、受給権者である遺族）名義の預金口座に振込むものとする。

第11条（附　則）
　この規程は、平成〇〇年〇〇月〇〇日から施行する。

ここがポイント	ポイントの解説

支払方法と時期

退職金は、就業規則等で定められている場合は賃金であり、労基法で定める賃金のなかでも『臨時に支払われる賃金』と区別されます。そのため、労基法第24条で定める賃金支払い5原則のうち、『通貨払いの原則』『直接払いの原則』『全額払いの原則』に違反することはできません。

一方で労基法第23条では、死亡または退職の場合において権利者からの請求があった場合においては7日以内に賃金を支払わなければならないとも定められていますが、この規定について退職金の取扱いは、「予め就業規則等で定められた支払い時期に支払えば足りるものである」とされていることから（昭26.12.27　基収5483号）、就業規則等で定める限りにおいては、請求から7日以内に支払う必要はないのです。

退職金の支払いの時期は、労基法第89条において就業規則等で定めなければなりませんが、具体的な時期については法令で定められていません。そのため算出の難易度や退職後の不信行為等の有無を調査する時間等を考えて会社ごとに決定することになります。退職金は、退職者の生活保障という側面もあるため「会社が定めた日」や「適宜定める」等のあいまいな表現ではなく、より具体的に定める必要があります。

第5部　「退職金規程」の例と作成・見直しポイント　191

別表【一時金のケース】

勤続年数	支給率 A	支給率 B
1 年	0.4	0
2	0.8	0
3	1.0	0.7
4	1.2	0.8
5	2.3	1.6
6	3.5	2.4
7	4.7	3.2
8	5.8	4.0
9	6.2	4.3
10	7.0	4.9
11	8.1	5.6
12	9.0	6.3
13	9.3	6.5
14	10.0	7.5
15	10.7	8.0
16	11.0	8.2
17	11.4	8.5
18	11.8	8.8
19	12.0	9.0
20	12.5	9.3
21	12.9	9.6
22	13.5	10.1
23	14.7	11.0
24	15.3	11.4
25	16.0	12.8
26	16.9	13.5
27	17.6	14.0
28	18.3	14.6
29	19.7	15.7
30 年以上	20.0	16.0

別表【ポイント制のケース】

資格等級	ポイント（1年あたり）
本部長	70
部長	55
課長	40
課長代理	35
係長	25
主任	20
社員S1	15
社員S2	6
社員S3	3

※ポイントは、資格等級の在職年数に応じて加算し、満6ヶ月以上は1年に切り上げるものとする。

第 6 部

「アルバイト・パートタイマー就業規則」の例と作成・見直しポイント

第1章　総　則

第1条（目　的）
　この就業規則（以下「規則」という）は、株式会社〇〇（以下「会社」という）に勤務するアルバイトおよびパートタイマー（以下「A社員」という）の労働条件および就業に関する事項を定めたものである。この規則に定めのない事項については、その都度別に会社が決定するものとする。

ここがポイント	ポイントの解説
アルバイト・パートタイマー就業規則を、正社員就業規則と別規程にする意義	正社員就業規則で、「この規則は、会社が所定の手続きによって採用し雇用する社員に適用する。ただし、A社員および嘱託社員等で、別に定めた就業規則が適用される社員、または別途雇用契約書を作成する社員については対象としない」と規定し、正社員就業規則の内容が他の雇用形態にも及ばないようにする一方で、A社員（アルバイト・パートタイマー）等の就業規則が存在しないと正社員就業規則がA社員等にも適用されると判断されてしまうリスクが生じます。 したがって、各身分に適用される就業規則を作成しておく必要があるのです。
アルバイト・パートタイマー	法令上、明確な定義はありませんが、会社との間で無期労働契約を締結しフルタイムで勤務する労働者を、一般的には『正社員』と呼びます。他方、アルバイト、パートタイマー、契約社員などの雇用形態は『非正社員』と呼ばれ、その労働条件は有期労働契約であったり、短時間勤務であったりと会社ごとに異なります。 短時間労働者の雇用管理の改善等に関する法律（以下「パートタイム労働法」という）第2条では、1週間の所定労働時間が同一の事業所に雇用される通常の労働者（いわゆる『正社員』）の1週間の所定労働時間に比べて短い労働者を『短時間労働者』として、パートタイム労働法の適用対象としていますので、法に則った適正な雇用管理をしていくことが求められているのです。 したがって、所定労働時間が正社員と同一の非正社員は、短時間労働者に該当しないため、パートタイム労働法の適用対象となりませんが、このような短時間労働者に該当しない非正社員に対しても、パートタイム労働法の趣旨が考慮されるべきであるとされています（平19.10.1 厚生労働省告示326号）。 また、有期契約労働者と無期契約労働者との間の労働条件が相違する場合においては、その労働条件の相違は、業務の内容およびその業務に伴う責任の程度などを考慮して不合理であってはならないとされています（労契法第20条）。この労働条件には、賃金や労働時間等の狭義の労働条件のみならず、労働契約の内容となっている災害補償、職務規律、教育訓練、付随義務、福利厚生等労働者に対する一切の待遇を含むものと解されています（平24.8.10 労契法施行通達 基発0810 2号）。

第6部　「アルバイト・パートタイマー就業規則」の例と作成・見直しポイント　　197

第2条（A社員の定義）
　A社員のうちアルバイトとは、勤務地を、採用時の勤務地に限定し、業務繁忙期において正社員の補助的業務に従事するために臨時に雇用する者、または2ヶ月以内の雇用契約期間を定めて雇用する者および、第44条により無期転換した者を言う。
2　A社員のうちパートタイマーとは、勤務地を、転居を伴わない地域に限定し、正社員の補助的業務に従事するために1日または1週間の所定勤務時間が正社員より短い者で、1年以内の雇用契約期間を定めて雇用する者および、第44条により無期転換した者を言う。

ここがポイント	ポイントの解説

アルバイト・パートタイマーの定義

アルバイト・パートタイマーをどのように定義付けするかはこの規程において重要なポイントの1つです。正社員と同一の業務内容なのに非正社員であることを理由に、非正社員に対する各種手当を不支給とすることは違法とした裁判例（「ハマキョウレックス事件」平28.7.26　大阪高裁）があり、定義付けする際は、正社員に比べ所定労働時間が短いという点のみならず、業務において正社員との違いを定義し適用される労働者の範囲を明確にする必要があるでしょう。

また、パートタイム労働法においても「通常の労働者と同視すべき短時間労働者」に対する差別的取扱いを禁止しています。なお、ここで言う短時間労働者の要件は、次の2つを満たすことです（パートタイム労働法第9条）。

①職務の内容が正社員と同一

②人材活用の仕組み（職務の内容および配置の変更範囲）が正社員と同一

したがって、正社員とアルバイト・パートタイマーが一緒に働いていて、正社員にも転勤や異動が（ほとんど）ない職場は注意を要します。そのような職場では、長年経験のあるアルバイト・パートタイマーと経験の浅い正社員との違いが見えにくいことが多いので、正社員の補助的業務以外の業務を行わせることや、業務内容を頻繁に変えることは避けた方がよいでしょう。

アルバイト・パートタイマーの有期労働契約期間

有期労働契約期間の上限は原則3年とされていますが、以下の例外があります（労基法第14条）。

要　件	有期労働契約期間の上限
厚生労働大臣が定める基準に該当する専門的知識等を有する労働者がそれを必要とする業務に就く場合	5年間
満60歳以上の労働者との間に締結される場合	
一定の事業の完了に必要な期間を定める場合	上限なし

また、会社は必要以上に短い期間を定めることにより、その有期労働契約を反復して更新することのないように配慮義務が課せられています（労契法第17条2項）。

第3条（行動指針）

　会社と社員は、信頼の3原則である「誠心誠意尽くす」・「約束を守る」・「知った
かぶりをしない」を忠実に履行し、相互信頼のもとに協力してこの規則を遵守し、
効率的な業務の遂行によって業績向上を図るとともに、社員の健康で文化的な生活
と、働きがいのある職場環境づくりに努めるものとする。

第2章　人　事

第1節　採　用

第4条（採　用）

　会社が、Ａ社員を採用する場合は、応募者の履歴書等必要書類と面接の結果に基
づき選考のうえ採用を決定する。

2　採用を決定した場合には、「雇用契約書」を交付し、これをもって雇用契約が
　成立したものとする。なお、合わせて「入館証」を交付する。

第5条（提出書類）

　雇用契約が成立した者は、次の各号の書類を会社が指定した期日までに提出しな
ければならない。

　（1）住民票記載事項の証明書（個人番号の記載がないものに限る）
　（2）健康診断書
　（3）個人情報保護に関する誓約書および個人情報取扱明示書兼同意書
　（4）扶養控除申告書
　（5）源泉徴収票
　（6）個人番号カードの写（個人カードを持たない場合は、通知カードまたは個人番

ここがポイント	ポイントの解説
	なお、労契法第18条による無期労働契約への転換の行使を避けたい場合は、198ページの規定例第2条（A社員の定義）1項および2項に「なお、労働契約期間は通算で5年を上限とする。」と、追加します。 実務上の留意点等については225ページのコラム以降の解説を参照してください。
アルバイト・パートタイマーの「労働契約書」で労働条件を明示	正社員と同様、アルバイト・パートタイマー等の非正社員に対しても、労働契約の締結に際し労働条件を書面で明示しなければならず、有期労働契約の場合は、期間満了後の更新の有無、更新することがある場合は更新の基準を明示しなければなりません（労基法第15条、同施行規則第5条）。さらに、短時間労働者については、昇給、賞与、退職金の有無、雇用管理の改善等に関する事項にかかわる相談窓口も書面で明示する必要があります（パートタイム労働法第6条、同施行規則第2条1項）。
アルバイト・パートタイマーに実施する雇用管理の改善に関する内容の説明	アルバイト・パートタイマーを雇入れた際には、実施する雇用管理の改善に関する内容を説明しなければなりません（パートタイム労働法第14条1項）。具体的には、賃金制度の仕組み、利用できる福利厚生施設、受けることのできる教育訓練等です。雇入れ後に、『短時間労働者』から説明を求められたときも同様の説明義務があります（パートタイム労働法第14条2項）。

第6部 「アルバイト・パートタイマー就業規則」の例と作成・見直しポイント　201

号が記載された住民票記載事項証明書、および身元確認のできる書類（運転免許証、パスポート等）の写）

（7）その他人事管理上必要な書類

2　前項第3号で取得したA社員およびA社員の扶養家族の個人番号は、以下の目的で利用する。

（1）雇用保険届出事務

（2）健康保険・厚生年金保険届出事務

（3）国民年金第3号被保険者届出事務

（4）給与所得・退職所得の源泉徴収票作成事務

3　会社は、前項各号に定める利用目的に変更がある場合には、速やかに、A社員に通知する。

4　A社員の配偶者が国民年金法による被扶養配偶者に該当する場合の利用目的の通知については別途定める。

5　第1項に定める書類を正当な理由もなく期日までに提出しない場合、または虚偽の記載等があった場合には、前条第2項の雇用契約は直ちに解除するものとする。

第2節　試用期間

第6条（試用期間）

A社員の試用期間は、原則として入社日より1ヶ月間とする。

2　前項の試用期間中に知識や技能、勤務態度、または健康状態が劣る等、継続して雇用することが困難であると会社が判断した場合は、雇用契約を直ちに解除する。

第3節　配置・異動

第7条（配置・異動）

A社員を従事させる職場、職務等は、採用の際に決める。

ただし、業務上の都合で職場の配転または職務の異動を命ずることがある。

2　A社員は、正当な理由のない限り配転または異動を拒んではならない。

3　前各項の「配転」は、A社員のうち「パートタイマー」に限るものとする。

ここがポイント	ポイントの解説
アルバイト・パートタイマーの試用期間満了の契約解除	期間の定めのある非正社員にも『試用期間』を設けることがあります。ただし、有期労働契約の場合、その途中で契約を解除するには『やむを得ない事由』が必要とされています（労契法第17条1項）。これは、正社員（無期労働契約を締結している社員）を解雇するのに必要とされる「客観的に合理的で、社会通念上相当であると認められる事由」よりも厳格に解すべきものとされているのです（平20.1.23　基発0123004号）。したがって、試用期間満了の契約解除には、直ちに雇用を終了せざるを得ないような重大な事由が生じた場合に限られます。
アルバイト・パートタイマーの職場の配転や職務変更の有無	アルバイト・パートタイマーの場合、地域を超えて転勤させることは想定していないかもしれませんが、業務上の都合等から、指定した地域内での職場や担当職務の変更があり得るのであれば、明確に定めておきます。また、個人的な都合では原則として拒否できないことを規定します。なお、会社の配転命令に業務上の必要性が認められない場合やアルバイト・パートタイマーに著しい不利益が及ぶ場合には、当該配転が権利濫用として無効となる可能性があります（「ネスレ日本事件」平18.4.14　大阪高判）。

第6部　「アルバイト・パートタイマー就業規則」の例と作成・見直しポイント　203

第3章　勤務時間、休憩および休日

第1節　勤務時間および休憩

第8条（所定勤務時間）

　A社員の勤務すべき日、および始業・終業、休憩の時刻は各人ごとに決定する。

2　前項に関する事項は「雇用契約書」に明示する。ただし、会社とA社員本人と協議のうえ契約期間内であっても前項の事項を変更することがある。

第9条（休　憩）

　A社員の休憩時間は原則として1時間とする。ただし、1日の所定勤務時間が6時間未満の者については与えないことがある。

2　休憩の時刻は「雇用契約書」に明示する。

3　休憩時間については給与を支給しない。

第10条（時間外勤務、休日勤務）

　会社は、業務の必要に応じ、所属長を通して時間外勤務、休日勤務を命ずることがある。

2　時間外勤務、休日勤務は、所属長の指示によって行わなければならない。

第11条（妊産婦の時間外勤務、休日勤務）

　妊娠中または産後1年未満のA社員から請求があった場合には、請求の範囲内で時間外勤務、および休日勤務をさせることはない。

第2節　出退勤・欠勤等の手続

第12条（出勤・退勤の記録）

　出勤、退勤は会社が指示する方法をもって記録しなければならない。

ここがポイント	ポイントの解説
アルバイト・パートタイマーの所定労働時間、休憩	アルバイト・パートタイマーの所定労働時間（始業・終業時刻）、休憩時間は、個々のアルバイト・パートタイマーごとに異なり、就業規則に具体的に規定することが困難なケースが少なくありません。そこで、アルバイト・パートタイマー就業規則では労働契約書で定めることを言及するにとどめ、具体的な所定労働時間、休憩時間については、個別の労働契約書に明記するのが一般的です。 なお、休憩時間にアルバイト・パートタイマーに会社の福利厚生施設を自由に利用させないことで問題となることがありますが、給食施設（社内食堂）、休憩室、更衣室を正社員が利用している場合は、アルバイト・パートタイマーにも利用の機会を与えるよう配慮しなければならないので注意してください（パートタイム労働法第12条、同施行規則第5条）。
アルバイト・パートタイマーの出退勤・遅刻早退・私用外出・欠勤する場合の手続き	出退勤の記録方法、やむを得ず遅刻・早退、私用外出、欠勤をする場合の手続き方法について明示し、これらの手続きを怠った場合は、労働契約の解除もあり得ることを規定しています。

第13条（遅刻・早退の手続）

　やむを得ない事由により遅刻または早退をするときは、所定の「遅刻・早退等届」をもって事前に所属長に申し出て会社の承認を受けるものとする。ただし、緊急その他やむを得ない場合は、あらかじめ電話で所属長に連絡し、出社後速やかに所定の届出を行うものとする。

２　前項の手続きを怠った場合は、雇用契約を解除することがある。

第14条（外出の手続）

　勤務時間中の私用外出は原則として認めない。ただし、やむを得ない事由により外出を必要とするときは、その都度事前に所属長に申し出て会社の承認を受けるものとする。

２　前項の手続きを怠った場合は、雇用契約を解除することがある。

第15条（欠勤の手続）

　病気その他やむを得ない事由により欠勤するときは、所定の「欠勤届」をもって事前に所属長に申し出て会社の承認を受けるものとする。

　ただし、やむを得ず事前に届出られない場合は、あらかじめ電話で所属長に連絡し、出社後速やかに所定の届出を行うものとする。

２　欠勤日数が５日連続または１ヶ月に通算して７日以上となるときは、医師の診断書を提出させることがある。

３　前各項の手続きを怠った場合は、雇用契約を解除することがある。

第3節　休　日

第16条（休　日）

　Ａ社員の休日は、各人ごとに「雇用契約書」に明示する。

２　業務繁忙期その他やむを得ない業務上の都合がある場合は、前項の休日をあらかじめ他の特定の日に振替えることがある。

ここがポイント	ポイントの解説
アルバイト・パートタイマーの休日	休日についても、所定労働時間や休憩時間と同様、アルバイト・パートタイマー就業規則では労働契約書で定めることを言及するにとどめ、具体的な休日については、個別の労働契約書に明記することが一般的です。

第4節　休暇等

第17条（年次有給休暇）
　年次有給休暇（以下「年休」という）は、法令の定める基準によって付与するものとする。
2　前項の年休を取得した場合には、所定勤務時間を勤務したものとして通常の給与を支給する。
3　年休を受けようとするときは、あらかじめ所属長に所定の「休暇届」を提出しなければならない。
4　年休は、原則として本人が申出た時季に与える。ただし、会社は会社の事業の正常な運営を妨げる等、やむを得ない事情のある場合には、他の時季に変更することがある。

第18条（特別休暇）
　Ａ社員が次の各号の一に該当するときは、特別休暇を与える。ただし、無給とする。
（1）労働基準法第65条による産前・産後の出産休暇
（2）生理休暇 ── 生理日の就業が著しく困難な場合、請求した日数
（3）裁判員休暇 ── 裁判所からの要請により裁判員制度に参加する場合、必要な日数

ここがポイント	ポイントの解説

アルバイト・パートタイマーの年休日数

アルバイト・パートタイマーであっても、法定の要件を満たせば、年次有給休暇を付与しなければなりません。下表の通り、正社員と同様にフルタイム勤務である場合には、年次有給休暇の発生要件と付与日数は正社員と同様です。他方、短時間労働者には、年次有給休暇の発生要件と付与日数は、比例付与が認められています（労基法第39条3項、同施行規則第24条の3）。したがって、アルバイト・パートタイマー就業規則には細かく規定せずに、「法令の基準によって付与する」としておけばよいでしょう。

週所定労働時間	週所定労働日数	勤続年数に応じた年次有給休暇の付与日数						
		6ヶ月	1年6ヶ月	2年6ヶ月	3年6ヶ月	4年6ヶ月	5年6ヶ月	6年6ヶ月以上
30時間以上	―	10日	11日	12日	14日	16日	18日	20日
30時間未満	5日							
	4日	7日	8日	9日	10日	12日	13日	15日
	3日	5日	6日	6日	8日	9日	10日	11日
	2日	3日	4日	4日	5日	6日	6日	7日
	1日	1日	2日	2日	2日	3日	3日	3日

アルバイト・パートタイマーに対する特別休暇

会社が任意で設ける特別休暇は、正社員とは異なる業務内容や勤務形態のアルバイト・パートタイマーには、必ずしも、正社員と同様に与えなければならないというものではありません。

ただし、会社の判断で、アルバイト・パートタイマーに対しても正社員と同程度の特別休暇を与えることも可能です。その場合には就業規則にしっかりと規定しておきましょう。

第19条（母性健康管理の措置）

　妊娠中または出産後1年を経過しない女性A社員から、所定勤務時間内に、母子保健法に基づく保健指導または健康診査を受けるために申出があった場合は、次の範囲で所定時間内に通院を認める。

　（1）産前の場合

　　　　妊娠23週まで　　　　　　　　　　　　　　　　　　　　4週に1回

　　　　妊娠24週から35週まで　　　　　　　　　　　　　　　　2週に1回

　　　　妊娠36週から出産まで　　　　　　　　　　　　　　　　1週に1回

　　　　ただし、医師または助産師（以下「医師等」という）がこれと異なる指示をしたときには、その指示により必要な時間。

　（2）産後（1年以内）の場合　　　　　　　　医師等の指示により必要な時間

2　妊娠中または出産後1年を経過しない女性A社員から、保健指導または健康診査に基づき勤務時間等について医師等の指導を受けた旨申出があった場合は、次の措置を講ずる。

　（1）妊娠中の通勤緩和措置として、通勤時の混雑を避けるよう指導された場合は、勤務時間の短縮または時差勤務を認める。

　（2）妊娠中の休憩時間について指導された場合は、適宜休憩時間の延長や休憩の回数を増やす。

　（3）妊娠中または出産後の女性職員が、その症状等に関して指導された場合は、医師等の指導事項を遵守するための作業の軽減や勤務時間の短縮、休業等の措置をとる。

3　母性健康管理措置による不就業時間および不就業日の給与は、支給しない。

第20条（育児時間）

　1歳未満の子を養育する女性A社員があらかじめ請求したときは、休憩時間とは別に1日2回それぞれ30分間の育児時間を与える。ただし、1日の勤務時間が4時間以内の場合には、育児時間は1日1回とする。

2　育児時間の給与は、支給しない。

第21条（育児休業・介護休業等）

　A社員のうち法定の要件を満たした者は、育児・介護休業法に基づく育児休業・介護休業等の適用を受けることができる。

2　育児休業・介護休業等の取扱いについては、「育児休業規程」および「介護休

ここがポイント	ポイントの解説
アルバイト・パートタイマーの母性健康管理措置、母性保護規定	男女雇用機会均等法第12条、第13条による規定です（詳細は【母性保護措置に関する規定】87ページの解説を参照してください）。
アルバイト・パートタイマーの所定労働時間が短い場合の育児時間	育児時間は、アルバイト・パートタイマーのように1日の所定労働時間が短い場合でも与えなければなりません。ただし、4時間以内であれば、回数は1日に1回でも問題ありません。
アルバイト・パートタイマーの休職制度	育児休業、介護休業等は、法定の要件を満たせば、アルバイト・パートタイマーに対しても取得させなければなりません。 一方、私傷病休職制度は、傷病その他やむを得ない事由により継続して欠勤する社員に一定期間その資格を保有させ、勤務を免除する

第6部 「アルバイト・パートタイマー就業規則」の例と作成・見直しポイント　211

業規程」に定める。

第 22 条（傷病休職）

　A 社員が次の各号の一に該当した場合には、会社は「休職通知書」を交付し、休職を命じることができる。

　（1）傷病等による欠勤、遅刻、早退等の不完全就労日（以下「欠勤等」という）
　　　　が直近 3 ヶ月間の所定勤務日において 20 日以上に達し、療養を要するとき

　（2）傷病等により、労務提供が不完全であり、概ね 1 ヶ月以上の療養を要する
　　　　と会社が判断したとき

2　前項において、会社が指定する医師への受診命令、家族に対して状況報告、および事情聴取等を行うことがあり、A 社員は正当な理由がなくこれを拒むことはできない。

3　前項の会社が指定する医師への受診命令に従わない場合は、就業を禁止または制限することがあり、その期間は第 1 項第 1 号の欠勤等として取扱う。

4　A 社員が、傷病（通勤災害を含む）のため欠勤し、療養するときは、傷病休職とする。休職期間は次の各号に定める期間の範囲において、医師が就業不能と認め、会社が承認した期間とする。ただし、休職期間は雇用契約期間内に限るものとする。

　（1）勤続 5 年以上 10 年未満　　　　　　　　　　　　　　　　　　3 ヶ月

　（2）勤続 10 年以上　　　　　　　　　　　　　　　　　　　　　　6 ヶ月

5　復職を希望する場合は、復職希望日の 1 ヶ月前までに、元の職務または同等レベルの職務を、通常程度行える健康状態に回復したことが記載された主治医の診断書を添付のうえ、所定の「復職願」を会社に提出しなければならない。

6　主治医の診断書をもとに、元の職務または同等レベルの職務を、通常程度行える健康状態に回復したと会社が認めた場合に、「復職許可通知書」をもって、復職を認める。

7　復職後 1 年以内に次の各号の一に該当する場合は、会社は再休職を命じることができ、その期間は前回の休職期間に通算する。

　（1）同一または類似の傷病により欠勤したとき

　（2）労務提供が不完全であり、勤務の継続が困難または健康に悪影響を及ぼす
　　　　と会社が判断したとき

ここがポイント	ポイントの解説
	制度で、設けるかどうかは会社が自由に決めることができます。アルバイト・パートタイマーは労働契約期間満了ごとに更新の有無を判断されることが多いため、長期間の勤務を免除する私傷病休職制度を設けない会社も多くありますが、労契法第18条により無期労働契約へ転換する社員を見据えて私傷病休職制度を設けておくべきです。

第6部 「アルバイト・パートタイマー就業規則」の例と作成・見直しポイント 213

第4章　服務規律

第23条（服務事項および相談窓口）

A社員は、次の事項を守らなければならない。

（1）会社の名誉を傷つけ、または信用を損なうことをしてはならないこと

（2）やむを得ず兼業を必要とする場合は、その都度事前に申出て会社の承認を受けなければならないこと

（3）会社の内部情報および機密事項を他に洩らしてはならないこと

（4）前各号の他、正社員の就業規則第60条（勤務上の服務）、第61条（施設、物品等利用上の服務）、第62条（ハラスメントの禁止）、第63条（貸与パソコン等の私用禁止とモニタリング）、第64条（SNSの遵守義務）および第65条（秘密保持義務）に定めている事項を遵守しなければならないこと

2　A社員の雇用管理の改善等に関する相談および苦情処理の窓口担当者は、人事部に設置し責任者は人事部部長とする。人事部部長は、窓口担当者を周知する。

第5章　賃金・退職金

第24条（給与の構成と計算）

A社員の給与は次の通りとする。

（1）基本給

（2）通勤手当

（3）超過勤務手当

（4）休日勤務手当

（5）深夜勤務手当

2　基本給は、時間給制とし、時給額は職場の経験、職歴、従事する職務の内容等を勘案して各人ごとに決定し、「雇用契約書」に明示する。

3　通勤手当は、通勤するため電車・バス等公共交通機関を利用する場合に居住地または通学先のいずれか近距離の方で実費を支給する（上限20,000円）。

ただし、通勤距離が2キロメートル圏内の場合は支給しない。

4　超過勤務手当の計算は、「時間給×1.0×超過勤務時間数」とする。ただし、1日の勤務時間が8時間または1週40時間を超えた時間については「時間給×

ここがポイント	ポイントの解説
アルバイト・パートタイマーの兼業	アルバイト・パートタイマーの兼業については、その勤務形態や業務内容から会社に対する労務の提供に支障がないこともあります。したがって、一律に禁止するのではなく、事前の届出で労務の提供に支障がないと会社が判断した場合に承認する規定を設けるのがよいでしょう。
アルバイト・パートタイマーの相談体制の整備	平成 27 年 4 月 1 日のパートタイム労働法の改正により、会社は、アルバイト・パートタイマーからの相談に応じ、適切に対応するために必要な体制を整備することが義務となりました（パートタイム労働法第 16 条）。具体的には、相談担当者を決めて対応させることや、事業主自身が相談担当者となり対応すること等が求められます。
アルバイト・パートタイマーの給与の構成と計算	アルバイト・パートタイマーの給与は、時給制の場合が多く、その具体的な金額は、個々の能力や経験、職歴、従事する職務内容等によって異なるので、個別契約で定めることがほとんどです。 また、アルバイト・パートタイマーにも、超過勤務・休日勤務・深夜勤務を行わせた場合は、割増賃金の支払いが必要です。 なお、1 ヶ月 60 時間を超える法定時間外勤務に対しては 50％割増ですが、『中小企業』は、50％割増については当分の間猶予となっているので、25％でも問題ありません（『中小企業』の詳細は 169 ページの表を参照してください）。

1.25 ×超過勤務時間数」とする。

5　休日勤務手当（所定休日）の計算は、前項の計算方法による。

　　休日勤務手当（法定休日）の計算は、「時間給× 1.35 ×休日勤務時間数」とする。

6　深夜勤務手当の計算は、午後 10 時から午前 5 時までの勤務に対して「時間給
　× 0.25 ×深夜勤務時間数」とする。

第 25 条（給与計算期間と支払日）

　給与は、前月 21 日から当月 20 日までをもって計算し、翌月 10 日（土曜日、日曜日あるいは国民の祝日等の場合は、その直前の金融機関営業日）に、各人の指定する金融機関に振込みで支払う。

2　給与の支払いに際しては源泉所得税、社会保険料等法令に定められた金額および給与から控除することを協定したものを控除する。

第 26 条（昇・降給）

　Ａ社員の定期昇給は原則として行わない。ただし、経験、勤務成績、職務遂行能力等を勘案して、契約を更新する際に見直すことがある。なお、第 44 条により無期転換した者も同様とする。

第 27 条（賞　与）

　賞与は原則支給しない。ただし、特に業績貢献があったと認めた者に対して支給することがある。

第 28 条（退職金）

　退職金は支給しない。

ここがポイント	ポイントの解説
アルバイト・パートタイマーの昇・降給の実施	昇給、賞与、退職金の有無を書面で明示する必要があります（パートタイム労働法第6条、同施行規則第2条1項）。 有期労働契約の場合は、契約更新の際に、経験や勤務成績、職務遂行能力等を勘案して時間給を見直すことが一般的です。したがって、契約期間途中の定期昇給を設ける会社は多くありません。見直す場合は、昇給のみならず降給も想定し、どちらも実施できるように規定しておく必要があります。 なお、無期労働契約へ転換した以降も毎年、有期労働契約の更新時に労働条件の定期的変更を行う場合、その旨を定めておく必要があります。
アルバイト・パートタイマーの賞与・退職金の支給	賞与・退職金については、正社員と同様に必ず支給する必要はありませんが、支給するのであればその条件を明示しておいてください。

第6部 「アルバイト・パートタイマー就業規則」の例と作成・見直しポイント 217

第6章　安全および衛生

第29条（安全および衛生）

会社はＡ社員の健康障害の防止に努める。また、社員は会社事務所等施設の保安、職場の整理、整頓に努め、災害の予防に努めるものとする。

第30条（災害の措置）

Ａ社員は、災害が発生し、またはその危険があることを知ったときは、速やかに所属長へ通報する等、適切な措置をとらなければならない。

第31条（伝染病等の通報）

Ａ社員は、伝染病にかかりまたは家族もしくは住居付近に発生した場合は、直ちに所属長へ通報し、適切な処置が命ぜられるまでは出勤を停止しなければならない。

第32条（健康診断等）

会社は、常時雇用されるＡ社員に対しては、毎年1回定期的に健康診断を行うものとする。常時雇用されるＡ社員とは、以下の要件を全て満たす者を言う。

（1）期間の定めのない者（期間の定めがある雇用契約を締結している者であっても、1年以上雇用されることが見込まれる者を含む）

（2）1週間の所定勤務時間数が、正社員の1週間の所定勤務時間の4分の3（30時間）以上である者

2　会社は、常時雇用されるＡ社員に対しては、メンタルヘルス不調の未然防止（一次予防）に資するために、毎年1回定期的にストレスチェックを行うものとする。

3　常時雇用されるＡ社員は、前項のストレスチェックを受検するよう努めなければならない。

ここがポイント	ポイントの解説
アルバイト・パートタイマーで定期健康診断・ストレスチェックの対象となる者	次の①と②の両方を満たすアルバイト・パートタイマーは、定期健康診断の対象となります（平 19.10.1 通達　短時間労働者の雇用管理の改善等に関する法律の一部を改正する法律の施行について）。 ①期間の定めのない者（期間の定めがある労働契約を締結している者であっても、1年（深夜業に就く者等は6ヶ月）以上雇用されることが見込まれる者を含む） ②1週間の所定労働時間数が、正社員の1週間の所定労働時間の4分の3以上である者（なお、4分の3未満であっても概ね2分の1以上である者については健康診断を行うことが望ましい） ストレスチェックの対象となるアルバイト・パートタイマーも、一般健康診断と同様とされています（平 26.9.1　改正安全衛生法Q＆A集）。

第6部　「アルバイト・パートタイマー就業規則」の例と作成・見直しポイント　219

第7章 懲 戒

第33条（懲戒基準）

　A社員が、正社員の就業規則第70条に定める懲戒事由に該当した場合は、懲戒の処分を行う。

第34条（懲戒の種類）

　前条の懲戒は、正社員の就業規則第69条の定めに準じて行う。

第8章 雇用の上限・退職・契約の解除

第35条（雇用の上限）

　A社員の雇用の上限は満65歳とし、当該年齢に達した日（誕生日の前日）をもって退職とする。

第36条（退 職）

　A社員が次の各号の一に該当したときは、その日をもって退職とする。

（1）雇用契約期間が満了し、更新をしないとき

（2）「退職届」を提出し会社の承認があったとき

（3）死亡したとき

（4）休職期間満了の日において休職事由が消滅せず復職できないとき

（5）第33条（懲戒基準）に該当し、雇用契約を解除したとき

（6）前条に定める雇用の上限に達したとき

（7）会社に連絡がなく欠勤し、30日が経過し会社が所在を確認できないとき

ここがポイント	ポイントの解説
アルバイト・パートタイマーの懲戒規定	近年、アルバイト・パートタイマーが、就業時間中に服務規律や守秘義務等に違反して SNS 等による投稿を行ったことにより、会社に多大なる損害を与えた事例が多く見られます。そのようなケースに対して懲戒処分を可能とするためには、アルバイト・パートタイマーにも懲戒規定が必要です。 有期労働契約の場合、労働契約期間中の途中解除には『やむを得ない事由』が必要とされています（労契法第 17 条 1 項）が、懲戒解雇事由に該当するような場合は、『やむを得ない事由』があることは明らかですので、そのような事案に対して懲戒処分を可能とするため、アルバイト・パートタイマーにも正社員に準じた懲戒規定を設けるべきでしょう。
アルバイト・パートタイマーの高年齢者雇用確保措置	会社は無期労働契約を締結している労働者（労契法第 18 条により無期転換した者を含む）に対して、原則 65 歳までの雇用義務があります（高年齢者等の雇用の安定等に関する法律第 9 条）。
アルバイト・パートタイマーの雇止め	有期労働契約において、雇用期間が満了したときに会社が契約を更新せずに終了させることを『雇止め』と言います。雇止めは、契約通りに雇用を終了させる行為ですので、違法ではありません。 しかし、従来、契約が反復更新された後に雇止めすることによるトラブルが多発したことから、更新等に関するルールを明確にすることを目的として、判例による雇止め法理が法定化されました（労契法第 19 条）。 労契法第 19 条では、①業務内容が恒常的、更新手続きが形式的であり反復更新している等、無期労働契約と実質的に異ならない状態に至っているような場合、②労働契約期間満了後も更新されるものと期待することについて合理的な理由がある場合には、同一条件で契約が更新されたものとみなされます。 なお、雇止めの可否を判断する際の考慮要素として、次の 6 項目があげられます（有期労働契約の反復更新に関する調査研究会報告 平12.9.11）。 ①業務の客観的内容 ②契約上の地位の性格 ③当事者の主観的態様 ④更新の手続き・実態

第 37 条（退職手続）

　前条第 1 号により雇用契約期間が満了する場合には、会社から 30 日前までに「雇止め」の通知をする。

2　A社員が雇用契約期間内に自己の都合で退職しようとするときは、1 ヶ月前までに会社に「退職届」をもって願い出て承認を受けなければならない。ただし、会社の承認があるまでは、従来の職務に服さなければならない。

3　前条の第 3 号、第 4 号、第 6 号および第 7 号に該当する場合は、会社が自動的に退職の処理をする。

第 38 条（雇用契約の解除）

　会社は、A社員が次の各号の一に該当するときは雇用契約期間内であっても雇用契約を解除する。

（1）精神もしくは身体に障害があるか、または私傷病・通勤災害のため業務に耐えられず、その療養のため休業しなければならないとき

（2）試用期間中に、または試用期間満了後も継続雇用するに適さないと判断したとき

（3）第 13 条から第 15 条の規定に違反したとき、または出勤状況もしくは勤務態度、成績等が悪いとき

（4）会社の役員または所属長の業務命令に従わないとき

（5）この規則等に違反したり、または職場環境の風紀、秩序を乱したとき

（6）事業の休廃止、縮小または人員が過剰となったとき、その他事業の運営上やむを得ないとき

ここがポイント	ポイントの解説
	⑤他の労働者の更新状況 ⑥その他勤続年数など 実務上のポイントとしては、④更新の手続き・実態が重要です。契約書に判子を押すだけ等、更新手続きが形式的であり反復更新を繰返している場合は、実質的に無期契約と異ならないと判断されます。したがって、更新時には面談を行い、勤務態度や協調性に問題があるような場合は指導・改善を促し、改善が見られないようならば次回の更新はしない旨を伝えておく等、正当・公平に評価することを徹底しましょう。
アルバイト・パートタイマーの雇止め通知	会社は、次の①～③の有期労働契約を更新しない場合には、少なくとも契約の期間が満了する日の30日前までに、その予告をしなければなりません（有期労働契約の締結、更新及び雇止めに関する基準 平15厚労省告示357号、平20.3.1一部改正）。 ①有期労働契約が3回以上更新されている場合 ②1年以下の契約期間の労働契約が更新または反復更新され、最初に労働契約を締結してから継続して通算1年を超える場合 ③1年を超える契約期間の労働契約を締結している場合 なお、雇止めの予告後に労働者が雇止めの理由について証明書を請求した場合は、遅滞なくこれを交付しなければなりません。 また、雇止めの後に労働者から請求された場合も同様です。
アルバイト・パートタイマーの労働契約期間中の契約解除	労働契約期間中の契約解除は、正社員（無期労働契約を締結している社員）を解雇するのに必要とされる「客観的に合理的で、社会通念上相当であると認められる事由」よりも厳格に解すべきものとされていることから、当初期待していた知識や経験、能力よりも多少劣る程度での労働契約期間中の契約解除は困難です。 途中解除が認められるのは、心身の不調により長期休業が必要な場合、注意を繰り返したのにもかかわらず業務上の指示命令に従わず著しく協調性に劣る場合、懲戒事由に該当するような場合、経営上の必要性が高い場合等、期間途中で直ちに雇用を終了せざるを得ないような重大な事由が生じた場合に限られます。

第6部 「アルバイト・パートタイマー就業規則」の例と作成・見直しポイント　223

（7）会社または他社員等に関わる個人情報漏えいの未然防止を怠ったとき

（8）正社員の就業規則に定める懲戒事由に該当したとき

（9）その他、前各号に準ずるやむを得ない事由があるとき

第 39 条（雇用契約解除の手続）

　雇用契約の解除の手続きは、30 日前の予告によるか、または平均賃金の 30 日分の予告手当を支払って即時解除する。ただし、次の各号の一に該当する場合はこの限りではない。

（1）Ａ社員の責に帰すべき事由により解雇する場合で、所轄労働基準監督署長の解雇予告除外認定を受けたとき

（2）やむを得ない事由により事業の継続が不可能となった場合で所轄労働基準監督署長の解雇予告除外認定を受けたとき

（3）試用期間中の者で 14 日を経過しない者または 2 ヶ月以内の期間を定めて雇用する者でその期間中に雇用契約を解除するとき

2　前項の予告日数は、1 日につき平均賃金を支払った場合は、その日数を短縮する。

第 40 条（退職時の金品等の返還手続）

　退職するときは、所属長の指示にしたがって、業務の引継ぎを行うとともに、健康保険被保険者証、その他会社に帰属する書類、金品等の一切を速やかに返還しなければならない。

第 41 条（債務の弁済）

　Ａ社員は退職または雇用契約の解除の際、会社に対して債務があるときは、速やかに弁済しなければならない。

第 42 条（損害賠償）

　会社は、Ａ社員が故意または過失によって会社に損害を与えたときは、その損害について賠償を請求するものとする。

2　損害賠償を補てんした場合であっても、懲戒を免じることはない。

3　損害賠償の義務は、退職後においても免れるものではない。

| コラム |

Q 無期労働契約への転換権を生じさせないために、有期契約労働者に契約更新の上限を設定することは可能か？

A あらかじめ就業規則に定め、最初の契約締結時に更新上限の内容を説明し、有期契約労働者が理解したうえで入社しているのであれば特段問題ありません。ただし、すでに長期間雇用しており、雇用継続に対する合理的期待が生じている人に対しては、一方的に更新上限を設定することはできません。

　平成25年4月1日以降の同一の使用者との間で締結された2以上の有期労働契約の通算契約期間が5年を超えた場合、労働者からの申込みにより使用者は無期労働契約に転換させなければなりません。人員計画の都合上、無期転換権を生じさせないことを望む使用者もいることでしょう。無期転換権を生じさせないためには、あらかじめ就業規則に定め、有期契約労働者を採用するときに、更新上限（5年以内）の内容を説明し、有期契約労働者がその内容を理解したうえで入社し、その上限を厳守する運用を継続すれば、更新上限は認められる可能性が高いです。更新上限を設定したい場合は、規程例の第2条を下記のように定めます。

第2条（A社員の定義）
　A社員のうちアルバイトとは、勤務地を、採用時の勤務地に限定し、業務繁忙期において正社員の補助的業務に従事するために臨時に雇用する者、または2ヶ月以内の労働契約期間を定めて雇用する者を言う。なお、労働契約期間は通算で3年を上限とする。
2　A社員のうちパートタイマーとは、勤務地を、転居を伴わない地域に限定し、正社員の補助的業務に従事するために1日または1週間の所定勤務時間が正社員より短い者で、1年以内の労働契約期間を定めて雇用する者を言う。なお、労働契約期間は通算で5年を上限とする。

　一方、すでに長期間雇用しており、雇用継続に対する合理的期待が生じている人に対しては、一方的に更新上限を設定することはできません。一方的に更新上限を設定してトラブルになるケースも散見されますので、すでに長期間雇用している人に対しては、無期転換させることを前提にした準備を進めるべきでしょう。

第6部　「アルバイト・パートタイマー就業規則」の例と作成・見直しポイント　225

第9章　災害補償

第43条（災害補償）

　会社はA職員の業務上傷病による災害、および通勤途上の災害については、全て「労働者災害補償保険法」の定めるところにより補償するものとする。

第10章　無期労働契約への転換

第44条（無期労働契約への転換）

　平成25年4月1日以降に締結した有期労働契約を通算した期間が5年を超えるA社員であって、引き続き雇用を希望する者は、原則として雇用契約満了日の1ヶ月前までに、無期労働契約へ転換することの申込みをすることができる。

2　前項の申込みをしたA社員は、申込みをしたときに締結している労働契約が満了する日の翌日から無期労働契約となる。

3　無期労働契約後の労働条件は、原則、従前と同一の労働条件とする。ただし、A社員と合意のうえ、異なる労働条件とすることができる。

第11章　附　　則

第45条（附　則）

　この規則は、平成○○年○○月○○日より施行する。

ここがポイント	ポイントの解説
アルバイト・パートタイマーの無期労働契約への転換	平成25年4月1日以降、同一の使用者との間で締結された2以上の有期労働契約の通算契約期間が5年を超えた場合は、労働者からの申込みにより、無期労働契約に転換させる制度があります（労契法第18条、同附則2項）。この通算契約期間5年は「同一の使用者」との間でカウントしますので、たとえ勤務する事業場を変えたとしても、使用者である法人が同一であれば通算されます。 なお、有期労働契約が更新される際に、従前の有期労働契約との間に原則として6ヶ月以上の空白期間（クーリング期間）があるときは、前の労働契約期間は通算されません。 また、無期転換後の労働条件は、別段の定めがない限り、労働契約期間が無期になることを除き、従前のものが引き継がれます。したがって、無期転換後も従前と同様の労働条件を希望する場合は、新たに無期労働契約用の就業規則を作成する必要はないでしょう。しかし、無期転換後は、転居を伴う異動を行うこととする等労働条件を変更したい場合は、新たに就業規則を作成し周知しておくべきです。
アルバイト・パートタイマーの無期労働契約への転換についての意向確認	労働契約期間の満了日直前になって無期労働契約へ転換の申込みがあると、人員配置等の人事労務管理が困難なことがあります。しかし、労契法第18条の効力は労働契約期間の満了日まで有効であるため、契約期間満了日まではいつでも申込みができ、申込みがあったときは、無期労働契約へ転換させなければなりません。 実務上は、労働契約期間満了日の1ヶ月以上前に無期労働契約へ転換する制度の説明をしたうえで本人の意向を確認し、無期労働契約へ転換を希望するときは、その際に書面を取り交わすとよいでしょう。

ここがポイント	ポイントの解説

アルバイト・パートタイマーの正社員への転換制度の検討

会社は、正社員への転換を推進するため、雇用する短時間労働者について、次の①～③のいずれかの措置を講じなければなりません（パートタイム労働法第13条）。

①正社員の募集を行う場合において、当該募集にかかわる事業所に掲示すること等により、その者が従事すべき業務の内容、賃金、労働時間その他の当該募集にかかわる事項を当該事業所において雇用する短時間労働者に周知すること
②正社員の配置を新たに行う場合において、当該配置の希望を申し出る機会を当該配置にかかわる事業所において雇用する短時間労働者に対して与えること
③一定の資格を有する短時間労働者を対象とした正社員への転換のための試験制度を設けること、その他の正社員への転換を推進するための措置を講ずること

したがって、優秀なアルバイト・パートタイマーに正社員になってもらいたい場合は、以下のような「正社員転換制度」の規定を設けることを検討しましょう。

第○条（正社員への登用）
　会社は次の各号の全ての要件に該当するＡ社員が希望した場合、所定の選考（試験および面接）を経て正社員に登用する。
　（1）勤続○年以上であること
　（2）所属長の推薦があること
　（3）正社員としての勤務が可能であること
2　正社員登用の詳細については、別途定める。

第 7 部

「育児休業規程」「介護休業規程」の例と各種書式

育児・介護休業法が改正されました！

　育児・介護休業法を改正する法律が平成 28 年 3 月 29 日に成立、同年 3 月 31 日に公布され、平成 29 年 1 月 1 日から施行されました。さらに、雇用保険法等の一部を改正する法律が平成 29 年 3 月 31 日に成立、同年 10 月 1 日から施行され、育児休業にかかわる制度が見直されました。

　この改正により、保育所に入れない場合等は、2 歳まで育児休業が取得可能になり、育児休業・介護休業の申出ができる有期契約労働者の要件が緩和されたほか、介護休業の分割取得や子の看護休暇・介護休暇の半日単位の取得が可能になるなど、法律で定める制度が社員にとってさらに充実したものとなりました。

　会社は、これらの改正に沿った形で規程を整備しなければなりませんので、改正項目と改正に対応した規程例を掲載しました。なお、規程例は法定に基づいた最低限のものですが、法定を上回るものであれば、会社の実態に合わせて適用範囲を広げたり、期間を延長するなどの取扱いも可能です。法定を上回る場合の例についてもポイントをまとめましたので、参考にしてください（231、233 ページ参照）。

◆育児休業法の改正内容

	改正内容	改正前	改正後
1	保育所に入れない場合等は、2 歳まで育児休業が取得可能に（H29/10/1 施行）	一定の要件に該当すれば、最大 1 歳 6 ヶ月まで育児休業が取得可能	一定の要件に該当すれば、**最大 2 歳まで育児休業が取得可能**
2	子どもが生まれる予定の人に育児休業等の制度をお知らせ（H29/10/1 施行）	制度なし	会社は、社員もしくはその配偶者が妊娠、出産したことを知ったとき、または社員が対象家族を介護していることを知ったときに、**関連する制度について個別に制度を周知するための措置を講ずるように努力しなければならない**
3	育児目的休暇の導入促進（H29/10/1 施行）	制度なし	会社は、小学校就学の始期に達するまでの子を養育する社員について、**育児に関する目的で利用できる休暇制度を設けるよう努力しなければならない**

4	育児休業の対象となる「子」の範囲が追加（H29/1/1 施行）	法律上の親子関係である実子または養子	特別養子縁組の監護期間中の子、養子縁組里親に委託されている子、養育里親に委託されている子など、**法律上の親子関係に準じると言えるような関係にある子が追加**
5	有期契約労働者の育児休業の取得要件の緩和（H29/1/1 施行）※右のいずれにも該当すれば取得可能	①勤続 1 年以上 ②子が 1 歳に達する日を超えて雇用継続の見込みがあること ③子が 2 歳到達時までに契約期間が満了し、更新されないことが明らかでないこと	①勤続 1 年以上 ②子が **1 歳 6 ヶ月**になるまでに契約期間が満了し、更新されないことが明らかでないこと
6	子の看護休暇の取得単位の柔軟化（H29/1/1 施行）	1 日単位	1 日または**半日単位**（所定労働時間の 2 分の 1） ※1 所定労働時間が 4 時間以下の労働者は適用除外 ※2 労使協定により、所定労働時間の 2 分の 1 以外の時間数を半日とすることができる

◆法定を上回る場合の規程例

	問題点	法定に合わせた規程例	法定を上回る規程例
1	もうすぐ子どもが 2 歳になるが、保育園に子どもを預けることができないため育児休業から復職できず、優秀な社員が辞めてしまう	育児休業規程例第 2 条 5 項申出にかかわる子が 1 歳 6 ヶ月に達する日において、育児休業中の社員または配偶者が育児休業中の社員は、次の事情がある場合に限り、**2 歳に達するまで**の間で必要な日数について育児休業をすることができる。	育児休業規程例第 2 条 5 項申出にかかわる子が 1 歳 6 ヶ月に達する日において、育児休業中の社員または配偶者が育児休業中の社員は、次の事情がある場合に限り、**3 歳に達するまで**の間で必要な日数について育児休業をすることができる。
2	もうすぐ子どもが 3 歳になる社員が短時間勤務をしているが、フルタイム勤務が困難なため辞めてしまう	育児休業規程例第 12 条 1 項**3 歳に満たない子**を養育する社員は申出により、当該子を養育するために 1 日の所定勤務時間を短くする制度（以下「短時間勤務」という）の適用を受けることができる。なお、所定勤務時間は、原則として午前 9 時から午後 4 時（うち、休憩時間は午前 12 時から午後 1 時までの 1 時間とする）の 6 時間とする。	育児休業規程例第 12 条 1 項**小学校 6 年生の 3 月 31 日までの子**を養育する社員は申出により、当該子を養育するために 1 日の所定勤務時間を短くする制度（以下「短時間勤務」という）の適用を受けることができる。なお、所定勤務時間は、原則として午前 9 時から午後 4 時（うち、休憩時間は午前 12 時から午後 1 時までの 1 時間とする）の 6 時間とする。

第 7 部 「育児休業規程」「介護休業規程」の例と各種書式 231

◆介護休業法の改正内容

	改正内容	改正前	改正後
1	介護休業の3回までの分割取得	通算93日まで原則1回に限り取得可能	対象家族1人につき通算93日まで、**3回を上限として分割取得**が可能
2	有期契約労働者の介護休業の取得要件の緩和 ※右のいずれにも該当すれば取得可能	①勤続1年以上 ②開始しようとする日から93日を経過する日を超えて雇用継続の見込みがあること ③93日経過日から1年を経過する日までに契約期間が満了し、更新されないことが明らかでないこと	①勤続1年以上 ②開始しようとする日から93日経過日から6ヶ月を経過する日までに契約期間が満了し、更新されないことが明らかでないこと
3	同居・扶養要件を撤廃	対象家族の範囲 ①配偶者 ②父母 ③子 ④配偶者の父母 ⑤「**同居かつ扶養している**」祖父母、兄弟姉妹、孫	対象家族の範囲 ①配偶者 ②父母 ③子 ④配偶者の父母 ⑤祖父母、兄弟姉妹、孫
4	申出の撤回	同一対象家族の同一要介護状態にかかわる再度の申出は**1回限り**	同一対象家族について**2回連続して申出を撤回した場合**、それ以降の申出について会社は拒むことが可能
5	介護のための所定労働時間の短縮措置等（選択的措置義務）	介護休業と通算して93日の範囲内で取得可能 【措置内容】 ①所定労働時間の短縮措置（短時間勤務） ②フレックスタイム ③時差勤務 ④労働者が利用する介護サービス費用の助成その他これに準じる制度	**介護休業とは別に、利用開始から3年の間で2回以上の利用が可能** ※措置内容は改正前と同じ
6	介護休暇の取得単位の柔軟化	1日単位	1日または**半日単位**（所定労働時間の2分の1） ※1　所定労働時間が4時間以下の労働者は適用除外 ※2　労使協定により、所定労働時間の2分の1以外の時間数を半日とすることができる

			対象家族1人につき、**介護の必要がなくなるまで**利用できる所定外勤務の制限が新設
7	【新設】介護のための所定外勤務の制限（残業免除制度）	なし	※1　1回の請求につき1ヶ月以上1年以内の期間で請求ができ、事業の正常な運営を妨げる場合には事業主は請求を拒否できる ※2　労使協定により以下の社員からの請求を拒否できる 　　①勤続1年未満 　　②1週間の所定労働時間が2日以下

◆法定を上回る場合の規程例

	問題点	法定に合わせた規程例	法定を上回る規程例
1	介護休業を93日取得したが、短時間勤務で働くことも困難なため辞めてしまう	介護休業規程第6条1項 介護休業の期間は、対象家族1人につき、**通算93日まで**の範囲内で3回を上限とし、「介護休業申出書」に記載された期間とする	介護休業規程第6条1項 介護休業の期間は、対象家族1人につき、**通算365日まで**の範囲内で3回を上限とし、「介護休業申出書」に記載された期間とする
2	介護休業を93日取得した後、短時間勤務を利用し、もうすぐ3年が経過するが、フルタイム勤務が困難なため辞めてしまう	介護休業規程例第13条3項 短時間勤務の適用を希望する社員は、利用開始の日から**3年の間で2回までの範囲内**で、短時間勤務を開始しようとする日(以下この条において「短時間勤務開始予定日」という)および短時間勤務を終了しようとする日を明らかにして、原則として短時間勤務開始予定日の2週間前までに、「介護短時間勤務申出書」(社内様式9、269ページ)を会社に提出しなければならない	介護休業規程第13条3項 短時間勤務の適用を希望する社員は、短時間勤務を開始しようとする日(以下この条において「短時間勤務開始予定日」という)および短時間勤務を終了しようとする日を明らかにして、原則として短時間勤務開始予定日の2週間前までに、「介護短時間勤務申出書」(社内様式9)を会社に提出しなければならない **※期間要件の撤廃**

第7部　「育児休業規程」「介護休業規程」の例と各種書式　233

育児休業規程

第1章　目　的

第1条（目　的）

　この育児休業規程（以下「規程」という）は、株式会社○○（以下「会社」とい
う）が就業規則の規定に基づき、社員の育児休業、育児のための所定外勤務、時間
外勤務および深夜業の制限、育児短時間勤務、ならびに看護休暇等に関して、その
身分を失うことなく一定の休業等を取得することを認め、継続的な勤務を促進し業
務の円滑な実施を確保することを目的とする。

2　この規程に定めのない事項については、その都度別に定めるか、または「育児
　休業、介護休業等育児又は家族介護を行う労働者の福祉に関する法律」（以下「育
　児・介護休業法」という）その他法令の定めるところによる。

第2章　育児休業

第2条（対象者）

　育児休業の対象者は、育児のために休業することを希望する社員であり、次の各
号の全てに該当する社員とする。

（1）1歳に満たない子と同居し、養育する社員

（2）育児休業終了後、引き続き勤務する意思のある社員

2　前項の定めにかかわらず、次の各号の一に該当する社員は育児休業を取得する
　ことができない。

（1）労働契約期間の定めのある社員（以下「期間雇用者」という）のうち、申
　　　出時点において次の各号の一に該当する社員

　　　①勤続1年未満であること

　　　②申出にかかわる子が1歳6ヶ月（本条第5項の申出にあっては2歳）に
　　　　なるまでに労働契約期間が満了し、更新されないことが明らかなこと

（2）労使協定により育児休業の対象者から除外された次の社員

　　　①勤続1年未満の社員

②申出の日から1年（本条第4項および第5項の申出にあっては6ヶ月）
　　以内に雇用関係が終了することが明らかな社員
　　③1週間の所定勤務日数が2日以下の社員
3　第1項の定めにかかわらず、社員が育児休業を開始しようとする日（以下「休業
　開始予定日」という）以前に、当該社員の配偶者が当該子にかかわる育児休業をし
　ている場合、社員は子が1歳2ヶ月に達するまでの間で、出生日以後の出産休暇期
　間と育児休業期間を通算して1年間を限度として育児休業をすることができる。
　なお、休業開始予定日は、子の1歳の誕生日以前のいずれかの日に限るものとする。
4　申出にかかわる子が1歳に達する日（誕生日の前日。以下「1歳到達日」とい
　う。前項の規定による育児休業が子の1歳到達日を超える場合は、当該育児休業
　を終了する日）において、育児休業中の社員または配偶者が育児休業中の社員は、
　次の事情がある場合に限り、1歳6ヶ月に達するまでの間で必要な日数について
　育児休業をすることができる。なお、休業開始予定日は、子の1歳の誕生日（前
　項の規定による育児休業が子の1歳到達日を超える場合は、当該育児休業を終了
　する日の翌日）に限るものとする。
　（1）保育所に入所を希望しているが、入所できない場合
　（2）社員の配偶者であって育児休業の対象となる子の親であり、1歳以降育児
　　　　にあたる予定であった者が、死亡、負傷、疾病等の事情により子を養育す
　　　　ることが困難になった場合
5　申出にかかわる子が1歳6ヶ月に達する日において、育児休業中の社員または
　配偶者が育児休業中の社員は、次の事情がある場合に限り、2歳に達するまでの
　間で必要な日数について育児休業をすることができる。なお、休業開始予定日は、
　子の1歳6ヶ月の誕生日に限るものとする。
　（1）保育所に入所を希望しているが、入所できない場合
　（2）社員の配偶者であって育児休業の対象となる子の親であり、1歳6ヶ月以
　　　　降育児にあたる予定であった者が、死亡、負傷、疾病等の事情により子を
　　　　養育することが困難になった場合

第3条（申出の手続等）
　育児休業の取得を希望する社員は、原則として休業開始予定日の1ヶ月前（前条
第4項および第5項に基づく育児休業を取得する場合については、2週間前）まで
に、「育児休業申出書」（社内様式1）を、会社に提出しなければならない。また、
育児休業中の期間雇用者が労働契約を更新するにあたり、引き続き育児休業を希望

する場合には、更新された労働契約期間の初日を休業開始予定日として、「育児休業申出書」により再度の申出を行うものとする。なお、申出の日は当該申出書が提出された日とする。

2　申出は、次のいずれかに該当する場合を除き、一子につき1回限りとし、双子以上の場合もこれを一子とみなす。ただし、子の出生の日から起算して8週間を経過する日の翌日までの期間内（出産予定日前に当該子が出生した場合は当該出生日から出産予定日を起算日として8週間を経過する日の翌日までの期間内）に、当該子にかかわる育児休業（当該期間内に終了した育児休業に限る）をした社員（当該期間内に出産休暇をした社員を除く）は、特別な事情がない場合でも、同一の子については再度の育児休業の申出をすることができる。

（1）前条第1項に基づく休業をした社員が同条第4項または第5項に基づく申出をしようとする場合、または本条第1項後段の申出をしようとする場合

（2）前条第4項に基づく休業をした社員が同条第5項に基づく申出をしようとする場合、または本条第1項後段の申出をしようとする場合

（3）配偶者の死亡等特別の事情がある場合

3　会社は「育児休業申出書」に関して、必要とする各種証明書の提出を求めることがある。

4　「育児休業申出書」が提出されたときは、会社は速やかに当該申出書を提出した者（以下「申出者」という）に対し、「育児休業取扱通知書」（社内様式2）を交付する。

5　申出にかかわる子が、申出の日後に出生したときは、申出者は、出生後速やかに「育児休業対象児出生届」（社内様式3）を会社に提出しなければならない。

第4条（申出の撤回等）

申出者は、休業開始予定日の前日までに「育児休業申出撤回届」（社内様式4）を会社に提出することにより、育児休業の申出を撤回することができる。

2　育児休業の申出を撤回した社員は、特別の事情がない限り同一の子については、再度申出をすることができない。ただし、第2条第1項に基づく申出を撤回した社員であっても、同条第4項および第5項に基づく申出をすることができ、第2条第4項に基づく申出を撤回した社員であっても同条第5項に基づく申出をすることができる。

3　休業開始予定日の前日までに、子の死亡等により申出者が当該子を養育しないこととなった場合には、育児休業の申出はされなかったものとする。この場合において、申出者は、原則として当該事由が発生した日後速やかに、会社にその旨

を通知しなければならない。

4　「育児休業申出撤回届」が提出されたときは、会社は速やかに当該申出書を提出した申出者に対し、「育児休業取扱通知書」（社内様式２）を交付する。

第５条（休業期間）

　育児休業の期間は、原則として、子の１歳到達日（第２条第３項に基づく育児休業を取得する場合については、１歳２ヶ月に達する日。出生日以後の出産休暇期間と育児休業期間との合計が１年に達した場合は、当該１年に達した日。また第２条第４項に基づく育児休業を取得する場合については、１歳６ヶ月に達する日。第２条第５項に基づく育児休業を取得する場合については、２歳に達する日）までを限度として「育児休業申出書」に記載された期間とする。

2　前項の定めにかかわらず、会社は育児・介護休業法の定めるところにより休業開始予定日の指定を行うことができる。

3　申出者は、１回に限り休業開始予定日および育児休業を終了しようとする日（以下「休業終了予定日」という）の繰上げまたは繰下げ変更をすることができるが、第２条第４項および第５項に基づく育児休業の場合は、第２条第１項に基づく育児休業とは別に、子が１歳から１歳６ヶ月に達するまで、および子が１歳６ヶ月から２歳に達するまでの期間内で、それぞれ１回、休業終了予定日の繰上げまたは繰下げ変更を行うことができる。

4　休業開始予定日の変更を希望する社員は、原則として繰上げ変更の場合は変更後（繰下げ変更の場合は変更前）の休業開始予定日の１週間前までに、休業終了予定日の変更を希望する社員は、原則として繰上げ変更の場合は変更後（繰下げ変更の場合は変更前）の休業終了予定日の１ヶ月前（第２条第４項または第５項に基づく育児休業の場合は２週間前）までに、「育児休業期間変更申出書」（社内様式５）を会社に提出しなければならない。

5　会社は、前項の申出を適当と認めた場合には、速やかに変更後の休業開始予定日または休業終了予定日を申出者に通知する。

6　やむを得ない理由により、当初予定された育児休業の期間中に出勤することを希望する社員は、所属長の了解を得て、「育児休業期間特別出勤届」（社内様式６）を会社に提出することにより、出勤することができる。なお、出勤した日については、別途定める給与規程の時間割計算式に基づき勤務時間に応じて計算した額を支給する。また、その際の通勤交通費は実費を支給する。

7　前各項にかかわらず、次の各号に掲げるいずれかの事由が生じた場合には、育児

第７部　「育児休業規程」「介護休業規程」の例と各種書式　　237

休業は終了するものとし、当該育児休業の終了日は、当該各号に掲げる日とする。

（1）子の死亡等、当該子を養育しないこととなった場合

当該事由が発生した日。なお、この場合において、申出者が出勤する日は、事由発生の日から2週間以内であって、会社と申出者が話し合いのうえ決定した日とする。

（2）育児休業にかかわる子が1歳に達した場合等

当該子が1歳に達した日（第2条第3項に基づく育児休業の場合は1歳2ヶ月に達した日または出生日以後の出産休暇期間と育児休業期間との合計が1年に達した日。第2条第4項に基づく育児休業の場合は1歳6ヶ月に達した日。第2条第5項に基づく育児休業の場合は2歳に達した日）。

（3）申出者について出産休暇、介護休業、または新たな育児休業期間が始まった場合

出産休暇、介護休業、または新たな育児休業の開始日の前日。

8　前項第1号の事由が生じた場合には、申出者は、当該事由が発生した日後速やかに、会社にその旨を通知しなければならない。

第6条（給与等の取扱い）

育児休業の期間については、給与を支給しない。

2　給与の改定は、育児休業の期間中は行わないものとし、育児休業の期間中に改定日の到来した社員については、復職後に勘案のうえ改定することがある。

第7条（社会保険料等の取扱い）

育児休業の期間中における社会保険料のうち健康保険料、介護保険料および厚生年金保険料の被保険者負担分は、免除措置の手続きを行うことにより免除となる。

2　地方税については、原則として、会社が特別徴収から普通徴収に切り替え、個人で支払うものとする。

3　前各項の他、毎月の給与から控除されるものがある場合の支払方法は、会社と申出者の話合いにより決定する。

第8条（復職後の取扱い）

育児休業後の勤務は、原則として、休業直前の部署および職務で行うものとする。ただし、申出者の希望がある場合および組織の変更その他会社の業務上の都合等やむを得ない事情がある場合には、部署および職務の変更を行うことがある。

第3章　勤務時間の制限

第9条（所定外勤務の制限）

　3歳に満たない子を養育する社員が当該子を養育するために請求した場合には、就業規則第23条（時間外勤務）の規定および時間外労働に関する協定にかかわらず、事業の正常な運営に支障がある場合を除き、所定勤務時間を超えて勤務させることはない。

2　前項の定めにかかわらず、労使協定により次の各号の一に該当する社員は所定外勤務の制限を請求することができない。

（1）勤続1年未満の社員

（2）1週間の所定勤務日数が2日以下の社員

3　所定外勤務の制限を希望する社員は、1回につき、1ヶ月以上1年以内の期間（以下この条において「制限期間」という）について、制限を開始しようとする日（以下この条において「制限開始予定日」という）および制限を終了しようとする日を明らかにして、制限開始予定日の1ヶ月前までに、「育児のための所定外勤務制限請求書」（社内様式7）を会社に提出しなければならない。この場合において、制限期間は次条第3項に規定する時間外勤務にかかわる制限期間と重複しないようにしなければならない。

4　前各項の他の手続き等については、第3条から第5条までの規定を準用する。

第10条（時間外勤務の制限）

　小学校就学の始期に達するまでの子を養育する社員が当該子を養育するために請求した場合には、就業規則第23条（時間外勤務）の規定および時間外労働に関する協定にかかわらず、事業の正常な運営に支障がある場合を除き、1ヶ月について24時間、1年について150時間を超えて時間外勤務させることはない。

2　前項の定めにかかわらず、次の各号の一に該当する社員は時間外勤務の制限を請求することができない。

（1）勤続1年未満の社員

（2）1週間の所定勤務日数が2日以下の社員

3　時間外勤務の制限を希望する社員は、1回につき、1ヶ月以上1年以内の期間（以下この条において「制限期間」という）について、制限を開始しようとする日（以下この条において「制限開始予定日」という）および制限を終了しようとする日を明らかにして、原則として制限開始予定日の1ヶ月前までに、「育児のための時間外勤務制限請求書」（社内様式8）を会社に提出しなければならない。

この場合において、制限期間は前条第3項に規定する所定外勤務にかかわる制限期間と重複しないようにしなければならない。

4　前各項の他の手続き等については、第3条から第5条までの規定を準用する。

第11条（深夜業の制限）

　小学校就学の始期に達するまでの子を養育する社員が当該子を養育するために請求した場合には、就業規則第27条（深夜勤務）の規定にかかわらず、事業の正常な運営に支障がある場合を除き、午後10時から午前5時までの間（以下「深夜」という）に勤務させることはない。

2　前項の定めにかかわらず、次の各号の一に該当する社員は、深夜業の制限を請求することができない。

（1）勤続1年未満の社員

（2）深夜において常態として当該子を保育できる16歳以上の同居の家族がいる社員

（3）1週間の所定勤務日数が2日以下の社員

3　深夜業の制限を希望する社員は、1回につき、1ヶ月以上6ヶ月以内の期間について、制限を開始しようとする日（以下この条において「制限開始予定日」という）および制限を終了しようとする日を明らかにして、原則として制限開始予定日の1ヶ月前までに、「育児のための深夜業制限請求書」（社内様式9）を会社に提出しなければならない。

4　前各項の他の手続き等については、第3条から第5条までの規定を準用する。

第4章　育児短時間勤務

第12条（育児短時間勤務）

　3歳に満たない子を養育する社員は申出により、当該子を養育するために1日の所定勤務時間を短くする制度（以下「短時間勤務」という）の適用を受けることができる。なお、所定勤務時間は、原則として午前9時から午後4時（うち、休憩時間は午前12時から午後1時までの1時間とする）の6時間とする。

2　前項の定めにかかわらず、1日の所定勤務時間が6時間以下である社員、および労使協定により次の各号の一に該当する社員は短時間勤務の適用を受けることができない。

（1）勤続1年未満の社員

（2） 1週間の所定勤務日数が2日以下の社員

3　短時間勤務の適用を希望する社員は、1回につき、1ヶ月以上1年以内の期間について、短時間勤務を開始しようとする日（以下この条において「短時間勤務開始予定日」という）および短時間勤務を終了しようとする日を明らかにして、原則として短時間勤務開始予定日の2週間前までに、「育児短時間勤務申出書」（社内様式10）を会社に提出しなければならない。

4　前各項の他の手続き等については、第3条から第5条までの規定を準用する。

第13条（給与等の取扱い）

　社員が短時間勤務の適用を受けた時間は無給とする。

2　短時間勤務により就業する場合の給与の改定および賞与については、通常勤務したものとして取扱うものとする。

第5章　その他

第14条（子の看護のための休暇）

　小学校就学の始期に達するまでの子を養育する社員は申出により、負傷しもしくは疾病にかかった当該子の世話をするために、または当該子に予防接種もしくは健康診断を受けさせるために、1年間（毎年4月1日から翌年3月31日とする）につき5日間（当該子が2人以上の場合は10日間）を限度として子の看護のための休暇（以下「看護休暇」という）を取得することができる。ただし、給与は支給しないものとする。

2　前項の定めにかかわらず、労使協定により次の各号の一に該当する社員は看護休暇を取得することができない。

（1）勤続6ヶ月未満の社員

（2） 1週間の所定勤務日数が2日以下の社員

3　看護休暇の取得を希望する社員は、「子の看護休暇申出書」（社内様式11）を会社に提出しなければならない。ただし、やむを得ない事情で事前に届出られないときは、当日の始業時刻前までに電話等の方法で所属長に申出て、事後速やかに「子の看護休暇申出書」を提出するものとする。

4　看護休暇は半日単位（所定勤務時間の2分の1とし、始業時刻から連続し、または終業時刻まで連続するものとする）で取得することができる。ただし、1日

の所定勤務時間が4時間以下の社員は、1日単位とする。

第15条（附　則）
　この規程は、平成○○年○○月○○日から施行する。

社内様式1

育児休業申出書

人事部長　　　　　　　　殿

[申出日] 平成　　年　　月　　日
[申出者]　　　　部　　　　課
氏　名　　　　　　　　印

私は、育児休業規程に基づき、下記の通り育児休業の申出をします。

記

1　休業にかかわる子の状況	(1) 氏名	
	(2) 生年月日	
	(3) 本人との続柄	
	(4) 養子の場合、縁組成立の年月日	平成　　年　　月　　日
2　1の子が生まれていない場合の出産予定者の状況	(1) 氏名	
	(2) 出産予定日	
	(3) 本人との続柄	
3　休業の期間	平成　　年　　月　　日から　　年　　月　　日まで （職場復帰予定日　平成　　年　　月　　日）	
4　申出にかかわる状況	(1) 1歳までの育児休業の場合は休業開始予定日の1ヶ月前、1歳を超えての休職の場合は2週間前に申し出て	いる・いない→申出が遅れた理由
	(2) 1の子について育児休業の申出を撤回したことが	ない・ある→再度申出の理由〔　　　　　　　　〕
	(3) 1の子について育児休業をしたことが ※　1歳を超えての休業の場合は記入の必要はありません	ない・ある 再度休業の理由
	(4) 配偶者も育児休業をしており、規則第2条第3項に基づき1歳を超えて休業しようとする場合	配偶者の休業開始（予定）日 平成　　年　　月　　日
	(5) (4)以外で1歳を超えての休業の申出の場合	休業が必要な理由〔　　　　　　　　〕
	(6) 1歳を超えての育児休業の申出の場合で申出者が育児休業中でない場合	配偶者が休業　している・していない

第7部　「育児休業規程」「介護休業規程」の例と各種書式　　243

社内様式 2

育児休業取扱通知書

殿

平成　　年　　月　　日

人事部長　　　　　　印

　あなたから平成　　年　　月　　日に育児休業の〔申出・期間変更の申出・申出の撤回〕がありました。育児休業規程に基づき、その取扱いを下記の通り通知します（ただし、期間の変更の申出があった場合には下記の事項の若干の変更があり得ます）。

記

1　休業の期間等	(1)適正な申出がされていましたので申出通り平成　　年　　月　　日から平成　　年　　月　　日まで休業してください。職場復帰予定日は、平成　　年　　月　　日です。 (2)申し出た期日が遅かったので休業を開始する日を平成　　年　　月　　日にしてください。 (3)あなたは以下の理由により休業の対象者でないので休業することはできません。 (4)あなたが平成　　年　　月　　日にした休業申出は撤回されました。
2　休業期間中の取扱い等	(1)休業期間中については給与を支払いません。 (2)所属は　　部のままとします。 (3)あなたの社会保険料は免除されます。 (4)税については市区町村より直接納税通知書が届きますのでそれにしたがって支払ってください。
3　休業後の労働条件	(1)休業後のあなたの基本給は、　　級　　号　　　円です。 (2)平成　　年　　月の賞与については算定対象期間に　　日の出勤日がありますので、出勤日数により日割りで計算した額を支給します。 (3)復職後は原則として　　部で休業をする前と同じ職務についていただく予定ですが、休業終了1ヶ月前までに正式に決定し通知します。
4　その他	(1)お子さんを養育しなくなる等あなたの休職に重大な変更をもたらす事由が発生したときは、なるべくその日に人事部労務課宛て電話連絡をしてください。この場合の休職終了後の出勤日については、事由発生後2週間以内の日を会社と話し合って決定していただきます。 (2)休業期間中についても会社の福利厚生施設を利用することができます。

社内様式3

〔育児休業・育児のための所定外労働制限・
育児のための時間外労働制限・育児のための深夜業制限・
育児短時間勤務〕対象児出生届

人事部長　　　　　　　　殿

[申出日] 平成　　年　　月　　日
[申出者]　　　部　　　課
氏　名　　　　　　印

　私は、平成　　年　　月　　日に行った〔育児休業の申出・所定外労働制限の申出・時間外労働制限の申出・深夜業制限の申出・育児短時間勤務の申出〕において出生していなかった〔育児休業・所定外労働制限・時間外労働制限・深夜業制限・育児短時間勤務〕にかかわる子が出生しましたので、育児休業規程に基づき、下記の通り届け出ます。

記

1　出生した子の氏名

2　出生の年月日

社内様式4

育児休業申出撤回届

人事部長　　　　　　　　殿

[申出日] 平成　　年　　月　　日
[申出者]　　　部　　　課
氏　名　　　　　　印

　私は、育児休業規程に基づき、平成　　年　　月　　日に行った育児休業の申出を撤回します。

社内様式 5

育児休業期間変更申出書

人事部長　　　　　　　　殿

　　　　　　　　　　　　　　　　　　　〔申出日〕平成　　年　　月　　日
　　　　　　　　　　　　　　　　　　　〔申出者〕　　　部　　　課
　　　　　　　　　　　　　　　　　　　氏　名　　　　　　　　印

　私は、育児休業規程に基づき、平成　　年　　月　　日に行った育児休業の申出における休業期間を下記の通り変更します。

記

1　当初の申出における休業期間	平成　　年　　月　　日から 平成　　年　　月　　日まで	
2　当初の申出に対する会社の対応	休業開始予定日の指定 ・　有　→　指定後の休業開始予定日 　　　　　　　平成　年　月　日 ・　無	
3　変更の内容	(1)　休業〔開始・終了〕予定日の変更 (2)　変更後の休業〔開始・終了〕予定日 　　　　平成　　年　　月　　日	
4　変更の理由 　（休業開始予定日の変更の場合のみ）		

社内様式6

育児休業期間特別出勤届

人事部長　　　　　　　殿

　　　　　　　　　　　　　　　　　［申出日］平成　　年　　月　　日
　　　　　　　　　　　　　　　　　［申出者］　　　部　　　課
　　　　　　　　　　　　　　　　　氏　名　　　　　　　印

私は、育児休業規程に基づき、下記の通り特別出勤の申出をします。

記

1　特別出勤日	平成　　年　　月　　日から　　年　　月　　日まで
2　出勤しなければならない理由	

社内様式 7

育児のための所定外勤務制限請求書

人事部長　　　　　　　殿

[申出日] 平成　　年　　月　　日
[申出者]　　　部　　　課
氏　名　　　　　　印

　私は、育児休業規程に基づき、下記の通り育児のための所定外勤務の制限の申出をします。

記

1　申出にかかわる家族の状況	(1)　氏名	
	(2)　生年月日	
	(3)　本人との続柄	
	(4)　養子の場合の縁組成立年月日	
2　1の子が生まれていない場合の出産予定者の状況	(1)　氏名 (2)　出産予定日 (3)　本人との続柄	
3　免除の期間	平成　　年　　月　　日から　　年　　月　　日まで	
4　申出にかかわる状況	免除開始予定日の1ヶ月前に申出をしている・いない→申出が遅れた理由 〔　　　　　　　　　　　　　　　　〕	

248

社内様式 8

育児のための時間外勤務制限請求書

人事部長　　　　　　　殿

　　　　　　　　　　　　　　　　　[申出日]平成　　年　　月　　日
　　　　　　　　　　　　　　　　　[申出者]　　　部　　　　課
　　　　　　　　　　　　　　　　　氏　名　　　　　　　　印

　私は、育児休業規程に基づき、下記の通り育児のための時間外労働の制限の申出をします。

記

1　申出にかかわる 家族の状況	(1) 氏名	
	(2) 生年月日	
	(3) 本人との続柄	
	(4) 養子の場合の縁組 成立年月日	
2　　1 の子が生ま れていない場合 の出産予定者の 状況	(1) 氏名 (2) 出産予定日 (3) 本人との続柄	
3　制限の期間	平成　　年　　月　　日から　　年　　月　　日まで	
4　申出にかかわる 状況	制限開始予定日の 1 ヶ月前に申出をして いる・いない→申出が遅れた理由	

第 7 部　「育児休業規程」「介護休業規程」の例と各種書式　　249

社内様式 9

育児のための深夜業制限請求書

人事部長　　　　　　　殿

[申出日] 平成　　年　　月　　日
[申出者]　　　　部　　　課
氏　名　　　　　　印

私は、育児休業規程に基づき、下記の通り育児のための深夜業の制限の申出をします。

記

1　申出にかかわる 　　家族の状況	(1)　氏名	
	(2)　生年月日	
	(3)　本人との続柄	
	(4)　養子の場合の縁組 　　　成立年月日	
2　1の子が生まれ 　　ていない場合の 　　出産予定者の状 　　況	(1)　氏名 (2)　出産予定日 (3)　本人との続柄	
3　制限の期間	平成　　年　　月　　日から　　年　　月　　日まで	
4　申出にかかわる 　　状況	(1)　制限開始予定日の1ヶ月前に申出をして 　　　いる・いない→申出が遅れた理由 　　　　〔　　　　　　　　　　　　　　　　　〕 (2)　常態として1の子を保育できる16歳以上の同居の親族が 　　　いる・いない	

社内様式10

育児短時間勤務申出書

人事部長　　　　　　　殿

　　　　　　　　　　　　　　　　　　　[申出日]平成　　年　　月　　日
　　　　　　　　　　　　　　　　　　　[申出者]　　　部　　　課
　　　　　　　　　　　　　　　　　　　氏　名　　　　　　　印

　私は、育児休業規程に基づき、下記の通り育児短時間勤務の申出をします。

記

1　短時間勤務にかかわる子の状況	(1) 氏名	
	(2) 生年月日	平成　　年　　月　　日
	(3) 本人との続柄	
	(4) 養子の場合、縁組成立年月日	平成　　年　　月　　日
2　1の子が生まれていない場合の出産予定者の状況	(1) 氏名 (2) 出産予定日 (3) 本人との続柄	
3　短時間勤務の期間	平成　　年　　月　　日から　　年　　月　　日まで	
	※　　時　　分から　　時　　分まで	
4　申出にかかわる状況	(1) 短時間勤務開始予定日の1ヶ月前に申し出て	いる・いない→申出が遅れた理由
	(2) 1の子について短時間勤務の申出を撤回したことが	ある・ない→再度申出の理由

第7部　「育児休業規程」「介護休業規程」の例と各種書式　251

社内様式 11

子の看護休暇申出書

人事部長　　　　　　　　殿

　　　　　　　　　　　　　　　　　［申出日］平成　　年　　月　　日
　　　　　　　　　　　　　　　　　［申出者］　　　部　　　課
　　　　　　　　　　　　　　　　　　氏　名　　　　　　　　印

　私は、育児休業規程に基づき、下記の通り子の看護休暇の申出をします。

記

1　申出にかかわる家族の状況	(1)　氏名	
	(2)　生年月日	
	(3)　本人との続柄	
2　申出理由		
3　申出する日	平成　　年　　月　　日（　1日　午前半日　午後半日　）	
4　備　　考	取得済日数　　　　　　日 今回申出日数　　　　　日 残日数　　　　　　　　日	

252

第 7 部　「育児休業規程」「介護休業規程」の例と各種書式　253

介護休業規程

第1章　目　的

第1条（目　的）

　この介護休業規程（以下「規程」という）は、株式会社○○（以下「会社」という）が就業規則の規定に基づき、社員の介護休業、介護のための所定外勤務、時間外勤務および深夜業の制限、介護短時間勤務等、ならびに介護休暇等に関して、その身分を失うことなく一定の休業等を取得することを認め、継続的な勤務を促進し業務の円滑な実施を確保することを目的とする。

2　この規程に定めのない事項については、その都度別に定めるか、または「育児休業、介護休業等育児又は家族介護を行う労働者の福祉に関する法律」（以下「育児・介護休業法」という）その他法令の定めるところによる。

第2章　介護休業

第2条（対象者）

　介護休業の対象者は、介護のために休業することを希望する社員であり、次の各号の全てに該当する社員とする。

（1）要介護状態にある対象家族を介護する社員

（2）介護休業終了後、引き続き勤務する意思のある社員

2　前項の定めにかかわらず、次の各号の一に該当する社員は介護休業を取得することができない。

（1）労働契約期間の定めのある社員（以下「期間雇用者」という）のうち、申出時点において次の各号の一に該当する社員

　　①勤続1年未満であること

　　②介護休業を開始しようとする日（以下「休業開始予定日」という）から93日を経過する日から6ヶ月を経過する日までに労働契約が満了し更新されないことが明らかなこと

（2）労使協定により介護休業の対象者から除外された次の社員

①勤続 1 年未満の社員

②申出の日から 93 日以内に雇用関係が終了することが明らかな社員

③ 1 週間の所定勤務日数が 2 日以下の社員

第 3 条（対象となる家族の範囲）

前条第 1 項第 1 号で言う「要介護状態にある対象家族」とは、負傷、疾病または身体上もしくは精神上の障害により、2 週間以上の期間にわたり常時介護を必要とする状態にある次の者を言う。

対象家族	配偶者・父母・子・配偶者の父母・祖父母・兄弟姉妹・孫

第 4 条（申出の手続等）

介護休業の取得を希望する社員は、原則として休業開始予定日の 2 週間前までに、「介護休業申出書」（社内様式 1 ）を、会社に提出しなければならない。また、介護休業中の期間雇用者が労働契約を更新するにあたり、引き続き介護休業を希望する場合には、更新された労働契約期間の初日を休業開始予定日として、「介護休業申出書」により再度の申出を行うものとする。なお、申出の日は当該申出書が提出された日とする。

2　申出は、対象家族 1 人につき通算 93 日までの範囲内で 3 回を上限とする。

3　会社は「介護休業申出書」に関して、必要とする各種証明書の提出を求めることがある。

4　「介護休業申出書」が提出されたときは、会社は速やかに当該申出書を提出した者（以下「申出者」という）に対し、「介護休業取扱通知書」（社内様式 2 ）を交付する。

第 5 条（申出の撤回等）

申出者は、休業開始予定日の前日までに「介護休業申出撤回届」（社内様式 3 ）を会社に提出することにより、介護休業の申出を撤回することができる。

2　申出者は介護休業の申出ごとに、介護休業の申出を撤回することができる。ただし、同じ対象家族について 2 回連続して介護休業の申出を撤回した場合は、再度の申出はできない。

3　休業開始予定日の前日までに、対象家族の死亡等により申出者が当該対象家族

を介護しないこととなった場合には、介護休業の申出はされなかったものとする。この場合において、申出者は、原則として当該事由が発生した日後速やかに、会社にその旨を通知しなければならない。

4　「介護休業申出撤回届」が提出されたときは、会社は速やかに当該申出書を提出した申出者に対し、「介護休業取扱通知書」（社内様式2）を交付する。

第6条（休業期間）

　介護休業の期間は、対象家族1人につき、通算93日までの範囲内で3回を上限とし、「介護休業申出書」に記載された期間とする。

2　前項の定めにかかわらず、会社は育児・介護休業法の定めるところにより休業開始予定日の指定を行うことができる。

3　申出者は、1回に限り休業開始予定日および介護休業を終了しようとする日（以下「休業終了予定日」という）の繰上げまたは繰下げ変更をすることができる。この場合において、変更後の介護休業の期間は通算93日間の範囲を超えないこととする。

4　休業開始予定日または休業終了予定日の変更を希望する社員は、原則として繰上げ変更の場合は変更後（繰下げ変更の場合は変更前）の休業開始予定日または休業終了予定日の2週間前までに、「介護休業期間変更申出書」（社内様式4）を会社に提出しなければならない。

5　会社は、前項の申出を適当と認めた場合には、速やかに変更後の休業開始予定日または休業終了予定日を申出者に通知する。

6　やむを得ない理由により、当初予定された介護休業の期間中に出勤することを希望する社員は、所属長の了解を得て、「介護休業期間特別出勤届」（社内様式5）を会社に提出することにより、出勤することができる。なお、出勤した日については、別途定める給与規程の時間割計算式に基づき勤務時間に応じて計算した額を支給する。また、その際の通勤交通費は実費を支給する。

7　前各項にかかわらず、次の各号に掲げるいずれかの事由が生じた場合には、介護休業は終了するものとし、当該介護休業の終了日は、当該各号に掲げる日とする。

（1）対象家族の死亡等、当該家族を介護しないこととなった場合

　　　当該事由が発生した日。なお、この場合において、申出者が出勤する日は、事由発生の日から2週間以内であって、会社と申出者が話合いのうえ決定した日とする。

（2）申出者について出産休暇、育児休業、または新たな介護休業期間が始まった場合

　　出産休暇、育児休業、または新たな介護休業の開始日の前日。

8　前項第1号の事由が生じた場合には、申出者は、当該事由が発生した日後速やかに、会社にその旨を通知しなければならない。

第7条（給与等の取扱い）

　介護休業の期間については、給与を支給しない。

2　給与の改定は、介護休業の期間中は行わないものとし、介護休業の期間中に改定日の到来した社員については、復職後に勘案のうえ改定することがある。

第8条（社会保険料等の取扱い）

　介護休業の期間中における社会保険料の被保険者負担分、地方税その他毎月の給与から控除されるものがある場合は、各月に会社が納付した額を翌月25日までに社員に請求するものとし、社員は会社が指定する日までに支払うものとする。

第9条（復職後の取扱い）

　介護休業後の勤務は、原則として、休業直前の部署および職務で行うものとする。ただし、申出者の希望がある場合および組織の変更その他会社の業務上の都合等やむを得ない事情がある場合には、部署および職務の変更を行うことがある。

第3章　勤務時間の制限

第10条（所定外勤務の制限）

　要介護状態にある対象家族を介護する社員が当該対象家族を介護するために請求した場合には、就業規則第23条（時間外勤務）の規定および時間外労働に関する協定にかかわらず、事業の正常な運営に支障がある場合を除き、所定勤務時間を超えて勤務させることはない。

2　前項の定めにかかわらず、労使協定により次の各号の一に該当する社員は所定外勤務の制限を請求することができない。

（1）勤続1年未満の社員

（2）1週間の所定勤務日数が2日以下の社員

3　所定外勤務の制限を希望する社員は、1回につき、1ヶ月以上1年以内の期間
（以下この条において「制限期間」という）について、制限を開始しようとする日（以
下この条において「制限開始予定日」という）および制限を終了しようとする日
を明らかにして、制限開始予定日の1ヶ月前までに、「介護のための所定外労働
制限申出書」（社内様式6）を会社に提出しなければならない。この場合において、
制限期間は次条第3項に規定する時間外勤務にかかわる制限期間と重複しないよ
うにしなければならない。

4　前各項の他の手続き等については、第4条から第6条までの規定を準用する。

第11条（時間外勤務の制限）
　要介護状態にある対象家族を介護する社員が当該対象家族を介護するために請求
した場合には、就業規則第23条（時間外勤務）の規定および時間外労働に関する
協定にかかわらず、事業の正常な運営に支障がある場合を除き、1ヶ月について
24時間、1年について150時間を超えて時間外勤務させることはない。

2　前項の定めにかかわらず、次の各号の一に該当する社員は時間外勤務の制限を
　　請求することができない。

（1）勤続1年未満の社員

（2）1週間の所定勤務日数が2日以下の社員

3　時間外勤務の制限を希望する社員は、1回につき、1ヶ月以上1年以内の期間
　　について、制限を開始しようとする日（以下この条において「制限開始予定日」
　　という）および制限を終了しようとする日を明らかにして、原則として制限開始
　　予定日の1ヶ月前までに、「介護のための時間外勤務制限申出書」（社内様式7）
　　を会社に提出しなければならない。

4　前各項の他の手続き等については、第4条から第6条までの規定を準用する。

第12条（深夜業の制限）
　要介護状態にある対象家族を介護する社員が当該対象家族を介護するために請求
した場合には、就業規則第27条（深夜勤務）の規定にかかわらず、事業の正常な
運営に支障がある場合を除き、午後10時から午前5時までの間（以下「深夜」と
いう）に勤務させることはない。

2　前項の定めにかかわらず、次の各号の一に該当する社員は、深夜業の制限を請
　　求することができない。

（1）勤続1年未満の社員

（2）深夜において常態として当該対象家族を介護できる 16 歳以上の同居の家
族がいる社員
（3）1 週間の所定勤務日数が 2 日以下の社員
（4）所定勤務時間の全部が深夜にある社員

3　深夜業の制限を希望する社員は、1 回につき、1 ヶ月以上 6 ヶ月以内の期間に
ついて、制限を開始しようとする日（以下この条において「制限開始予定日」と
いう）および制限を終了しようとする日を明らかにして、原則として制限開始予
定日の 1 ヶ月前までに、「介護のための深夜業制限申出書」（社内様式 8）を会社
に提出しなければならない。

4　前各項の他の手続き等については、第 4 条から第 6 条までの規定を準用する。

第 4 章　介護短時間勤務等

第 13 条（介護短時間勤務）
　要介護状態にある対象家族を介護する社員は申出により、当該対象家族を介護す
るために 1 日の所定勤務時間を短くする制度（以下「短時間勤務」という）の適用
を受けることができる。なお、短時間勤務により短縮できる時間は、勤務時間の始
めまたは終わりにおいて、30 分単位で 1 日を通じ 2 時間を限度とする。

2　前項の定めにかかわらず、1 日の所定勤務時間が 6 時間以下である社員、およ
び労使協定により次の各号の一に該当する社員は、短時間勤務の適用を受けるこ
とができない。
（1）勤続 1 年未満の社員
（2）1 週間の所定勤務日数が 2 日以下の社員

3　短時間勤務の適用を希望する社員は、利用開始の日から 3 年の間で 2 回までの
範囲内で、短時間勤務を開始しようとする日（以下この条において「短時間勤務
開始予定日」という）および短時間勤務を終了しようとする日を明らかにして、
原則として短時間勤務開始予定日の 2 週間前までに、「介護短時間勤務申出書」（社
内様式 9）を会社に提出しなければならない。

4　前各項の他の手続き等については、第 4 条から第 6 条までの規定を準用する。

第 14 条（給与等の取扱い）
　社員が短時間勤務の適用を受けた時間は無給とする。

第 7 部　「育児休業規程」「介護休業規程」の例と各種書式　259

2　短時間勤務により就業する場合の給与の改定および賞与については、通常勤務したものとして取扱うものとする。

第5章　その他

第15条（家族の介護のための休暇）

　要介護状態にある対象家族の介護その他の世話をする社員は申出により、当該世話をするために、1年間（毎年4月1日から翌年3月31日とする）につき5日間（要介護状態にある対象家族が2人以上の場合は10日間）を限度として介護のための休暇（以下「介護休暇」という）を取得することができる。ただし、給与は支給しないものとする。

2　前項の定めにかかわらず、労使協定により次の各号の一に該当する社員は介護休暇を取得することができない。

（1）勤続6ヶ月未満の社員

（2）1週間の所定勤務日数が2日以下の社員

3　介護休暇の取得を希望する社員は、「介護休暇申出書」（社内様式10）を会社に提出しなければならない。ただし、やむを得ない事情で事前に届出られないときは、当日の始業時刻前までに電話等の方法で所属長に申出て、事後速やかに「介護休暇申出書」を提出するものとする。

4　介護休暇は半日単位（所定勤務時間の2分の1とし、始業時刻から連続し、または終業時刻まで連続するものとする）で取得することができる。ただし、1日の所定勤務時間が4時間以下の社員は、1日単位とする。

第16条（附　則）

　この規程は、平成○○年○○月○○日から施行する。

社内様式1

介護休業申出書

人事部長　　　　　　　　殿

　　　　　　　　　　　　　　　　　　　　　［申出日］平成　　年　　月　　日
　　　　　　　　　　　　　　　　　　　　　［申出者］　　　部　　　課
　　　　　　　　　　　　　　　　　　　　　　　氏　名　　　　　　　　印

私は、介護休業規程に基づき、下記の通り介護休業の申出をします。

記

1　休業にかかわる家族の状況	(1) 氏名	
	(2) 本人との続柄	
	(3) 介護を必要とする理由	
2　休業の期間	平成　　年　　月　　日から　　年　　月　　日まで（職場復帰予定日　平成　　年　　月　　日）	
3　申出にかかわる状況	(1) 休業開始予定日の2週間前に申し出て	いる・いない→申出が遅れた理由〔　　　　　　　　　　　　　〕
	(2) 1の家族について介護休業回数※最大3回まで	回目
	(3) 1の家族について介護休業の申出を撤回したことが	ない・ある（　　回）→再度申出の理由〔　　　　　　　　　　　　〕

第7部　「育児休業規程」「介護休業規程」の例と各種書式　261

社内様式 2

介護休業取扱通知書

殿

平成 　年 　月 　日
人事部長 　　　　印

　あなたから平成 　年 　月 　日に介護休業の〔申出・期間変更の申出・申出の撤回〕がありました。介護休業規程に基づき、その取扱いを下記の通り通知します（ただし、期間の変更の申出があった場合には下記の事項の若干の変更があり得ます）。

記

1　休業の期間等	(1)適正な申出がされていましたので申出通り平成 　年 　月 　日から平成 　年 　月 　日まで休業してください。職場復帰予定日は、平成 　年 　月 　日です。 (2)申し出た期日が遅かったので休業を開始する日を平成 　年 　月 　日にしてください。 (3)あなたは以下の理由により休業の対象者でないので休業することはできません。 (4)あなたが平成 　年 　月 　日にした休業申出は撤回されました。 (5)申出にかかわる対象家族について介護休業ができる日数はのべ93日までの範囲内で3回です。今回の措置により、介護休業ができる回数は残り（　）回で、日数は残り（　）日になります。
2　休業期間中の取扱い等	(1)休業期間中については給与を支払いません。 (2)所属は 　部のままとします。 (3)あなたの社会保険料および税については、 　月現在で1月約 　円ですが、休業を開始することにより、 　月からは給与から天引きができなくなりますので、月ごとに会社から支払い請求書を送付します。指定された日までに下記へ振り込むか、人事部労務課に持参してください。 振込先：
3　休業後の労働条件	(1)休業後のあなたの基本給は、 　級 　号 　円です。 (2)平成 　年 　月の賞与については算定対象期間に 　日の出勤日がありますので、出勤日数により日割りで計算した額を支給します。 (3)復職後は原則として 　部で休業をする前と同じ職務についていただく予定ですが、休業終了1ヶ月前までに正式に決定し通知します。
4　その他	(1)家族を介護しなくなる等あなたの休業に重大な変更をもたらす事由が発生したときは、なるべくその日に人事部労務課宛て電話連絡をしてください。この場合の休業終了後の出勤日については、事由発生後2週間以内の日を会社と話し合って決定していただきます。 (2)休業期間中についても会社の福利厚生施設を利用することができます。

社内様式3

介護休業申出撤回届

人事部長　　　　　　　　殿

[申出日] 平成　　年　　月　　日
[申出者]　　　部　　　課
氏　名　　　　　　　印

　私は、介護休業規程に基づき、平成　　年　　月　　日に行った介護休業の申出を撤回します。

社内様式 4

介護休業期間変更申出書

人事部長　　　　　　　　殿

　　　　　　　　　　　　　　　　　　　［申出日］平成　　年　　月　　日
　　　　　　　　　　　　　　　　　　　［申出者］　　　部　　　課
　　　　　　　　　　　　　　　　　　　　氏　名　　　　　　　　印

　私は、介護休業規程に基づき、平成　　年　　月　　日に行った介護休業の申出における休業期間を下記の通り変更します。

記

1 当初の申出における休業期間	平成　　年　　月　　日から
	平成　　年　　月　　日まで
2 当初の申出に対する会社の対応	休業開始予定日の指定 ・　有　→　指定後の休業開始予定日 　　　　　　　平成　　年　　月　　日 ・　無
3 変更の内容	(1) 休業〔開始・終了〕予定日の変更 (2) 変更後の休業〔開始・終了〕予定日 　平成　　年　　月　　日
4 変更の理由 　（休業開始予定日の変更の場合のみ）	

社内様式5

介護休業期間特別出勤届

人事部長　　　　　　殿

[申出日] 平成　　年　　月　　日
[申出者]　　　部　　　課
氏　名　　　　　　印

私は、介護休業規程に基づき、下記の通り特別出勤の申出をします。

記

1　特別出勤日	平成　年　月　日から　年　月　日まで
2　出勤しなければならない理由	

第7部　「育児休業規程」「介護休業規程」の例と各種書式　265

社内様式 6

介護のための所定外労働制限申出書

人事部長　　　　　　　殿

　　　　　　　　　　　　　　　　　［申出日］平成　　年　　月　　日
　　　　　　　　　　　　　　　　　［申出者］　　　部　　　課
　　　　　　　　　　　　　　　　　氏　名　　　　　　　　　印

　私は、介護休業規程に基づき、下記の通り介護のための所定外労働の制限の申出をします。

記

1　申出にかかわる 　　家族の状況	(1) 氏名	
	(2) 生年月日	
	(3) 本人との続柄	
	(4) 介護を必要とする 　　理由	
2　免除の期間	平成　　年　　月　　日から　　年　　月　　日まで	
3　申出にかかわる 　　状況	免除開始予定日の1ヶ月前に申出をして 　　いる・いない→申出が遅れた理由 〔　　　　　　　　　　　　　　　　　　　　　〕	

社内様式 7

介護のための時間外勤務制限申出書

人事部長　　　　　　　　殿

　　　　　　　　　　　　　　　　　　　[申出日]平成　　年　　月　　日
　　　　　　　　　　　　　　　　　　　[申出者]　　　　部　　　　課
　　　　　　　　　　　　　　　　　　　氏　名　　　　　　　　　印

　私は、介護休業規程に基づき、下記の通り介護のための時間外勤務の制限の申出をします。

記

1　申出にかかわる 家族の状況	(1) 氏名	
	(2) 生年月日	
	(3) 本人との続柄	
	(4) 介護を必要とする 理由	
2　制限の期間	平成　　年　　月　　日から　　年　　月　　日まで	
3　申出にかかわる 状況	制限開始予定日の1ヶ月前に申出をして いる・いない→申出が遅れた理由 [　　　　　　　　　　　　　　]	

第7部　「育児休業規程」「介護休業規程」の例と各種書式　　267

社内様式 8

介護のための深夜業制限申出書

人事部長　　　　　　　殿

　　　　　　　　　　　　　　　　　　［申出日］平成　　年　　月　　日
　　　　　　　　　　　　　　　　　　［申出者］　　　部　　　　課
　　　　　　　　　　　　　　　　　　氏　名　　　　　　　　印

私は、介護休業規程に基づき、下記の通り介護のための深夜業の制限の申出をします。

記

1　申出にかかわる 　　家族の状況	(1) 氏名		
	(2) 生年月日		
	(3) 本人との続柄		
	(4) 介護を必要とする 　　理由		
2　制限の期間	平成　　年　　月　　日から　　年　　月　　日まで		
3　申出にかかわる 　　状況	(1) 制限開始予定日の1ヶ月前に申出をして 　　いる・いない→申出が遅れた理由 　　〔　　　　　　　　　　　　　　　　　　〕 (2) 1の家族を介護できる16歳以上の同居の親族が 　　いる・いない		

社内様式9

介護短時間勤務申出書

人事部長　　　　　　殿

[申出日] 平成　　年　　月　　日
[申出者]　　　　　部　　　　課
氏名　　　　　　　　　印

私は、介護休業規程に基づき、下記の通り介護短時間勤務の申出をします。

記

1　短時間勤務にかかわる家族の状況	(1) 氏名	
	(2) 本人との続柄	
	(3) 介護を必要とする理由	
2　短時間勤務の期間	平成　　年　　月　　日から　　年　　月　　日まで	
	※　　時　　分から　　時　　分まで □毎日　　□その他 [　　　　　　　　　　　　　　]	
3　申出にかかわる状況	(1) 短時間勤務開始予定日の2週間前に申し出て	いる・いない→申出が遅れた理由 [　　　　　　　　　　　]
	(2) 1の家族についての利用開始日	平成　　年　　月　　日 (3年経過日 平成　　年　　月　　日)
	(3) 1の家族についての利用回数	(　　) 回目　※最大2回まで

第7部　「育児休業規程」「介護休業規程」の例と各種書式　　269

社内様式 10

介護休暇申出書

人事部長　　　　　　　殿

　　　　　　　　　　　　　　　　［申出日］平成　　年　　月　　日
　　　　　　　　　　　　　　　　［申出者］　　　部　　　課
　　　　　　　　　　　　　　　　　氏　名　　　　　　　印

　私は、介護休業規程に基づき、下記の通り介護休暇の申出をします。

記

1　申出にかかわる家族の状況	(1) 氏名		
	(2) 生年月日		
	(3) 本人との続柄		
2　申出理由			
3　申出する日	平成　　年　　月　　日（　1日　午前半日　午後半日　）		
4　備　　考	取得済日数　　　　　　　日 今回申出日数　　　　　　日 残日数　　　　　　　　　日		

巻末資料 I

「ストレスチェック制度実施規程」 「職務発明取扱規程」の例

ストレスチェック制度実施規程

※厚生労働省の規程例を基に作成しています。

(注) この規程例は、事業場がストレスチェック制度に関する社内規程を作成する際に参考としていただくための一例です。それぞれの事業場で本規程例を参考に、実際に規程を作成する際には、社内でよく検討し、必要に応じて加除修正するなどし、事業場の実態に合った規程を作成してください。

第1章 総 則

(規程の目的・変更手続・周知)

第1条 この規程は、労働安全衛生法第66条の10の規定に基づくストレスチェック制度を○○株式会社 において実施するにあたり、その実施方法等を定めるものである。

2 ストレスチェック制度の実施方法等については、この規程に定める他、労働安全衛生法その他の法令の定めによる。

3 会社がこの規程を変更する場合は、衛生委員会において調査審議を行い、その結果に基づいて変更を行う。

4 会社は規程の写を社員に配布または社内掲示板に掲載することにより、適用対象となる全ての社員に規程を周知する。

(適用範囲)

第2条 この規程は、次に掲げる○○株式会社の全社員および派遣社員に適用する。

（1）期間の定めのない労働契約により雇用されている正社員

（2）期間を定めて雇用されている契約社員

（3）アルバイト・パートタイマー社員

（4）人材派遣会社から○○株式会社 に派遣されている派遣社員

(制度の趣旨等の周知)

第3条 会社は、社内掲示板に次の内容を掲示する他、本規程を社員に配布または社内掲示板に掲載することにより、ストレスチェック制度の趣旨等を社員に周知する。

（1）ストレスチェック制度は、社員自身のストレスへの気づきおよびその対処の支援ならびに職場環境の改善を通じて、メンタルヘルス不調となることを未然に防止する一次予防を目的としており、メンタルヘルス不調者の発見を一義的な目的とはしないものであること

（2）社員がストレスチェックを受ける義務まではないが、専門医療機関に通院中などの特別な事情がない限り、全ての社員が受けることが望ましいこと

（3）ストレスチェック制度では、ストレスチェックの結果は直接本人に通知され、本人の同意なく会社が結果を入手するようなことはないこと。したがって、ストレスチェックを受けるときは、正直に回答することが重要であること

（4）本人が面接指導を申し出た場合や、ストレスチェックの結果の会社への提供に同意した場合に、会社が入手した結果は、本人の健康管理の目的のために使用し、それ以外の目的に利用することはないこと

第2章　ストレスチェック制度の実施体制

（ストレスチェック制度担当者）

第4条　ストレスチェック制度の実施計画の策定および計画に基づく実施の管理等の実務を担当するストレスチェック制度担当者は、□□課職員とする。

2　ストレスチェック制度担当者の氏名は、別途、社内掲示板に掲載する等の方法により、社員に周知する。また、人事異動等により担当者の変更があった場合には、その都度、同様の方法により社員に周知する。第5条のストレスチェックの実施者、第6条のストレスチェックの実施事務従事者、第7条の面接指導の実施者についても、同様の扱いとする。

（ストレスチェックの実施者）

第5条　ストレスチェックの実施者は、会社の産業医および保健師の2名とし、産業医を実施代表者、保健師を共同実施者とする。

（ストレスチェックの実施事務従事者）

第6条　実施者の指示のもと、ストレスチェックの実施事務従事者として、衛生管理者および□□課職員に、ストレスチェックの実施日程の調整・連絡、調査票の配布、回収、データ入力等の各種事務処理を担当させる。

巻末資料I　「ストレスチェック制度実施規程」「職務発明取扱規程」の例　273

2　衛生管理者または□□課の職員であっても、社員の人事に関して権限を有する
　者（課長、調査役、△△）は、これらのストレスチェックに関する個人情報を取
　扱う業務に従事しない。

（面接指導の実施者）
第7条　ストレスチェックの結果に基づく面接指導は、会社の産業医が実施する。

第3章　ストレスチェック制度の実施方法

第1節　ストレスチェック

（実施時期）
第8条　ストレスチェックは、毎年◇◇月から◇◇月の間のいずれかの1週間の期
　間を部署ごとに設定し、実施する。

（対象者）
第9条　ストレスチェックは、派遣社員も含む全ての社員を対象に実施する。ただ
　し、派遣社員のストレスチェック結果は、集団ごとの集計・分析の目的のみに使
　用する。
2　ストレスチェック実施期間中に、出張等の業務上の都合によりストレスチェッ
　クを受けることができなかった社員に対しては、別途期間を設定して、ストレス
　チェックを実施する。
3　ストレスチェック実施期間に休職していた社員のうち、休職期間が1ヶ月以上
　の社員については、ストレスチェックの対象外とする。

（受検の方法等）
第10条　社員は、専門医療機関に通院中などの特別な事情がない限り、会社が設
　定した期間中にストレスチェックを受けるように努めなければならない。
2　ストレスチェックは、社員の健康管理を適切に行い、メンタルヘルス不調を予
　防する目的で行うものであることから、ストレスチェックにおいて社員は自身の
　ストレスの状況をありのままに回答すること。
3　会社は、なるべく全ての社員がストレスチェックを受けるように、実施期間の

開始日後に社員の受検の状況を把握し、受けていない社員に対して、実施事務従事者または各職場の管理者（部門長等）を通じて受検の勧奨を行う。

（調査票および方法）
第11条　ストレスチェックは、別紙1の調査票（職業性ストレス簡易調査票）を用いて行う。
2　ストレスチェックは、社内LANを用いて、オンラインで行う。ただし、社内LANが利用できない場合は、紙媒体で行う。

（ストレスの程度の評価方法・高ストレス者の選定方法）
第12条　ストレスチェックの個人結果の評価は、「労働安全衛生法に基づくストレスチェック制度実施マニュアル」（平成27年5月 厚生労働省労働基準局安全衛生部労働衛生課産業保健支援室。以下「マニュアル」という）に示されている素点換算表を用いて換算し、その結果をレーダーチャートに示すことにより行う。
2　高ストレス者の選定は、マニュアルに示されている「評価基準の例（その1）」に準拠し、以下のいずれかを満たす者を高ストレス者とする。
　（1）「心身のストレス反応」（29項目）の合計点数が77点以上である者
　（2）「仕事のストレス要因」（17項目）および「周囲のサポート」（9項目）を合算した合計点数が76点以上であって、かつ「心身のストレス反応」（29項目）の合計点数が63点以上の者

（ストレスチェック結果の通知方法）
第13条　ストレスチェックの個人結果の通知は、実施者の指示により、実施事務従事者が、実施者名で、各社員に電子メールで行う。ただし、電子メールが利用できない場合は、封筒に封入し、紙媒体で配布する。

（セルフケア）
第14条　社員は、ストレスチェックの結果および結果に記載された実施者による助言・指導に基づいて、適切にストレスを軽減するためのセルフケアを行うように努めなければならない。

巻末資料I　「ストレスチェック制度実施規程」「職務発明取扱規程」の例　275

（会社への結果提供に関する同意の取得方法）

第15条　ストレスチェックの結果を電子メールまたは封筒により各社員に通知する際に、結果を会社に提供することについて同意するかどうかの意思確認を行う。会社への結果提供に同意する場合は、社員は結果通知の電子メールに添付または封筒に同封された別紙2の同意書に入力または記入し、発信者宛てに送付しなければならない。

2　同意書により、会社への結果通知に同意した社員については、実施者の指示により、実施事務従事者が、会社の人事労務部門に、社員に通知された結果の写を提供する。

（ストレスチェックを受けるのに要する時間の賃金の取扱い）

第16条　ストレスチェックを受けるのに要する時間は、業務時間として取扱う。

2　社員は、業務時間中にストレスチェックを受けるものとし、管理者は、社員が業務時間中にストレスチェックを受けることができるよう配慮しなければならない。

第2節　医師による面接指導

（面接指導の申出の方法）

第17条　ストレスチェックの結果、医師の面接指導を受ける必要があると判定された社員が、医師の面接指導を希望する場合は、結果通知の電子メールに添付または封筒に同封された別紙3の面接指導申出書に入力または記入し、結果通知の電子メールまたは封筒を受け取ってから30日以内に、発信者宛てに送付しなければならない。

2　医師の面接指導を受ける必要があると判定された社員から、結果通知後30日以内に面接指導申出書の提出がなされない場合は、実施者の指示により、実施事務従事者が、実施者名で、該当する社員に電子メールまたは電話により、申出の勧奨を行う。

　　また、結果通知から30日を経過する前日（当該日が休業日である場合は、それ以前の最後の営業日）に、実施者の指示により、実施事務従事者が、実施者名で、該当する社員に電子メールまたは電話により、申出に関する最終的な意思確認を行う。なお、実施事務従事者は、電話で該当する社員に申出の勧奨または最

終的な意思確認を行う場合は、第三者にその社員が面接指導の対象者であることが知られることがないよう配慮しなければならない。

（面接指導の実施方法）
第18条　面接指導の実施日時および場所は、面接指導を実施する産業医の指示により、実施事務従事者が、該当する社員および管理者に電子メールまたは電話により通知する。

　　面接指導の実施日時は、面接指導申出書が提出されてから、30 日以内に設定する。なお、実施事務従事者は、電話で該当する社員に実施日時および場所を通知する場合は、第三者にその社員が面接指導の対象者であることが知られることがないよう配慮しなければならない。

2　通知を受けた社員は、指定された日時に面接指導を受けるものとし、管理者は、社員が指定された日時に面接指導を受けることができるように配慮しなければならない。

3　面接指導を行う場所は、◎◎とする。

（面接指導結果に基づく医師の意見聴取方法）
第19条　会社は、産業医に対して、面接指導が終了してから遅くとも 30 日以内に、別紙 4 の面接指導結果報告書兼意見書により、結果の報告および意見の提出を求める。

（面接指導結果を踏まえた措置の実施方法）
第20条　面接指導の結果、就業上の措置が必要との意見書が産業医から提出され、人事異動を含めた就業上の措置を実施する場合は、人事労務部門の担当者が、産業医同席のうえで、該当する社員に対して、就業上の措置の内容およびその理由等について説明を行う。

2　社員は、正当な理由がない限り、会社が指示する就業上の措置に従わなければならない。

（面接指導を受けるのに要する時間の賃金の取扱い）
第21条　面接指導を受けるのに要する時間は、業務時間として取扱う。

巻末資料Ⅰ　「ストレスチェック制度実施規程」「職務発明取扱規程」の例　277

第3節　集団ごとの集計・分析

（集計・分析の対象集団）

第22条　ストレスチェック結果の集団ごとの集計・分析は、原則として、課ごとの単位で行う。ただし、10人未満の課については、同じ部門に属する他の課と合算して集計・分析を行う。

（集計・分析の方法）

第23条　集団ごとの集計・分析は、マニュアルに示されている仕事のストレス判定図を用いて行う。

（集計・分析結果の利用方法）

第24条　実施者の指示により、実施事務従事者が、会社の人事労務部門に、課ごとに集計・分析したストレスチェック結果（個人のストレスチェック結果が特定されないもの）を提供する。

2　会社は、課ごとに集計・分析された結果に基づき、必要に応じて、職場環境の改善のための措置を実施するとともに、必要に応じて集計・分析された結果に基づいて管理者に対して研修を行う。社員は、会社が行う職場環境の改善のための措置の実施に協力しなければならない。

第4章　記録の保存

（ストレスチェック結果の記録の保存担当者）

第25条　ストレスチェック結果の記録の保存担当者は、第6条で実施事務従事者として規定されている衛生管理者とする。

（ストレスチェック結果の記録の保存期間・保存場所）

第26条　ストレスチェック結果の記録は、会社のサーバー内に5年間保存する。

（ストレスチェック結果の記録の保存に関するセキュリティの確保）

第27条　保存担当者は、会社のサーバー内に保管されているストレスチェック結果が第三者に閲覧されることがないように、責任をもって閲覧できるためのパ

スワードの管理をしなければならない。

（事業者に提供されたストレスチェック結果・面接指導結果の保存方法）
第28条　会社の人事労務部門は、社員の同意を得て会社に提供されたストレス
　　　チェック結果の写、実施者から提供された集団ごとの集計・分析結果、面接指
　　　導を実施した医師から提供された面接指導結果報告書兼意見書（面接指導結果
　　　の記録）を、社内で5年間保存する。
2　　人事労務部門は、第三者に社内に保管されているこれらの資料が閲覧されるこ
　　　とがないように、責任をもって鍵の管理をしなければならない。

第5章　ストレスチェック制度に関する情報管理

（ストレスチェック結果の共有範囲）
第29条　社員の同意を得て会社に提供されたストレスチェックの結果の写は、人
　　　事労務部門内のみで保有し、他の部署の社員には提供しない。

（面接指導結果の共有範囲）
第30条　面接指導を実施した医師から提供された面接指導結果報告書兼意見書（面
　　　接指導結果の記録）は、人事労務部門内のみで保有し、そのうち就業上の措置
　　　の内容など、職務遂行上必要な情報に限定して、該当する社員の管理者および
　　　上司に提供する。

（集団ごとの集計・分析結果の共有範囲）
第31条　実施者から提供された集計・分析結果は、人事労務部門で保有するとと
　　　もに、課ごとの集計・分析結果については、当該課の管理者に提供する。
2　　課ごとの集計・分析結果とその結果に基づいて実施した措置の内容は、衛生委
　　　員会に報告する。

（健康情報の取扱いの範囲）
第32条　ストレスチェック制度に関して取扱われる社員の健康情報のうち、診断
　　　名、検査値、具体的な愁訴の内容等の生データや詳細な医学的情報は、産業医
　　　または保健師が取扱わなければならず、人事労務部門に関連情報を提供する際

には、適切に加工しなければならない。

第6章　情報開示、訂正、追加および削除と苦情処理

（情報開示等の手続）
第33条　社員は、ストレスチェック制度に関して情報の開示等を求める際には、所定の様式を、電子メールにより□□課に提出しなければならない。

（苦情申立ての手続）
第34条　社員は、ストレスチェック制度に関する情報の開示等について苦情の申立てを行う際には、所定の様式を、電子メールにより□□課に提出しなければならない。

（守秘義務）
第35条　社員からの情報開示等や苦情申立てに対応する□□課の職員は、それらの職務を通じて知り得た社員の秘密（ストレスチェックの結果その他の社員の健康情報）を、他人に漏らしてはならない。

第7章　不利益な取扱いの防止

（会社が行わない行為）
第36条　会社は、社内掲示板に次の内容を掲示する他、本規程を社員に配布することにより、ストレスチェック制度に関して、会社が次の行為を行わないことを社員に周知する。
（1）ストレスチェック結果に基づき、医師による面接指導の申出を行った社員に対して、申出を行ったことを理由として、その社員に不利益となる取扱いを行うこと
（2）社員の同意を得て会社に提供されたストレスチェック結果に基づき、ストレスチェック結果を理由として、その社員に不利益となる取扱いを行うこと
（3）ストレスチェックを受けない社員に対して、受けないことを理由として、その社員に不利益となる取扱いを行うこと

（4）ストレスチェック結果を会社に提供することに同意しない社員に対して、同意しないことを理由として、その社員に不利益となる取扱いを行うこと

（5）医師による面接指導が必要とされたにもかかわらず、面接指導の申出を行わない社員に対して、申出を行わないことを理由として、その社員に不利益となる取扱いを行うこと

（6）就業上の措置を行うにあたって、医師による面接指導を実施する、面接指導を実施した産業医から意見を聴取する等、労働安全衛生法および労働安全衛生規則に定められた手順を踏まずに、その社員に不利益となる取扱いを行うこと

（7）面接指導の結果に基づいて、就業上の措置を行うにあたって、面接指導を実施した産業医の意見とはその内容・程度が著しく異なる等医師の意見を勘案し必要と認められる範囲内となっていないものや、労働者の実情が考慮されていないものなど、労働安全衛生法その他の法令に定められた要件を満たさない内容で、その社員に不利益となる取扱いを行うこと

（8）面接指導の結果に基づいて、就業上の措置として、次に掲げる措置を行うこと
　①解雇すること
　②期間を定めて雇用される社員について契約の更新をしないこと
　③退職勧奨を行うこと
　④不当な動機・目的をもってなされたと判断されるような配置転換または職位（役職）の変更を命じること
　⑤その他の労働契約法等の労働関係法令に違反する措置を講じること

第8章　附　則

（施行期日）
第37条　この規程は、平成＿＿年＿＿月＿＿日から施行する。

健康情報等の取扱規程

本取扱規程は、業務上知り得た従業員の心身の状態に関する情報（以下「健康情報等」という。）を適切かつ有効に取り扱うことを目的として定めるものである。

（目的）

第1条　○○○（社名又は事業場名）における業務上知り得た健康情報等は、「健康確保措置の実施」又は「安全配慮義務の履行」のために本取扱規程に則り、適切に取り扱う。

2　健康情報等を取り扱う者は、あらかじめ従業員本人の同意を得ることなく、前項で定めた利用目的の達成に必要な範囲を越えて、健康情報等を取り扱ってはならない。ただし、個人情報保護法第16条第3項の各号に該当する場合を除く。

（健康情報等）

第2条　健康情報等は別表1の内容を指す。

（健康情報等の取扱い）

第3条　「健康情報等の取扱い」とは、健康情報等に係る収集から保管、使用（第三者提供を含む。）、消去までの一連の措置を指し、別表2のとおり定義する。

別表2：健康情報等の取扱いに関する定義

方法の種類	具体的内容
収集	健康情報等を入手すること
保管	入手した健康情報等を保管すること
使用	健康情報等を取り扱う権限を有する者が、健康情報等を（閲覧を含めて）活用すること、また第三者に提供すること
加工	収集した健康情報等の他者への提供に当たり、当該健康情報等の取扱いの目的の達成に必要な範囲内で使用されるように変換すること（例えば、健康診断の結果等をそのまま提供するのではなく、所見の有無や検査結果を踏まえ、医師の意見として置き換えることなど）
消去	収集、保管、使用、加工した情報を削除するなどして使えないようにすること

（健康情報等を取り扱う者及びその権限並びに取り扱う健康情報等の範囲）

第4条　健康情報等を取り扱う者を、別表3のとおり区分する。

2　健康情報等を取り扱う責任者（以下「責任者」という。）は別途定める。

3　健康情報等を取り扱う者とその権限、取り扱う健康情報等の範囲を、別表4に定める。

4　別表4に定めた権限を越えて健康情報等を取り扱う場合は、責任者の承認を得るとともに、従業員本人の同意を得る。

5　健康情報等を取り扱う者は、職務を通じて知り得た従業員の健康情報等を他人に漏らしてはならない。

（健康情報等を取り扱う目的等の通知方法及び本人同意の取得方法）

第5条　健康情報等を取り扱う場合には、あらかじめその利用目的・取扱方法を従業員本人に通知又は公表する。公表していない場合であって情報を取得した場合には、速やかにその利用目的等を従業員本人に通知する。

2　健康情報等の分類に応じた従業員本人の同意取得について、別表5のとおり定める。

別表5：健康情報等の分類と同意取得の有無・方法

①法令に基づき収集する情報	従業員本人の同意を得ずに収集することができる。
②法令で定められていない項目について収集する情報	適切な方法により従業員本人の同意を得ることで収集することができる。取扱規程に定めている情報に関しては、本取扱規程が、従業員本人に認識される合理的かつ適切な方法により周知され、従業員本人が本取扱規程に規定されている健康情報等を本人の意思に基づき提出したことをもって、当該健康情報等の取扱いに関する従業員本人からの同意の意思が示されたものと解する。

3　個人情報保護法第17条第2項の各号に該当する場合は従業員本人の同意取得は必要としない。

（健康情報等の適正管理の方法）

第6条　利用目的の達成に必要な範囲において、健康情報等を正確かつ最新の内容に保つよう努める。

2　健康情報等の漏えい・滅失・改ざん等を防止するため、、組織的、人的、物理的、技術的に適切な措置を講ずる。

（1）責任者は、健康情報等があらかじめ定めた方法に従って取り扱われていることを確認する。

（2）第4条第1項に定められた者以外は原則、健康情報等を取り扱ってはならない。

（3）健康情報等を含む文書（磁気媒体を含む。）は施錠できる場所への保管、記録機能を持つ媒体の持ち込み・持ち出し制限等により情報の盗難・紛失等の防止の措置を講ずる。

（4）健康情報等のうち、体系化され、検索可能な個人データに当たるものを扱う情報システムに関して、アクセス制限、アクセス記録の保存、パスワード管理、外部からの不正アクセスの防止等により、情報の漏えい等の防止の措置を講ずる。

3　健康情報等は、法令又は社則等に定める保存期間に従い保管する。利用目的を達した場合は、速やかに廃棄又は消去するよう努める。

4　情報の漏えい等が生じた場合には、速やかに第4条第2項に定められた責任者へ報告する。また、事業場内部において報告及び被害の拡大防止、事実関係の調査及び原因の究明、影響範囲の特定、再発防止策の検討及び実施、影響を受ける可能性のある本人への連絡等並びに事実関係及び再発防止策の公表などの必要な措置を講じる。

5　健康情報等の取扱いを委託する場合は、委託先において当該健康情報等の安全管理措置が適切に講じられるよう、委託先に対して必要かつ適切な監督を行う。

（健康情報等の開示、訂正等（追加及び削除を含む。以下同じ。）及び使用停止等（消去及び第三者への提供の停止を含む。以下同じ。））

第7条　従業員本人より別途定める方法により当該本人の健康情報等の開示請求を受けた場合、本人に対し、遅滞なく、当該健康情報等の書面の交付による方法又は請求を行った者が同意した方法で開示する。権限を有する者が当該情報を開示する。また、従業員本人が識別される情報がないときにはその旨を知らせる。

2　健康情報等を開示することにより、従業員本人又は第三者の生命、身体、財産その他の権利利益を害するおそれがある場合や、業務の適正な実施に著しい支障を及ぼすおそれがある場合等には、開示請求を受けた情報の全部又は一部を開示しないことができる。その場合は遅滞なく従業員本人に対してその旨を通知する。また、従業員本人に通知する場合には、本人に対してその理由を説明するように努める。開示に関しては、開示の受付先、開示に際して提出すべき書面の様式等

の請求に応じる手続きを定め、従業員本人に周知する。

3　従業員本人より当該本人の健康情報等について訂正、追加、削除、使用停止（第三者への提供の停止を含む。以下「訂正等」という。）の請求を受けた場合で、その請求が適正であると認められる場合には、訂正等を行う。訂正等を行った場合、又は行わなかった場合いずれの場合においても、その内容を従業員本人へ通知する。

4　健康情報等の訂正等の請求があった場合でも、利用目的からみて訂正等の必要がない場合、誤りである指摘が正しくない場合、訂正等の対象が事実でなく評価に関する情報である場合には、訂正は行わない。その場合は遅滞なく従業員本人に対して訂正等を行わない旨を従業員本人に通知する。また、従業員本人に対して訂正等を行わない理由を説明するよう努める。なお、評価に関する健康情報等に、評価の前提となっている事実も記載されており、それに誤りがある場合においては、その限りにおいて訂正等を行う。

（健康情報等を第三者に提供する場合の取扱い）

第8条　あらかじめ従業員本人の同意を得ることなく、健康情報等を第三者へ提供してはならない。ただし、個人情報保護法第23条第1項に該当する場合（※1）を除く。また、個人情報保護法第23条第5項に該当する場合の健康情報等の提供先は第三者に該当しない（※2）。

※1：具体的には次の場合を指す。

・労働安全衛生法第66条第1項から第4項、第66条の8第1項、第66条の8の2第1項、第66条の8の4第1項、第66条の10第3項の規定に基づき、健康診断又は面接指導等の実施を委託するために必要な労働者の個人情報を外部機関（健康診断実施機関や産業保健総合支援センターの地域窓口（地域産業保健センター）等）に提供する場合、その他法令に基づく場合

・人の生命、身体又は財産の保護のために必要がある場合であって、従業員本人の同意を得ることが困難である場合

・公衆衛生の向上又は児童の健全な育成の推進のために特に必要がある場合であって、従業員本人の同意を得ることが困難である場合

・国の機関若しくは地方公共団体又はその委託を受けた者が法令の定める事務を遂行することに対して協力する必要がある場合であって、本人の同意を得ることにより当該事務の遂行に支障を及ぼすおそれがある場合

※2：具体的には次の場合を指す。

・健康保険組合等と共同して健康診断や保健事業を実施する場合

・健康情報等の取扱い（データ入力・分析等）を委託して実施する場合

・合併その他の事由により事業の承継に伴って情報を提供する場合

2　健康情報等を第三者に提供する場合、個人情報保護法第25条に則り記録を作成・保存する。

（第三者から健康情報等の提供を受ける場合の取扱い）

第9条　第三者から健康情報等（個人データ）の提供を受ける場合には、個人情報保護法第26条に則り、必要な事項について確認するとともに、記録を作成・保存する。

（事業承継、組織変更に伴う健康情報等の引継ぎに関する事項）

第10条　合併、分社化、事業譲渡等により他の事業者から事業を承継することに伴って健康情報等を取得する場合、安全管理措置を講じた上で、適正な管理の下、情報を引き継ぐ。

2　労働安全衛生法によらず取り扱う情報のうち、承継前の利用目的を超えて取り扱う場合には、あらかじめ従業員本人の同意を得る。

（健康情報等の取扱いに関する苦情の処理）

第11条　健康情報等の取扱いに関する苦情は○○○（部署名等）が担当する。連絡先は以下とする。

電　話：○○○○

メール：○○○○

2　苦情に適切かつ迅速に対処するものとし、必要な体制を整備する。

（取扱規程の従業員への周知の方法）

第12条　本取扱規程は○○○○（周知方法）により従業員に周知する。

2　従業員が退職後に、健康情報等を取り扱う目的を変更した場合には、変更した目的を退職者に対して周知する。

（教育・啓発）

第13条　健康情報等の取扱いに関して、健康情報等を取り扱う者（事業者を含む。）及びそれ以外の従業員を対象に○○ごと（頻度）に研修を行う。

（その他）

第14条　本取扱規程の主幹部署は、○○○（部署名等）とする。

第15条　年1回及び必要に応じて、本取扱規程の見直しを行う。改訂は○○○（会議名等）において行う。

第16条　本規程は、○○○○年○月○日より実施する。

別表1：健康情報等の具体的内容（例）

①安衛法第65条の2第1項の規定に基づき、会社が作業環境測定の結果の評価に基づいて、従業員の健康を保持するため必要があると認めたときに実施した健康診断の結果

①－1　上記の健康診断の受診・未受診の情報

②安衛法第66条の第1項から第4項までの規定に基づき会社が実施した健康診断の結果並びに安衛法第66条第5項及び第66条の2の規定に基づき従業員から提出された健康診断の結果

②－1　上記の健康診断を実施する際、当社が追加して行う健康診断による健康診断の結果

②－2　上記の健康診断の受診・未受診の情報

③安衛法第66条の4の規定に基づき会社が医師又は歯科医師から聴取した意見及び第66条の5第1項の規定に基づき会社が講じた健康診断実施後の措置の内容

④安衛法第66条の7の規定に基づき会社が実施した保健指導の内容

④－1　上記の保健指導の実施の有無

⑤安衛法第66条の8第1項（第66条の8の2第1項、第66条の8の4第1項）の規定に基づき会社が実施した面接指導の結果及び同条第2項の規定に基づき従業員から提出された面接指導の結果

⑤－1　上記の労働者からの面接指導の申出の有無

⑥安衛法第66条の8第4項（第66条の8の2第2項、第66条の8の4第2項）の規定に基づき会社が医師から聴取した意見及び同条第5項の規定に基づき会社が講じた面接指導実施後の措置の内容

⑦安衛法第66条の9の規定に基づき会社が実施した面接指導又は面接指導に準ずる措置の結果

⑧安衛法第66条の10第1項の規定に基づき会社が実施した心理的な負担の程度

を把握するための検査（以下「ストレスチェック」という。）の結果

⑨安衛法第66条の10第3項の規定に基づき会社が実施した面接指導の結果

⑨-1　上記の労働者からの面接指導の申出の有無

⑩安衛法第66条の10第5項の規定に基づき会社が医師から聴取した意見及び同条第6項の規定に基づき会社が講じた面接指導実施後の措置の内容

⑪安衛法第69条第1項の規定に基づく健康保持増進措置を通じて会社が取得した健康測定の結果、健康指導の内容等

⑫労働者災害補償保険法第27条の規定に基づき、従業員から提出された二次健康診断の結果及び労災保険法の給付に関する情報

⑬治療と仕事の両立支援等のための医師の意見書

⑭通院状況等疾病管理のための情報

⑮健康相談の実施の有無

⑯健康相談の結果

⑰職場復帰のための面談の結果

⑱（上記のほか）産業保健業務従事者が労働者の健康管理等を通じて得た情報

⑲任意に従業員から提供された本人の病歴、健康に関する情報

別表3：健康情報等を取り扱う者の分類
〈常時使用する労働者が10人以上の事業場の例〉

健康情報等を取り扱う者	具体的内容	表記
ア）人事に関して直接の権限を持つ監督的地位にある者	社長、役員、人事部門の長	担当ア
イ）産業保健業務従事者	産業医（専属・嘱託）、保健師・看護師、衛生管理者、衛生推進者（安全衛生推進者）	担当イ
ウ）管理監督者	労働者本人の所属長	担当ウ
エ）人事部門の事務担当者	人事部門の長以外の事務担当者	担当エ

別表4：健康情報等を取り扱う者及びその権限並びに取り扱う健康情報の範囲

健康情報等の種類	取り扱う者及びその権限			
	担当ア	担当イ	担当ウ	担当エ
① 安衛法第65条の2第1項の規定に基づき、会社が作業環境測定の結果の評価に基づいて、従業員の健康を保持するため必要があると認めたときに実施した健康診断の結果	△	◯	△	△
①-1 上記の健康診断の受診・未受診の情報	◎	◯	△	△
② 安衛法第66条の第1項から第4項までの規定に基づき会社が実施した健康診断の結果並びに安衛法第66条第5項及び第66条の2の規定に基づき従業員から提出された健康診断の結果	△	◯	△	△
②-1 上記の健康診断を実施する際、会社が追加して行う健康診断による健康診断の結果	△	◯	△	△
②-2 上記の健康診断の受診・未受診の情報	◎	◯	△	△
③ 安衛法第66条の4の規定に基づき会社が医師又は歯科医師から聴取した意見及び第66条の5第1項の規定に基づき会社が講じた健康診断実施後の措置の内容	◎	◯	△	△
④ 安衛法第66条の7の規定に基づき会社が実施した保健指導の内容	△	◯	△	△
④-1 上記の保健指導の実施の有無	◎	◯	△	△
⑤ 安衛法第66条の8第1項（第66条の8の2第1項、第66条の8の4第1項）の規定に基づき会社が実施した面接指導の結果及び同条第2項の規定に基づき従業員から提出された面接指導の結果	△	◯	△	△
⑤-1 上記の従業員からの面接指導の申出の有無	◎	◯	△	△
⑥ 安衛法第66条の8第4項（第66条の8の2第2項、第66条の8の4第2項）の規定に基づき会社が医師から聴取した意見及び同条第5項の規定に基づき会社が講じた面接指導実施後の措置の内容	◎	◯	△	△
⑦ 安衛法第66条の9の規定に基づき会社が実施した面接指導又は面接指導に準ずる措置の結果	◎	◯	△	△
⑧ 安衛法第66条の10第1項の規定に基づき会社が実施したストレスチェックの結果	△	◯	△	△
⑨ 安衛法第66条の10第3項の規定に基づき会社が実施した面接指導の結果	△	◯	△	△
⑨-1 上記の従業員からの面接指導の申出の有無	◎	◯	△	△
⑩ 安衛法第66条の10第5項の規定に基づき会社が医師から聴取した意見及び同条第6項の規定に基づき会社が講じた面接指導実施後の措置の内容	◎	◯	△	△

⑪	安衛法第69条第1項の規定に基づく健康保持増進措置を通じて会社が取得した健康測定の結果、健康指導の内容等	△	○	△	△
⑫	労働者災害補償保険法第27条の規定に基づき、従業員から提出された二次健康診断の結果及び労災保険法の給付に関する情報	△	○	△	△
⑬	治療と仕事の両立支援等のための医師の意見書	△	○	△	△
⑭	通院状況等疾病管理のための情報	△	○	△	△
⑮	健康相談の実施の有無	△	○	△	△
⑯	健康相談の結果	△	○	△	△
⑰	職場復帰のための面談の結果	△	○	△	△
⑱	（上記のほか）産業保健業務従事者（担当イ）が労働者の健康管理等を通じて得た情報	△	○	△	△
⑲	任意に従業員から提供された本人の病歴、健康に関する情報	△	○	△	△

※◎：事業者が直接取り扱う。

※○：情報の収集、保管、使用、加工、消去を行う。

※△：情報の収集、保管、使用を行う。なお、使用に当たっては、労働者に対する健康確保措置を実施するために必要な情報が的確に伝達されるよう、医療職が集約・整理・解釈するなど適切に加工した情報を取り扱う。

巻末資料Ⅰ　「ストレスチェック制度実施規程」「職務発明取扱規程」の例　291

Ａ株式会社職務発明取扱規程

（中小企業用）

※特許庁の規程例を基に作成しています。

（注）今後、中小企業（ここでは「Ａ株式会社」とする）が職務発明規程を導入するにあたり、参考として、
その場合に作成する職務発明規程の例を紹介します。

これらの条項はあくまでも参考として例示しているものであり、条項の内容がこのようなものでな
ければならないとか、これらの条項を採用しなければならないとか、ここで例示されていない条項
は採用してはいけない等ということは一切ありません。また、これらの条項を採用していれば、改
正特許法第 35 条 5 項にかかわる不合理性が否定される、というものでもありません。

（目的）

第 1 条　この規程は、Ａ株式会社（以下「会社」という）において役員または従業
　　員（以下「従業者等」という）が行った職務発明の取扱いについて、必要な事項
　　を定めるものとする。

（定義）

第 2 条　この規程において「職務発明」とは、その性質上会社の業務範囲に属し、
　　かつ、従業者等がこれをするに至った行為が当該従業者等の会社における現在ま
　　たは過去の職務範囲に属する発明を言う。

（届出）

第 3 条　会社の業務範囲に属する発明を行った従業者等は、速やかに発明届を作成
　　し、所属長を経由して会社に届出なければならない。

2　前項の発明が 2 人以上の者によって共同でなされたものであるときは、前項の
　　発明届を連名で作成するとともに、各発明者が当該発明の完成に寄与した程度（寄
　　与率）を記入するものとする。

（権利帰属）

第 4 条　職務発明については、その発明が完成したときに、会社が特許を受ける権
　　利を取得する。

（権利の処分）

第5条　会社は、職務発明について特許を受ける権利を取得したときは、当該職務発明について特許出願を行い、もしくは行わず、またはその他処分する方法を決定する。

2　出願の有無、取下げまたは放棄、形態および内容その他一切の職務発明の処分については、会社の判断するところによる。

（協力義務）

第6条　職務発明に関与した従業者等は、会社の行う特許出願その他特許を受けるために必要な措置に協力しなければならない。

（相当の利益）

第7条　会社は、第4条の規定により職務発明について特許を受ける権利を取得したときは、発明者に対し次の各号に掲げる相当の利益を支払うものとする。ただし、発明者が複数あるときは、会社は、各発明者の寄与率に応じて按分した金額を支払う。

（1）出願時支払金　〇〇円

（2）登録時支払金　□□円

（＊1　第7条1項はあくまで一例であり、必ず出願時支払金や登録時支払金という形で相当の利益を与えなければならないということではありません。これ以外の相当の利益の付与方法として、例えば、職務発明にかかわる実施品の売上げやライセンス料収入に応じて、いわゆる実績補償を行うことも可能です。

例1：会社は、利益発生時支払金として、職務発明にかかわる実施品の年間売上高のうち△△％を当該職務発明の発明者に支払う。

例2：会社は、職務発明にかかわる実施品の年間利益が▽▽円を超えたときは、当該職務発明の発明者に対し、◁◁円を支払う。

＊2　金銭以外の相当の利益として、海外留学の機会の付与、ストックオプションの付与、特別有給休暇の付与等の措置をとることも可能です。）

2　発明者は、会社から付与された相当の利益の内容に意見があるときは、その相当の利益の内容の通知を受けた日から60日以内に、会社に対して書面により意見の申出を行い、説明を求めることができる。

（＊第7条2項はあくまで一例であり、各社の事情に応じて日数を決めることも可能です。）

（支払手続）

第8条　前条に定める相当の利益は、出願時支払金については出願後速やかに支払うものとし、登録時支払金については登録後速やかに支払うものとする。

（実用新案および意匠への準用）

第9条　この規程の規定は、従業者等のした考案または意匠の創作であって、その性質上会社の業務範囲に属し、かつ、従業者等がこれをするに至った行為が当該従業者等の会社における現在または過去の職務範囲に属するものに準用する。

（＊第9条はあくまで一例であり、実用新案および意匠については、例えば相当の利益の内容を職務発明の場合とは異なるものとする等、職務発明とは異なる規定を設けることも可能です。）

（秘密保持）

第10条　職務発明に関与した従業者等は、職務発明に関して、その内容その他会社の利害に関係する事項について、必要な期間中、秘密を守らなければならない。

2　前項の規定は、従業者等が会社を退職した後も適用する。

（適用）

第11条　この規程は、平成○○年○月○日以降に完成した発明に適用する。

巻末資料 II

協定等の例

様式第3号の2（第12条の2の2関係）

記 載 例

1箇月単位の変形労働時間制に関する協定届

事 業 の 種 類	事 業 の 名 称	事 業 の 所 在 地（電 話 番 号）	常時使用する労働者数
機械器具卸売業	○○商事株式会社	中央区銀座○○×-×-×（○○○(○○○)○○○○）	30 人

業 務 の 種 類	該 当 労 働 者 数 (満18歳未満の者)	変 形 期 間 (起 算 日)	変形期間中の各日及び各週の労働時間並びに所定休日	協定の有効期限
営　業	25 人 (0 人)	1ヶ月 （毎月1日）	別紙勤務表の通り	平成○年○月○日 から 平成○年○月○日

労働時間が最も長い日の労働時間数 (満18歳未満の者)	労働時間が最も長い週の労働時間数 (満18歳未満の者)
8 時間 ○○ 分 (時間 分)	48 時間 ○○ 分 (時間 分)

協定の成立年月日　平成○年○月○日

協定の当事者である労働組合の名称又は労働者の過半数を代表する者の　職名　○○商事株式会社　営業主任
　　　　　　　　　　　　　　　　　　　　　　　　　　　　　　　　　氏名　田中　太郎

協定の当事者（労働者の過半数を代表する者の場合）の選出方法（　投票による選挙　）

平成○年○月○日

　　　　　　　　　　　　　　　　使用者　職名　代表取締役
　　　　　　　　　　　　　　　　　　　　氏名　鈴木　一郎

　　○○　労働基準監督署長　殿

記載心得
1 当該事業場に、労働基準法第32条の2第2項の規定に基づき1箇月以内の変形労働時間制を採用する旨の定めをした場合には、「該当労働者数」、「1日の労働時間が最も長い日の労働時間数、「1週間の労働時間が最も長い週の労働時間数」の欄には、それぞれの最長のものを記入すること。なお、「1日」の欄については、満18歳未満の者については8時間を超えないこと、「1週間」の欄については、満18歳未満の者については48時間を超えないこと。
2 変形期間は、1箇月以内の期間に限るものであること。
3 変形期間中の各日及び各週の労働時間並びに所定休日の欄には、当該変形期間における各日、各週の労働時間並びに所定休日を記入すること。なお、当該事項を別に定める場合には、別紙に記載して添付すること。

296

様式第4号（第12条の4第6項関係）

1年単位の変形労働時間制に関する協定届

記載例

事業の種類	事業の名称	事業の所在地（電話番号）	常時使用する労働者数
機械器具製造業	○○工業株式会社	中央区銀座○○×-×　○○○(○○○)○○○○	250 人

該当労働者数（満18歳未満の者）	対象期間及び特定期間（起算日）	対象期間中の各日及び各週の労働時間並びに所定休日（別紙）	対象期間中の1週間の平均労働時間数	協定の有効期間
220 人 (0 人)	1年間 平成○年○月○日		40時間 00分	平成○年○月○日から1年間

労働時間が最も長い日の労働時間数（満18歳未満の者）	労働時間が最も長い週の労働時間数（満18歳未満の者）	対象期間中の最も長い連続労働日数	対象期間中の総労働日数
8時間 00分 (時間 分)	48時間 00分 (時間 分)	6日間	260 日

労働時間が48時間を超える週の最長連続週数	対象期間中の最も長い連続労働日数
○週	一日間

対象期間中の労働時間が48時間を超える週数	旧協定の労働時間が最も長い日の労働時間数	旧協定の対象期間中の総労働日数
○週	8時間 00分	260 日

旧協定	対象期間	平成○年○月○日から1年間

協定の成立年月日　平成○年○月○日

協定の当事者である労働組合の名称又は労働者の過半数を代表する者の　職名　組立工
氏名　田中　太郎

協定の当事者（労働者の過半数を代表する者の場合）の選出方法　（投票による選挙）

使用者　職名　代表取締役
氏名　鈴木　一郎

平成○年○月○日

○○ 労働基準監督署長　殿

記載心得

1　法第60条第3項第2号の規定に基づき満18歳未満の者に変形労働時間制を適用する場合には、「該当労働者数」、「労働時間が最も長い日の労働時間数」及び「労働時間が最も長い週の労働時間数」の各欄に記入すること。
2　「対象期間及び特定期間」の欄のうち、対象期間については当該変形労働時間制の期間の単位を記入すること。
3　「対象期間中の各日及び各週の労働時間並びに所定休日」については、別紙に記載して添付すること。
4　「旧協定」とは、則第12条の4第3項に規定するものであること。

※1ヶ月以内

記　載　例 （参考例1）

フレックスタイム制に関する労使協定

〇〇会社と〇〇会社従業員代表とは、労働基準法第32条の3の規定に基づき、フレックスタイム制について、次の通り協定する。

（フレックスタイム制の適用従業員）
第1条　〇〇課所属の従業員を除く、全従業員にフレックスタイム制を採用する。

（清算期間）
第2条　労働時間の清算期間は、**毎月1日から末日まで**の1ヶ月とする。

（所定労働時間）
第3条　清算期間における所定労働時間は、清算期間を平均して1週40時間の範囲内で、1日8時間に清算期間中の労働日数を乗じて得られた時間数とする。

（1日の標準労働時間）
第4条　1日の標準労働時間は、**8時間**とする。

（コアタイム）
第5条　コアタイムは、**午前10時から午後3時まで**とする。ただし、正午から午後1時までは休憩時間とする。

（フレキシブルタイム）
第6条　フレキシブルタイムは、次の通りとする。
　　　　始業時間帯　**午前7時から10時**
　　　　終業時間帯　**午後3時から 8時**

（超過時間の取扱い）
第7条　清算期間中の実労働時間が所定労働時間を超過したときは、会社は、超過した時間に対して時間外労働割増賃金を支給する。

（不足時間の取扱い）
第8条　清算期間中の実労働時間が所定労働時間に不足したときは、不足時間を次の清算期間の法定労働時間の範囲内で清算するものとする。

（有効期間）
第9条　本協定の有効期間は、**平成〇年〇月〇日から1年**とする。ただし、有効期間満了の1ヶ月前までに、会社、従業員代表いずれからも申出がないときには、さらに1年間の有効期間を延長するものとする。

　　　　平成〇　年　〇　月　〇　日

　　　　　　　　〇〇会社
　　　　　　　　　代表取締役　鈴木一郎

　　　　　　　　〇〇会社
　　　　　　　　　従業員代表　田中太郎

※3ヶ月以内　　　　　　　　　　　　　　　　　　　　　　　　　（参考例2）

フレックスタイム制に関する労使協定

　　○○会社と○○会社従業員代表とは、労働基準法第32条の3の規定に基づき、フレックスタイム制について、次のとおり協定する。

（フレックスタイム制の適用従業員）
第1条　○○課所属の従業員を除く、全従業員にフレックスタイム制を採用する。

（清算期間）
第2条　労働時間の清算期間は、4月、7月、10月、1月の1日から翌々月末日までの3箇月間とする。

（所定労働時間）
第3条　清算期間における所定労働時間は、清算期間を平均して1週40時間の範囲内で、1日8時間に清算期間中の所定労働日数を乗じて得られた時間数とする。

（1日の標準労働時間）
第4条　1日の標準労働時間は、**8**時間とする。

（コアタイム）
第5条　コアタイムは、**午前10時から午後3時まで**とする。ただし、正午から午後1時までは休憩時間とする。

（フレキシブルタイム）
第6条　フレキシブルタイムは、次のとおりとする。
　　　　始業時間帯　**午前7時から10時**
　　　　終業時間帯　**午後3時から　8時**

（超過時間の取扱い）
第7条　1か月における実労働時間が、平均して1週あたり50時間として計算された時間を超過したときは、会社は超過した時間に対して時間外勤務手当を支給する。

　　2　清算期間中の実労働時間が所定労働時間を超過したときは、会社は、超過した時間に対して時間外勤務手当を支給する。ただし、前項により既に支給した時間相当分を控除して支給するものとする。

（不足時間の取扱い）
第8条　清算期間中の実労働時間が所定労働時間に不足したときは、不足時間を次の清算期間の法定労働時間の範囲内で清算するものとする。

（有効期間）
第9条　本協定の有効期間は、**平成○年○月○日から1年**とする。ただし、有効期間満了の1ヶ月前までに、会社、従業員代表いずれからも申し出がないときには、さらに1年間の有効期間を延長するものとする。

　　　　平成○　年　　**○**　月　　**○**　日

　　　　　　○○会社
　　　　　　代表取締役　大槻一郎

　　　　　　○○会社
　　　　　　従業員代表　田中太郎

様式第3号の3（第12条の3第2項関係）

清算期間が1箇月を超えるフレックスタイム制に関する協定届

事業の種類	事業の名称	事業の所在地（電話番号）	常時雇用する労働者数	協定の有効期間
不動産業	○○会社	（〒100－0001） 東京都中央区銀座1－1－1 （電話番号：03－3333－3333）	100名	2019年4月から1年

実務の種類	該当労働者数	清算期間（起算日）	清算期間における総労働時間
営業	95名	3か月 （4月1日、7月1日、10月1日、1月1日）	8時間×所定労働日数

標準となる1日の労働時間	コアタイム	フレキシブルタイム
8時間	11:00～15:00	7:00～11:00及び15:00～22:00

協定の成立年月日　2019年　3月　25日

協定の当事者である労働組合（事業場の労働者の過半数で組織する労働組合）の名称又は労働者の過半数を代表する者の　職名　一般職　氏名　田中　太郎

協定の当事者（労働者の過半数を代表する者の場合）の選出方法（　投票による選挙　）

2019年　3月　25日

使用者　職名　代表取締役　氏名　大槻　一郎　㊞

中央　労働基準監督署長殿

記載心得
1　「清算期間（起算日）」の欄には、当該協定における時間通算の期間の単位を記入し、その起算日を（　）内に記入すること。
2　「清算期間における総労働時間」の欄には、当該労働時間制において、清算期間を平均し1週間当たりの労働時間が法定労働時間を超えない範囲内で定められる時間を記入すること。
3　「標準となる1日の労働時間」の欄には、当該労働時間制において、年次有給休暇を取得した際に支払われる賃金の算定基礎となる労働時間の長さを記入すること。
4　「コアタイム」の欄には、労働基準法施行規則第12条の3第1項第2号の労働者が労働しなければならない時間帯の開始及び終了の時刻を記入すること。その時間帯が2以上ある場合には、その全てを記入すること。
5　「フレキシブルタイム」の欄には、労働基準法施行規則第12条の3第1項第3号の労働者がその選択により労働することができる時間帯に制限を設ける場合には、その時間帯の開始及び終了の時刻を記入すること。

様式第13号（第24条の2の2第4項関係）

専門業務型裁量労働制に関する協定届

記載例

事業の種類	事業の名称	事業の所在地（電話番号）		
化学工業	○○化学株式会社	中央区銀座○○×ー×ー×（○○○）○○○○		

業務の種類	業務の内容	該当労働者数	1日の所定労働時間	協定で定める労働時間	労働者の健康及び福祉を確保するために講ずる措置（労働者の労働時間の状況の把握方法）	労働者からの苦情の処理に関して講ずる措置	協定の有効期間
研究開発	自己の研究開発に基づき新商品の開発を行う	8名	8時間	9時間	2ヶ月に1回、所属長が健康状態についてヒアリングを行い、必要に応じて特別健康診断の実施や特別休暇の付与を行う。（IDカード）	毎週金曜日12：00〜13：00に○○労働組合管理部に裁量労働相談室を設け、裁量労働制の運用、評価制度および賃金制度等の処遇全般の苦情を扱う。本人のプライバシーに配慮したうえで、実践調査を行い、解決策を労使委員会に報告する。	平成○年○月○日から1年間

協定の成立年月日　平成○年○月○日

協定の当事者である労働組合の名称又は労働者の過半数を代表する者の
職名　○○化学株式会社労働組合　執行委員長
氏名　田中　太郎

協定の当事者（労働者の過半数を代表する者の場合）の選出方法（　　　）

平成○年○月○日

使用者　職名　代表取締役
　　　　氏名　鈴木　一郎

○○労働基準監督署長殿

記載心得
1　「業務の内容」の欄には、業務の性質上当該業務の遂行の方法を大幅に当該業務に従事する労働者の裁量にゆだねる必要がある旨を具体的に記入すること。
2　「労働者の健康及び福祉を確保するために講ずる措置（労働者の労働時間の状況の把握方法）」の欄には、労働基準法第38条の3第1項第4号に規定する措置の内容を具体的に記入するとともに、同号の労働時間の状況の把握方法を具体的に（　）内に記入すること。
3　「労働者からの苦情の処理に関して講ずる措置」の欄には、労働基準法第38条の3第1項第5号に規定する措置の内容を具体的に記入すること。
4　時間外労働に関する協定の届出年月日　当該事業場における時間外労働に関する協定の届出の年月日（届出をしていない場合はその予定年月日）を記入すること。ただし、協定で定める労働時間が労働基準法等第32条又は第40条の労働時間を超えない場合には記入を要しないこと。

様式第13号の2（第24条の2の3第1項関係）

記載例

企画業務型裁量労働制に関する決議届

事業の種類	事業の名称	事業の所在地（電話番号）	常時使用する労働者
化学工業	○○化学工業株式会社	中央区銀座○○x－x－x（○○○（○○○）○○○○）	300名

業務の種類	労働者の範囲（職務経験年数、職能資格等）	労働者数	決議で定める労働時間
企画部で経営計画を策定する業務 人事部で人事計画を策定する業務	入社10年目以上、職務の級が4等級以上 入社10年目以上、職務の級が4等級以上	20 10	10時間 10時間

労働者の健康及び福祉を確保するために講ずる措置
（労働者の労働時間の状況の把握方法）
2ヶ月に1回、所属長が健康状態についてヒアリングを行い、必要に応じて特別健康診断の実施や特別休暇の付与を行う。
（ IDカード ）

労働者からの苦情の処理に関して講ずる措置
毎週1回、総務部に苦情労働相談室を開設する。

労働者の同意を得なければならないこととし、及びその同意をしなかった労働者に対して解雇その他不利益な取扱いをしてはならないこととについての決議の有無　　有 ・ ㊀

労働者ごとの、労働時間の状況及び当該労働者の健康及び福祉を確保するための措置として講じた措置、労働者からの苦情の処理に関する措置として講じた措置並びに同意及びその撤回に関する記録を保存することについての決議の有無　　有 ・ ㊀

決議の有効期間	平成 ○ 年 ○ 月 ○ 日 ～ 平成 ○ 年 ○ 月 ○ 日	定足数に関する事項
決議の成立年月日	平成 ○ 年 ○ 月 ○ 日	
委員会の委員数	規定の有無　有 ・ ㊀	委員会の同意の有無　㊀ ・ 無	開催に関する事項・議長の選出に関する事項 運営規程に含まれている事項・決議の方法に関する事項 委員会への情報開示に関する事項（ ）
10名			

任期を定めて指名された委員

氏名	任期
○○ ○○	1年
○○ ○○	同上
○○ ○○	同上
○○ ○○	同上
○○ ○○	同上

その他の委員
氏名
○○ ○○
○○ ○○
○○ ○○
○○ ○○
○○ ○○

決議は、上記委員会の委員の5分の4以上の多数による決議により行われたものである。

委員会の委員の半数について任期を定めて指名した労働者の過半数を代表する者の　職名　企画部　氏名　田中　太郎
委員会の委員の半数について任期を定めて指名した者（労働者の過半数を代表する者の場合）の選出方法（ 投票による選挙 ）

使用者　職名　代表取締役　氏名　鈴木　一郎

平成 ○ 年 ○ 月 ○ 日

○○ 労働基準監督署長 殿

記載例

様式第13号の4（第24条の2の5第1項関係）

企画業務型裁量労働制に関する報告

報告期間　平成○年○月から　平成○年○月まで

事業の種類	事業の名称	事業の所在地（電話番号）
化学工業	○○化学工業株式会社	中央区銀座○○×-×-×（○○○（○○○）○○○○）

業務の種類	労働者の範囲	労働者数	労働者の労働時間の状況（労働時間の把握方法）	労働者の健康及び福祉を確保する措置の実施状況
企画部で経営計画を策定する業務	入社10年目以上、職務の級が4等級以上	20	平均9時間、最長12時間 IDカード	特別健康診断の実施（平成○年○月○日）
人事部で人事計画を策定する業務	入社10年目以上、職務の級が4等級以上	10	平均9時間、最長14時間 IDカード	特別健康診断の実施（平成○年○月○日）、特別休暇の付与

平成○年○月○日

使用者　職名　代表取締役
　　　　氏名　鈴木　一郎　㊞

○○　労働基準監督署長　殿

記載心得
1　「業務の種類」の欄には、労働基準法施行規則第38条の4第1項第1号に規定する業務として決議する業務を具体的に記入すること。
2　「労働者の範囲」の欄には、労働基準法第38条の4第1項第2号に規定する労働者の範囲及びその数を記入すること。
3　「労働者の労働時間の状況」の欄には、労働基準法第38条の4第1項第4号に規定する労働時間の状況として把握した状況のうち、平均的なもの及び最長のものの状況を記入すること。また、（　）内には把握した方法を具体的に記入すること。
4　「労働者の健康及び福祉を確保するための措置の実施状況」の欄には、労働基準法第38条の4第1項第4号に規定する措置として講じた措置に実施状況を具体的に記入すること。

記 載 例

一斉休憩の適用除外に関する労使協定書

〇〇株式会社　と　労働者代表　田中太郎　は、休憩時間について、下記の通り協定する。

記

1　営業の業務に従事する社員については、**班別交替**で、休憩時間を与えるものとする。

2　各班の休憩時間は、次に定める通りとする。
　　　第1班：午前11時～正午
　　　第2班：正午～午後1時
　　　第3班：午後1時から午後2時

3　出張、外回りなどによる外勤のため、本人の班の時間帯に休憩時間を取得できない場合には、所属長が事前に指定して他の班の休憩時間の時間帯を適用する。

4　本協定は**平成〇　年　〇　月　〇　日**から効力を発する。

　　　　　　使用者職氏名　〇〇会社
　　　　　　　　　　　　　代表取締役　鈴木　一郎　

　　　　　　労働者代表　　〇〇会社
　　　　　　　　　　　　　労働者代表　田中　太郎

様式第12号（第24条の2第3項関係）

記載例

事業場外労働に関する協定届

事業の種類	事業の名称	事業の所在地（電話番号）
医薬品販売業	株式会社〇〇薬品	中央区銀座〇〇×－×－× （〇〇〇（〇〇〇）〇〇〇〇）

業務の種類	該当労働者数	1日の所定労働時間	協定で定める時間	協定の有効期間
外勤営業	55人	7時間30分	8時間30分	平成〇年〇月〇日から1年間

時間外労働に関する協定の届出年月日	平成〇年〇月〇日

協定の成立年月日　　　平成〇年〇月〇日
協定の当事者である労働組合の名称又は労働者の過半数を代表する者の
　　　　　　　職　名　**販売員**
　　　　　　　氏　名　**田中　太郎**
協定の当事者（労働者の過半数を代表する者の場合）の選出方法
（　　　　　　　　　　　　　　　　　　　　　　　　　　　　　）
　　　平成〇年〇月〇日
　　　　　　　　　　　　　使用者　職名　**代表取締役**
　　　　　　　　　　　　　　　　　氏名　**鈴木　一郎**

〇〇　労働基準監督署長殿

記載心得
　「時間外労働に関する協定の届出年月日」の欄には、当該事業場における時間外労働に関する協定の届出の年月日（届出をしていない場合はその予定年月日）を記入すること。

様式第9号（第17条関係）

時間外労働　休日労働　に関する協定届

記載例

事業の種類	事業の名称	事業の所在地（電話番号）
機械器具製造業	○○工業株式会社	中央区銀座○○○×-×-×（○○○）○○○○

	時間外労働をさせる必要のある具体的事由	業務の種類	労働者数（満18歳以上の者）	所定労働時間	延長することができる時間			期間
					1日	1ヶ月（毎月1日）（起算日）	1年を超える一定の期間（起算日）1年（4月1日）	
① 下記②に該当しない労働者	取引先の都合等で臨時の業務を行う場合	営業	2人	1日8時間	6時間	40時間	300時間	平成○年○月○日 から1年間
	月末の棚卸のため	経理	同上	同上	6時間	40時間	300時間	同上
② 1年単位の変形労働時間制により労働する労働者	臨時の受注、納期の変更	機械組立	20人	同上	2時間	20時間	180時間	同上
	同上	検査	3人	同上	2時間	20時間	180時間	同上

	休日労働をさせる必要のある具体的事由	業務の種類	労働者数（満18歳以上の者）	所定休日	労働させることができる休日並びに始業及び終業の時刻	期間
	取引先の都合等で臨時の業務を行う場合	営業	2人	毎週土日および国民の休日	1ヶ月のうち2回、8:00〜17:00	平成○年○月○日 から1年間
	臨時の受注、納期の変更の場合	機械組立	20人	[別紙年間カレンダーで定める日]	同上	同上

協定の成立年月日　平成○年○月○日

協定の当事者である労働組合の名称又は労働者の過半数を代表する者の
職名　組立工
氏名　田中 太郎

協定の当事者（労働者の過半数を代表する者の場合）の選出方法　（投票による選挙）

使用者　職名　代表取締役
　　　　氏名　鈴木 一郎

平成○年○月○日

○○労働基準監督署長　殿

起載心得
1 「時間外労働をさせる必要のある具体的事由」の欄には、時間外労働又は休日労働をさせる必要のある業務を具体的に記入し、労働基準法第36条第1項ただし書の健康上特に有害な業務について協定をした場合には、当該業務を他の業務と区別して記入すること。
  （例示）
  ①「1日」の欄に記入する時間数は、労働基準法第32条から第32条の5まで又は第40条の規定により延長することができる数、1日について延長することができる時間数を記入すること。
  ②「1日を超える一定の期間」の欄の記入に当たっては、次のとおりとすること。
  （1）「1日を超える一定の期間」は、1日を超え3箇月以内の期間及び1年間としその起算日を記入すること。なお、「1日を超え3箇月以内の期間」には、労働基準法第32条の4の規定による1年単位の変形労働時間制により労働する労働者（対象期間が3箇月を超える場合に限る。）以外の者については1箇月以内の期間を記入すること。
  （2）労働基準法第32条の4の規定により労働する労働者（対象期間が3箇月を超える場合に限る。）については、当該時間数は、1箇月42時間、1年320時間を超えないものとすること。
3 36協定で定める延長することができる時間数は、労働基準法第36条第1項の協定で定める労働時間の延長の限度等に関する基準（平成10年労働省告示第154号）に適合したものとなるようにされたい。
3 「労働させることができる休日並びに始業及び終業の時刻」の欄には、労働させることができる法定休日の日数並びに当該休日の労働の始業及び終業の時刻を記入すること。
4 「期間」の欄には、時間外労働又は休日労働をさせることができる日の属する期間を記入すること。

306

様式第9号（第17条関係）

時間外労働 休日労働 に関する協定届

記載例

事業の種類	事業の名称	事業の所在地（電話番号）
製造業	○○株式会社	中央区○○○×－×－×（○○○）○○○○

	時間外労働をさせる必要のある具体的事由	業務の種類	労働者数（満18歳以上の者）	所定労働時間	延長することができる時間	期間
① 下記②に該当しない労働者	臨時の受注・納期の変更	組立	30	1日8時間	1日: 6時間 1ヶ月（毎月1日起算日）: 45時間 1年（4月1日起算日）: 360時間	平成○年○月○日から1年間
② 1年単位の変形労働時間制により労働する者						

【特別条項】ただし、通常の生産量を大幅に超える受注および納期がひっ迫したときは、労使者代表および対象労働者に事前通知のうえ、1年間に6回を限度として1箇月60時間、1年500時間まで延長することができる。なお、1箇月45時間を超えた場合の割増賃金率は25％とする。360時間を超えた場合の割増賃金率は25％とする。

休日労働をさせる必要のある具体的事由	業務の種類	労働者数（満18歳以上の者）	所定休日	労働させることができる休日並びに始業及び終業の時刻	期間
取引先の都合等で臨時の業務を行う場合	組立	30人	毎週土日および国民の休日	1ヶ月のうち2回、9:00～18:00	平成○年○月○日から1年間

協定の成立年月日　平成○○年○○月○○日

協定の当事者である労働組合の名称又は労働者の過半数を代表する者の　職名　組立工
氏名　田中 太郎

協定の当事者（労働者の過半数を代表する者の場合）の選出方法（ 投票による選挙 ）

平成○○年○○月○○日

○○労働基準監督署長　殿

使用者　職名　代表取締役
氏名　鈴木 一郎　

記載心得
1 「業務の種類」の欄には、時間外労働又は休日労働をさせる必要のある業務を具体的に記入し、労働基準法第36条第1項ただし書の健康上特に有害な業務について協定をした場合には、当該業務を他の業務と区別して記入すること。
2 「延長することができる時間」の欄の記入は、次のとおりとすること。
(1) 「1日」の欄には、1日についての延長することができる限度となる時間を記入すること。なお、労働基準法第32条から第32条の5まで又は第40条の規定により労働させることができる時間を超えて延長することができる時間であって、1日についての限度となる時間を記入すること。
(2) 「1日を超える一定の期間（起算日）」の欄には、1日を超え3箇月以内の期間及び1年間についての延長することができる限度となる時間を記入するとともに、当該期間の起算日を記入すること。なお、労働基準法第36条第1項の協定で同条第2項の厚生労働大臣が定める基準に係る期間を定めるに当たっては、当該期間は3箇月以内の期間及び1年間とすることに留意すること。
3 ②の欄は、労働基準法第32条の4の規定による労働時間により労働する労働者（対象期間として3箇月を超える期間を定めて労働させる場合に限る。）について記入すること。
4 「労働させることができる休日並びに始業及び終業の時刻」の欄には、労働基準法第35条の規定による休日であって労働させることができる休日の日数並びに当該休日の労働の始業及び終業の時刻を記入すること。
5 「期間」の欄には、時間外労働又は休日労働をさせることができる期間を記入すること。

労使協定のモデル例

（1）一斉付与方式の場合

> **年次有給休暇の計画的付与に関する労使協定（例）**
>
> 　○○製作所株式会社と○○製作所労働組合とは、標記に関して次の通り協定する。
> 1　当社の本社に勤務する社員が有する平成○年度の年次有給休暇のうち４日分については、次の日に与えるものとする。
> 　４月２６日、３０日、５月２日、７日
> 2　当社社員であって、その有する年次有給休暇の日数から５日を差し引いた残日数が「４日」に満たないものについては、その不足する日数の限度で、第１項に掲げる日に特別有給休暇を与える。
>
> 　　　　平成○年○月○日
>
> 　　　　　　　　　　　　　　　　　　　　　　　○○製作所株式会社
> 　　　　　　　　　　　　　　　　　　　　　　　　代表取締役　○○○○
> 　　　　　　　　　　　　　　　　　　　　　　　○○製作所労働組合
> 　　　　　　　　　　　　　　　　　　　　　　　　執行委員長　○○○○

（2）グループ別付与方式の場合

> **年次有給休暇の計画的付与に関する労使協定（例）**
>
> 　○○商事株式会社と同社従業員代表○○○○とは、標記に関し、次の通り協定する。
> 1　各課において、その所属の社員をA、Bの２グループに分けるものとする。その調整と決定は各課長が行う。
> 2　各社員が保有する平成○年度の年次有給休暇のうち５日分については各グループの区分に応じて、次表の通り与えるものとする。
>
> | Aグループ | ８月５日〜９日 |
> |---|---|
> | Bグループ | ８月１２日〜１６日 |
>
> 3　社員のうち、その保有する年次有給休暇の日数から５日を差し引いた日数が「５日」に満たないものについては、その不足する日数の限度で、第２項に掲げる日に特別有給休暇を与える。
>
> 　　　　平成○年○月○日
>
> 　　　　　　　　　　　　　　　　　　　　　　　○○商事株式会社
> 　　　　　　　　　　　　　　　　　　　　　　　　取締役総務部長　○○○○
> 　　　　　　　　　　　　　　　　　　　　　　　○○商事株式会社
> 　　　　　　　　　　　　　　　　　　　　　　　　従業員代表　○○○○

（3）個人別付与方式の場合

年次有給休暇の計画的付与に関する労使協定（例）

　○○販売株式会社と同社従業員代表○○○○とは、標記に関して次の通り協定する。

1　当社の従業員が保有する平成○年度の年次有給休暇（以下「年休」という）のうち、5日を超える部分については6日を限度として計画的に付与するものとする。なお、その保有する年休の日数から5日を差し引いた日数が「6日」に満たないものについては、その不足する日数の限度で特別有給休暇を与える。

2　年休の計画的付与の期間およびその日数は、次の通りとする。

　　　　前期＝4月〜9月の間で3日間
　　　　後期＝10月〜翌年3月の間で3日間

3　各個人別の年休付与計画表は、各回の休暇対象期間が始まる2週間前までに会社が作成し、通知する。

4　各従業員は、年休付与計画の希望表を、所定の様式により、各回の休暇対象期間の始まる1ヶ月前までに、所属長に提出しなければならない。

5　所属長は、第4項の希望表に基づき、各従業員の休暇日を調整し、決定する。

　　　平成○年○月○日

　　　　　　　　　　　　　　　　　　　　　　○○販売株式会社
　　　　　　　　　　　　　　　　　　　　　取締役社長　○○○○
　　　　　　　　　　　　　　　　　　　　　○○販売株式会社
　　　　　　　　　　　　　　　　　　　　　従業員代表　○○○○

巻末資料Ⅱ　協定等の例　309

労使協定のモデル例

（1）

時間単位年休に関する労使協定（例）

　　○○商事株式会社と同社従業員代表○○○○とは、標記に関して次の通り協定する。

（対象者）

第1条　全ての従業員を対象とする。

（日数の上限）

第2条　年次有給休暇を時間単位で取得することができる日数は5日以内とする。

（1日分年次有給休暇に相当する時間単位年休）

第3条　年次有給休暇を時間単位で取得する場合は、1日の年次有給休暇に相当する時間数を8時間とする。

（取得単位）

第4条　年次有給休暇を時間単位で取得する場合は、1時間単位で取得するものとする。

　　　　　　平成○年○月○日　　　　　　　　　　　　○○商事株式会社

　　　　　　　　　　　　　　　　　　　　　　　　　　　代表取締役　○○○○

　　　　　　　　　　　　　　　　　　　　　　　　　　○○商事株式会社

　　　　　　　　　　　　　　　　　　　　　　　　　　　従業員代表　○○○○

（2）

時間単位年休に関する労使協定（例）

　　○○製作所株式会社と○○製作所労働組合とは、標記に関し、次の通り協定する。

1　時間単位での年次有給休暇（以下「時間単位年休という」）を付与する従業員の範囲は、○○工場製造第一課の生産職及び製造第二課の技能職を除く全社の嘱託、パート社員を含む全ての従業員とする。

2　時間単位年休における1日の時間数は、次の通りとする。

　　　　　　　　シフトAのパート社員・・・・・・5時間

　　　　　　　　シフトBのパート社員・・・・・・6時間

　　　　　　　　上記以外の従業員・・・・・・・・8時間

3　取得できる時間単位年休の単位時間は、1時間とする。

4　届出のあった時間単位年休が、事業の正常な運営を妨げる場合は、会社はその時季を変更することがある。

5　本協定の時間単位年休に対して支払われる賃金は、「通常の賃金」により計算する。

6　本協定の有効期間は、平成22年4月1日から1年間とする。

　　　　　　平成○年○月○日　　　　　　　　　　　　○○製作所株式会社

　　　　　　　　　　　　　　　　　　　　　　　　　　　代表取締役　○○○○

　　　　　　　　　　　　　　　　　　　　　　　　　　○○製作所労働組合

　　　　　　　　　　　　　　　　　　　　　　　　　　　執行委員長　○○○○

巻末資料 Ⅲ

就業規則の規程例

312〜341ページの規程例は、34〜133ページの左ページ(偶数ページ)の規程例だけを改めて掲載したものです。なお文字は小さくなっていますが内容は同じです。

第1章　総　則

第1条（目　的）

　この就業規則（以下「規則」という）は、株式会社○○（以下「会社」という）が、労基法第89条の規定に基づき作成したものである。

2　正社員の労働条件、服務事項、その他就業に関し必要な事項はこの規則に定める。

3　この規則に定めのない事項は、その都度会社が決定するものとする。

第2条（適用対象）

　この規則は、会社が所定の手続きによって採用し雇用する正社員に適用する。なお、アルバイトおよびパートタイマー（以下「A社員」という）および嘱託社員等で、別に定めた就業規則が適用される社員、または別途雇用契約書を作成する社員については対象としない。

第3条（行動指針）

　会社と社員は、信頼の3原則である「誠心誠意尽くす」・「約束を守る」・「知ったかぶりをしない」を忠実に履行し、相互信頼のもとに協力してこの規則を遵守し、効率的な業務の遂行によって業績向上を図るとともに、社員の健康で文化的な生活と、働きがいのある職場環境づくりに努めるものとする。

第4条（勤続期間の計算）

　正社員の勤続期間は、入社日から起算し、退職日までをもって計算する。

2　試用期間および休職期間は、勤続期間に算入する。ただし、退職金については退職金規程による。

第2章　社　員

第5条（社員の区分）

　社員は正社員、A社員および嘱託社員に区分する。

2　正社員とは、特に労働契約期間を定めることなく正規社員として雇用する者をいう。

3　A社員とは、正社員の補助的な業務に従事する者であらかじめ2ヶ月または1年以内の労働契約期間を定めて雇用するアルバイトまたはパートタイマーをいう。

4　嘱託社員とは、第82条（定年）により定年退職した者で、引き続き嘱託として雇用する者をいう。

第3章　人　事

第1節　採　用

第6条（採用の方法）
　採用は、就職希望者から原則として自筆の履歴書（写真貼付）および職務経歴書、新規学卒者にあっては卒業証明書（見込み）、学業成績証明書等を提出させたうえ、面接等の採用試験によって行う。

第7条（採否の決定）
　採否の決定は、面接等採用試験を総合的に勘案して行う。

第8条（採用・不採用通知）
　採用を決定したときは、口頭または書面のいずれかによって直接本人宛てに通知する。ただし、出社日は採用時に決める。
2　採用を決定した後であっても、履歴事項等に疑義があるとき、または出社日等会社の指示に従わない場合は不採用とする。
3　不採用の場合は、口頭または書面をもってその旨本人宛通知する。

第9条（労働条件通知書および入館証の交付）
　採用を決定した者には、所定の「労働条件通知書」と「入館証」を交付する。

第10条（提出書類）
　採用を決定した者は、採用後10日以内に、次の各号の書類を提出しなければならない。ただし、該当しない書類、または会社が省略することを認めた書類についてはこの限りでない。
　（1）住民票記載事項証明書（個人番号の記載がないものに限る）
　（2）身元保証人連署の誓約書
　（3）個人情報保護に関する誓約書および個人情報取扱明示書兼同意書
　（4）現住所届
　（5）年金手帳または基礎年金番号通知書および雇用保険被保険者証の写
　（6）扶養控除申告書
　（7）源泉徴収票
　（8）卒業証明書（最終学歴）
　（9）個人番号カードの写（個人番号カードを持たない場合は、通知カードまたは個

人番号が記載された住民票記載事項証明書、および身元確認のできる書類（運転免許証、パスポート等）の写）

（10）資格・免許等の証明書その他、人事管理上必要とするもの

2　前項の書類を所定の期日までに提出しなかった者は、入社の意思がないものとして採用の取消しまたは規則に定める懲戒の規定を適用する場合がある。ただし、やむを得ない事情があると会社が認めた者は、この限りではない。

3　第1項第9号で取得した正社員および正社員の扶養家族の個人番号は、以下の目的で利用する。

（1）雇用保険届出事務

（2）健康保険・厚生年金保険届出事務

（3）国民年金第3号被保険者届出事務

（4）給与所得・退職所得の源泉徴収票作成事務

4　会社は、前項各号に定める利用目的に変更がある場合には、速やかに、正社員に通知する。

5　正社員の配偶者が国民年金法による被扶養配偶者に該当する場合の利用目的の通知については別途定める。

第11条（身元保証人）

前条第1項第2号の身元保証人は、連帯保証人とし、独立して生計を営む資産身元確実であって、会社が適当と認めた者であること。

2　身元保証人が死亡し、または適当でないと会社が判断した場合は、別の身元保証人による誓約書を、速やかに提出しなければならない。

3　身元保証人の保証期間は5年とし、更新する場合は、会社がその都度確認の手続きをとるものとする。

4　前各項の他、身元保証人について必要とする事項は「身元保証に関する法律」の定めるところによる。

第12条（訂正・変更等の手続）

会社へ提出した書類および身元保証人等に関し、訂正または変更等があった場合は、速やかに所属長を通して届出なければならない。

2　会社への提出書類および身元保証人等に関し、虚偽の申告、届出等を行い、または前項の手続きを怠ったときは採用を取消しまたはこの規則第86条（解雇手続）の手続きによって雇用関係を解除するものとする。

第2節　試用期間

第13条（試用期間）
　社員のうち正社員を予定して採用する場合は、入社日より2ヶ月間を試用期間とする。ただし、知識、技能、勤務態度、および勤務状況等により、その期間を延長または短縮することがある。
2　試用期間とは、その者の知識、技能の程度、勤務態度等を評価し把握するための期間をいう。
3　試用期間中または試用期間満了日において知識、技能もしくは勤務態度等が劣り継続して雇用することが困難であると判断したときは、この規則第86条（解雇手続）の手続きによって雇用関係を解除する。

第3節　配置および異動

第14条（配　置）
　正社員を配属する部署ならびに職種および職務は、あらかじめ採用時に決めるものとする。ただし、適在配置等を勘案するため試用期間中は、特定しないことがある。

第15条（異動・変更および転勤）
　正社員の配属部署を異動し、あるいは職種、職務の変更、または転勤を命ずることがある。
2　異動等は、原則として次の各号の場合に行うものとする。
（1）定期の人事異動を行うとき
（2）業務の都合により配置換えまたは転勤等の異動を行うとき
（3）特定の部署に人員の不足または過剰を生じ配置人員の調整を行うとき
（4）休職していた者が復職するとき
（5）役職位に任命し、または罷免するとき
（6）組織機構を改革するとき
（7）事業を拡張し、または縮小するとき
（8）業務の繁閑等、業務上やむを得ない事由があるとき

第16条（出　向）
　業務上必要がある場合は、他の会社等へ在籍または移籍出向させることがある。
2　出向する正社員の労働条件、その他就業に関し必要な事項は、あらかじめ協議し本人の同意を得るものとする。

巻末資料Ⅲ　就業規則の規程例　315

3　出向する正社員は、出向期間中について誠実に職務を全うしなければならない。

第17条（出　張）

　業務上必要がある場合は、正社員に出張を命ずることがある。

2　出張とは宿泊が必要と会社が認めたものをいう。

3　出張にあたり旅費として次の各号を支払う。ただし、金額については別途定める。

　（1）交通費

　（2）日当

　（3）宿泊費

第18条（赴　任）

　異動、変更、転勤、出向等の発令をされた者は、所属長の指示にしたがって遅滞なく新任部署等に赴任しなければならない。

第4節　役職位等の任免

第19条（役職位等の任免）

　会社は、正社員を役職位（本部長、部長、課長、係長、主任）に任命し、または解任することがある。

2　役職位に任命された正社員は、会社の経営方針に基づいて所定の職務の権限と責任の範囲において業務を円滑に遂行しなければならない。

第4章　勤務時間、休憩および休日

第1節　勤務時間および休憩

第20条（勤務時間）

　正社員の所定勤務時間は1日8時間とし、勤務日における始業・終業時刻は原則として次の通りとする。

始業時刻　　午前9時

終業時刻　　午後6時

2　前項にかかわらず、○○部所属の正社員については、勤務日における始業・終業時刻を次の通りとする。

始業時刻　　午前10時

終業時刻　　午後７時

3　前各項の勤務日における始業・終業時刻は、電力・交通等の事情または業務上やむを得ない場合に変更することがある。

4　前各項にかかわらず、業務の必要に応じ、変形労働時間制、裁量労働時間制、事業場外労働のみなし労働時間制、または時差勤務制等を導入することがある。ただし、これらの制度を実施する場合は、所定の手続に基づいて行うものとする。

〈週6勤務をさせるケース〉

正社員の所定勤務時間は月曜日から金曜日までを１日７時間、土曜日は１日５時間とし、勤務日における始業・終業時刻は原則として次の通りとする。

　　　　　　　　（月曜から金曜日）始業時刻　　午前９時
　　　　　　　　　　　　　　　　　終業時刻　　午後５時
　　　　　　　　　（土曜日）始業時刻　　午前９時
　　　　　　　　　　　　　　終業時刻　　午後３時

〈シフト制のケース〉

交替制で勤務する正社員の所定勤務時間は、１日８時間とし、各シフトにおける始業・終業時刻は原則として次の通りとする。

シフトパターン	始業時刻	終業時刻
Ａシフト	午前７時	午後４時
Ｂシフト	午前11時	午後８時
Ｃシフト	午後２時	午後11時

2　交替制で勤務する正社員のシフトは、毎月、前月末日までにシフト表で定めるものとする。

〈1ヵ月単位の変形労働時間制『1日ごとの勤務時間が異なるケース』〉

○○部所属の正社員の所定勤務時間は、毎月１日を起算とする１ヵ月単位の変形労働時間制とし、１ヶ月を平均して、１週間の勤務時間が40時間を超えない範囲とする。

2　各日の始業・終業時刻および休憩時間は次の通りとし、毎月末日までに対象社員にシフト表を配布して通知するものとする。

シフト	始業時刻	終業時刻	休憩時間
Ａシフト	午前９時	午後４時	正午から午後１時
Ｂシフト	午前９時	午後６時	正午から午後１時
Ｃシフト	午前９時	午後８時	正午から午後１時

〈１ヵ月単位の変形労働時間制 『隔週で週休２日制とするケース』〉

　　○○部所属の正社員の所定勤務時間は、毎月１日を起算とする１ヵ月単位の変形労働時間制とし、１ヶ月を平均して、１週間の勤務時間が40時間を超えない範囲とする。

２　前項における正社員の始業・終業時刻および休憩時間は原則として次の通りとする。

始業時刻　午前９時	休憩時間　正午から午後１時まで
終業時刻　午後５時	

〈１ヵ月単位の変形労働時間制 『労使協定を締結するケース』〉

　　○○部所属の正社員の所定勤務時間は、労使協定を締結し、毎月21日を起算とする１ヵ月単位の変形労働時間制とし、１ヶ月を平均して、１週間の勤務時間が40時間を超えない範囲とする。

２　各日の始業・終業時刻および休憩時間は次の通りとし、毎月末日までに対象社員にシフト表を配布して通知するものとする。

シフト	始業時刻	終業時刻	休憩時間
Ａシフト	午前10時	午後４時	正午から午後１時
Ｂシフト	午前10時	午後７時	正午から午後１時
Ｃシフト	午前11時	午後10時	午後４時から午後５時
Ｄシフト	午後１時	午後10時	午後４時から午後５時

〈１年単位の変形労働時間制〉

　　１年単位の変形労働時間制を適用する正社員の所定勤務時間は、「１年単位の変形労働時間制に関する労使協定」で定めた起算日から１年間を平均して、１週間の勤務時間が40時間を超えない範囲とする。

２　前項における所定労働日、各日の始業・終業時刻は、各期間の初日の30日前までに対象社員にシフト表を配布して通知するものとする。

３　前項における始業・終業時刻および休憩時間は次の通りとする。

（１）通常

始業時刻　午前９時	休憩時間　正午から午後１時
終業時刻　午後５時	

（２）特定期間

始業時刻　午前９時	休憩時間　正午から午後１時
終業時刻　午後19時	

〈フレックスタイム制〉

　　フレックスタイム制の適用を受ける正社員については、始業および終業時刻は正社員

の決定に委ねるものとする。

2　対象者および労働条件その他については、「フレックスタイム制度に関する協定」に定めるところによる。

〈専門業務型裁量労働制〉

　会社は、○○の業務に従事する正社員に対して、「専門業務型裁量労働制に関する協定」を締結し、専門業務型裁量労働制を適用するものとする。

2　会社は、対象社員の業務の遂行の手段および時間配分については、対象社員の裁量に委ねるものとし、所定労働日の勤務については、「専門業務型裁量労働制に関する協定」で定める時間勤務したものとみなす。

3　対象社員その他の取扱いについては、「専門業務型裁量労働制に関する協定」の定めによるものとする。

〈企画業務型裁量労働制〉

　会社は、「労使委員会の決議」で定める正社員に対して、企画業務型裁量労働制を適用するものとする。

2　会社は、対象社員の業務の遂行の手段および時間配分については、対象社員の裁量に委ねるものとし、所定労働日の勤務については、「労使委員会の決議」により定める時間勤務したものとみなす。

3　対象社員その他の取扱いについては、「労使委員会の決議」の定めによるものとする。

第21条（休　憩）

　休憩時間は原則として正午より1時間とする。

2　前項の休憩時間は、始業、終業時刻を変更した場合は、その都度別に定める。

第22条（事業場外の勤務）

【所定勤務時間勤務したものとみなすケース】

　正社員が、外勤または出張等によって社外で就業する場合で労働時間を算定することが困難な場合の勤務時間は、役員または所属長が特別の指示をしない限り、通常の勤務時間を勤務したものとみなす。

【労使協定で定めた時間勤務したものとみなすケース】

　外勤正社員で労働時間を算定することが困難な場合は、役員または所属長が特別の指示をしない限り、労使協定で定めた時間を勤務したものとみなす。

巻末資料Ⅲ　就業規則の規程例　319

第 23 条（時間外勤務）

　会社は、業務の必要に応じ、所属長を通して時間外勤務を命ずることがある。

2　会社と社員は、協力しあって作業の効率化を図り、時間外勤務は、「時間外労働協定」
　（36 協定）の範囲を上限とし、極力抑制に努めなければならない。

3　前各項にかかわらず、妊娠中または産後 1 年未満の社員から請求があった場合には、
　請求の範囲内で時間外勤務をさせることはない。

4　時間外勤務については、「給与規程」の定めるところにより、時間外勤務手当を支
　給する。

第 2 節　休　日

第 24 条（所定休日）

　正社員の所定休日は、週休 2 日制とし次の通りとする。

（1）日曜日

（2）土曜日

（3）国民の祝日

2　休日のうち週 1 日を法定休日とする。

【隔週で週休 2 日とするケース】

　正社員の所定休日は、次の通りとする。

（1）日曜日

（2）土曜日（第 1、第 3 週は除く）

（3）国民の祝日

2　休日のうち週 1 日を法定休日とする。

【法定休日、週の起算日を特定するケース】

　正社員の所定休日は、週休 2 日制とし次の通りとする。

（1）日曜日

（2）土曜日

（3）国民の祝日

2　法定休日は、日曜日とする。

3　週の起算日は、土曜日とする。

第 25 条（振替休日および代休）

　前条（所定の休日）の休日に勤務を命じる場合は、あらかじめ他の特定日に振替える

ものとする。休日を振替えたときは、特定日を休日とし、従来の休日は通常の勤務日とする。

2　前項により休日の振替えができない場合は、代休を付与するものとする。

第26条（休日勤務）

会社は、業務の必要に応じ、所属長を通して休日勤務を命ずることがある。ただし、自ら休日勤務を行おうとする場合は、あらかじめ所属長に申し出て、承認を得ることとする。

2　前項にかかわらず、妊娠中または産後1年未満の社員から請求があった場合には、請求の範囲内で休日勤務をさせることはない。

3　休日勤務は、原則として「休日労働協定」（36協定）の範囲とし、所属長の指示によって行うものとする。ただし、所定の手続きを経ない場合、または所属長の指示に従わない勤務は、休日勤務として認めない。

第3節　深夜勤務

第27条（深夜勤務）

会社は業務の必要に応じ、所属長を通して深夜勤務を命ずることがある。

2　深夜勤務とは、午後10時より午前5時までの時間帯の勤務を言う。

3　深夜勤務については、「給与規程」の定めるところにより、深夜勤務手当を支給する。

第4節　出退勤、欠勤等の手続

第28条（出退勤の記録）

正社員は、出勤および退勤時刻を会社の指示する方法により記録しなければならない。

第29条（欠勤・遅刻の手続）

傷病その他やむを得ない事由で欠勤または遅刻（以下「欠勤等」という）しなければならないときは、あらかじめ欠勤等の理由および予定日数等、所定の「欠勤届」または「遅刻届」を所属長に提出して会社の承認を受けなければならない。

ただし、やむを得ない事情であらかじめ届出られないときは、当日の始業時刻前までに電話により所属長に申出て、事後、速やかに「欠勤届」等を提出するものとする。

2　傷病による欠勤で、欠勤日数が5日連続または1ヶ月に通算して7日以上となるときは、医師の診断書を提出させることがある。

3　欠勤等について、所定の手続きを怠った場合は、無断欠勤等とみなす。

第30条（直行・直帰、早退、職場離脱の手続）

　直行・直帰または自己都合その他やむを得ない事由で早退もしくは職場離脱により外出をしなければならないときは、その都度あらかじめ所属長に届出て許可を受けなければならない。

2　前項の手続きを怠った場合は、無断早退等とみなす。

第31条（公民権の行使）

　勤務時間中に、選挙権その他公民としての権利を行使し、または公務を執行するためにあらかじめ会社の許可を受けたときは、その時間について勤務したものとみなす。

2　会社は前項の権利行使等について、支障をきたさない範囲において、時刻を変更させることがある。

3　公職選挙法に定める公職に立候補または就任するときは、事前に会社の許可を受けなければならない。

第32条（就業の禁止または退場）

　正社員が次の各号の一に該当するときは、就業を禁止し、または退場させる。ただし、当該時間帯については不就業時間とする。

　（1）職場の風紀または秩序を乱したとき

　（2）酒気を帯び勤務するに適当でない状況のとき

　（3）業務上必要としない危険物を所持しているとき

　（4）出勤を停止されているとき

　（5）前各号に準ずる程度の事由があるとき

第5節　勤務時間等の適用除外

第33条（適用除外）

　会社の機密事務に従事する者、および部長以上の役職者については、この規則の勤務時間、休憩、および休日に関する規定を適用しない。ただし、労働基準法第41条各号に該当しない場合はこの限りでない。

第5章　休　暇　等

第1節　年次有給休暇

第34条（年次有給休暇）

〈労基法通りに入社日を基準日とするケース〉

　年次有給休暇（以下「年休」という）は、入社日を起算日とし、勤続年数に応じて次表により付与する。

勤続年数	0.5年	1.5年	2.5年	3.5年	4.5年	5.5年	6.5年以上
付与日数	10日	11日	12日	14日	16日	18日	20日

〈4月1日を基準とした斉一的取扱いをするケース〉

　年次有給休暇（以下「年休」という）は、4月1日から翌年3月31日までを休暇年度とし、毎年4月1日（入社初年度は入社日）をもって正社員に次の通り年休を付与するものとする。

（入社初年度）

入社月	4月から9月	10月	11月	12月	1月	2月	3月
付与日数	10日	5日	4日	3日	2日	1日	1日

（次年度以降）

勤続年数	1年以下	1年超2年以下	2年超3年以下	3年超4年以下	4年超5年以下	5年超以上
付与日数	11日	12日	14日	16日	18日	20日

2　出勤率が8割未満の者については、当該年度の年休は付与しないものとする。なお、出勤率は、次の算式で計算（小数点以下第1位を四捨五入）する。

$$\frac{当該期間の出勤日数}{当該期間の全労働日数} \times 100 = \qquad \%$$

　ただし、業務上傷病で療養のため休業している期間、出産休暇、育児休業、介護休業、年休、特別休暇は、出勤したものとみなす。

3　年休を取得できる期間は、発生日より2年間とする。

4　年休を取得しようとするときは、あらかじめ所属長に申出て所定の「休暇届」を提出しなければならない。

5　年休は、原則として本人が申出た時季に与える。ただし、会社は会社の事業の正常な運営を妨げる等、やむを得ない事情のある場合には、他の時季に変更することがある。

6　傷病、その他やむを得ない事由により欠勤した場合で本人から申出があり、会社が認めたときには、当該欠勤日を年休に振替えることができる。

7　年休は原則として1日単位で与えるものとする。ただし、特別な事情で本人から申

出があり、会社が認めたときは、午前または午後のみの半日単位で与えることがある。

8　会社は年休のうち5日を超えない範囲で「時間単位年休に関する協定書」によって時間単位の年休を付与することがある。

9　会社は年休のうち5日を超える日数を対象に「計画年休に関する協定書」によって計画的付与とすることがある。

10　会社は年休が10日以上付与された正社員に対して、付与日から1年以内に当該正社員の有する年休日数のうち5日について、正社員の意見を聴取し、その意見を尊重した上で、あらかじめ時季を指定して取得させる。ただし、正社員が第5項、第7項および第9項により取得した日数については、当該日数分を5日から控除するものとする。

11　年休の給与は、給与規程第12条によるものとする。

第2節　特別休暇

第35条（積立休暇）

前条（年次有給休暇）3項に定める期間内に取得できなかった年休は、積立休暇（有給休暇）として一定日数まで積立てるものとする。

2　積立休暇の積立上限は40日とする。

3　積立休暇は、以下の事由に限り使用できるものとする。

（1）正社員のけがや病気

（2）家族の介護や看護

（3）不妊治療

4　積立休暇を受けようとする場合は、所定の「休暇届」により所属長を経て会社へあらかじめ届出て承認を受けなければならない。

第36条（特別休暇）

正社員が、次の各号の一に該当し、本人から請求があった場合には、特別休暇として次に定める日数を限度として与える。2日以上の休暇日数は、連続した日数とする。

【慶弔休暇】

（1）結婚するとき

　　イ．本人の場合（婚姻後1年以内に限る）　　　　　　　　　　5日

　　ロ．子の場合　　　　　　　　　　　　　　　　　　　　　　2日

　　ハ．本人または配偶者の兄弟姉妹の場合　　　　　　　　　　1日

（2）配偶者が出産するとき　　　　　　　　　　　　　　　　　3日

（3）親族が死亡したとき

イ．父母（養継父母を含む）、配偶者、子（養子を含む）の場合　　　　5日

　　ロ．祖父母、配偶者の父母、兄弟姉妹、子の配偶者、孫の場合　　　　　2日

　　ハ．伯叔父母およびその配偶者、配偶者の祖父母、配偶者の兄弟姉妹、

　　　　兄弟姉妹の配偶者、子の配偶者の父母の場合　　　　　　　　　　　1日

【裁判員休暇】

（4）裁判員制度に参加するとき　　　　　　　　　　裁判所が必要と認めた期間

【天災罹災休暇】

（5）天災その他の災害にあったとき　　　　　　会社が認めた時間または日数

【赴任休暇】

（6）第15条により正社員が転勤を命ぜられ会社が必要と認めるとき

　　イ．単身赴任（独身者含む）　　　　　　　　　　　　　　　　　　　3日

　　ロ．家族同伴赴任　　　　　　　　　　　　　　　　　　　　　　　　5日

【ボランティア休暇】

（7）会社が指定するボランティア活動に参加するとき（4月1日から翌3月31日
　　までの1年間）　　　　　　　　　　　　　　　　　　　　　1年間に5日間

【永年勤続リフレッシュ休暇】

（8）会社は正社員に対して下記の日数をリフレッシュ休暇とし付与する（下記勤続
　　年数につき、1回限り取得できるものとする）

　　勤続15年　　　　　　　　　　　　　　　　　　　　　　　　　　　7日間

　　勤続20年　　　　　　　　　　　　　　　　　　　　　　　　　　10日間

　　勤続25年以上　　　　　　　　　　　　　　　　　　　　　　　　14日間

2　前項の特別休暇の期間中に休日が介在する場合、当該休日は特別休暇日数に通算す
　る。

3　○○休暇は、試用期間中の正社員および1ヶ月以内に退職する正社員については、
　取得することができない。

4　特別休暇の給与は、給与規程第13条によるものとする。

5　特別休暇を取得しようとする場合は、所定の「休暇届」により所属長を経て会社へ
　あらかじめ届出て承認を受けなければならない。

第3節　母性健康管理措置・出産休暇・育児休業等

第37条（母性健康管理措置）

　妊娠中または出産後1年を経過しない女性正社員から、所定勤務時間内に、母子保健
法に基づく保健指導または健康診査を受けるために申出があった場合は、次の範囲で所

定時間内に通院を認める。

（1）産前の場合

妊娠 23 週まで	4 週に 1 回
妊娠 24 週から 35 週まで	2 週に 1 回
妊娠 36 週から出産まで	1 週に 1 回

ただし、医師または助産師（以下「医師等」という）がこれと異なる指示をしたときには、その指示により必要な時間。

（2）産後（1 年以内）の場合　　　　　　　　医師等の指示により必要な時間

2　妊娠中または出産後 1 年を経過しない女性正社員から、保健指導または健康診査に基づき勤務時間等について医師等の指導を受けた旨申出があった場合は、次の措置を講ずる。

（1）妊娠中の通勤緩和措置として、通勤時の混雑を避けるよう指導された場合は、勤務時間の短縮または時差勤務を認める。

（2）妊娠中の休憩時間について指導された場合は、適宜休憩時間の延長や休憩の回数を増やす。

（3）妊娠中または出産後の女性正社員が、その症状等に関して指導された場合は、医師等の指導事項を遵守するための作業の軽減や勤務時間の短縮、休業等の措置をとる。

3　母性健康管理措置による不就業時間および不就業日の給与は、給与規程第 14 条によるものとする。

4　第 1 項および第 2 項の申出をする者は、医師等の指示または指導内容が記載された証明書を会社に提出するものとする。

第 38 条（出産休暇）

出産休暇は、女性正社員に対し産前に 6 週間（多胎妊娠の場合は 14 週間）の範囲で本人から請求があった期間および産後 8 週間とする。ただし、産後 6 週間を経過して医師が支障ないと認める職務に就くときはその日の前日までとする。

2　出産休暇を請求するときは、あらかじめ所定の「出産休暇届」を所属長を経て会社に提出しなければならない。

3　出産休暇の給与は、給与規程第 15 条によるものとする。

第 39 条（育児時間）

1 歳未満の子を養育する女性正社員があらかじめ請求したときは、休憩時間とは別に 1 日 2 回それぞれ 30 分間の育児時間を与える。

2　育児時間の給与は、給与規程第 16 条によるものとする。

第40条（育児休業等および看護休暇）

　1歳未満の子を養育する正社員は、申出により育児休業を取得することができる。

2　3歳未満の子を養育する正社員は、申出により育児短時間勤務をすることができる。

3　小学校就学の始期に達するまでの子を養育する正社員は、申出により看護休暇を取得することができる。

4　育児休業等および看護休暇に関する手続き等必要な事項は、「育児休業規程」に定める。

第4節　その他の休暇等

第41条（介護休業等および介護休暇）

　要介護状態にある家族を介護する正社員は、申出により介護休業または、介護短時間勤務を取得することができる。

2　要介護状態にある家族を介護する正社員は、申出により介護休暇を取得することができる。

3　介護休業等および介護休暇に関する手続き等必要な事項は、「介護休業規程」に定める。

第42条（夏季休暇等）

　夏季または年末年始において、会社はその都度特別の休暇を与えることがある。

第43条（生理休暇）

　生理休暇は、生理日の就業が著しく困難な女性正社員が所属長に請求したときに、必要とする日数を与える。

2　生理休暇の給与は、給与規程第17条によるものとする。

第6章　休　職

第1節　通　則

第44条（休職の定義）

　休職とは、傷病その他やむを得ない事由により継続して欠勤する正社員に一定期間正社員としての資格を保有させることを言う。

巻末資料Ⅲ　就業規則の規程例　327

第45条（休職の種類）

正社員が次の各号の一に該当すると認められるときは、会社は休職を命ずる。

（1）傷病休職

（2）私的事由の休職

（3）出向等の休職

（4）業務上による傷病休職

第46条（休職中における定年）

休職中に定年に達したときは、その日をもって休職期間の満了日とする。

第47条（休職中の現況報告と就業制限）

休職中の者は、概ね1ヶ月ごとに休職の状況を会社の求めに応じて報告しなければならない。

2　休職中の者は、会社の許可を受けたうえでなければ就業してはならない。

第48条（復　職）

休職事由が消滅したときは、所定の手続きを経て速やかに復職させるものとする。ただし、所定の手続きをとらない場合は、復職の意思がないものとみなす。

2　復職の意思がないと会社が判断した場合には休職事由の消滅した日をもって休職期間満了とする。

第49条（復職の手続）

復職の手続きは、本人が所定の「復職願」をもって会社に申出るものとする。

2　会社は復職の申出があった正社員について従前の職務に十分就業可能と判断したうえで書面または口頭によって復職の通知をする。なお、復職の通知があるまでは休職とし、休職期間は継続するものとする。

第50条（休職期間満了時の扱い）

別に定める場合を除き、休職事由が、休職期間満了日において消滅せず復職できないときは休職期間満了日をもって退職とする。

第2節　傷病休職

第51条（傷病休職）

正社員が、傷病（通勤災害を含む）のため欠勤し、療養するときは、傷病休職とする。

2　傷病休職に関する手続き等必要な事項は、「傷病休職規程」に定める。

3　傷病休職中の給与は、給与規程第9条によるものとする。

第3節　私的事由の休職

第52条（私的事由による休職）

　正社員が、次の各号の一に該当するときは、私的事由の休職とする。

（1）傷病以外のやむを得ない事由によって1週間以上継続して欠勤しなければならない場合で、あらかじめ会社の承認を受けたときは、承認された日から休職とする。

（2）会社の承認を受けない欠勤（無断欠勤等）が、1週間に達したときは、その翌日から休職とする。

（3）刑事事件に関連し、逮捕、拘留起訴されて就業できないときは、その日から休職とする。

2　私的事由による休職中の給与は、給与規程第9条によるものとする。

第53条（休職期間）

　前条（私的事由による休職）の休職期間は、次の各号に定める期間の範囲において会社が承認した期間とする。

（1）前条第1号の場合　　　　　　　　　　　　　　　　　　1ヶ月

（2）前条第2号の場合　　　　　　　　　　　　　　　　　　1週間

（3）前条第3号の場合は保釈拘留取消し等により身柄の拘束を解かれ、または判決が確定した日までとする。ただし、3ヶ月を限度とする。

第4節　出向等の休職

第54条（出向等の休職）

　次の各号の一に該当するときは、出向等の休職とする。

（1）会社の指示によって、他の会社へ出向するときは、出向日から休職とする。

（2）経営、その他会社が業務上の都合によって休業するときは、その休業日から休職とする。

2　前項第1号の休職の給与については、出向契約によるものとする。

3　第1項第2号の休職の給与については、都度定めるものとする。

第55条（休職期間）

　前条（出向等の休職）の休職期間は、次の各号の定めるところによる。

巻末資料Ⅲ　就業規則の規程例　　329

（1）前条第1項第1号の場合　　　　　　　　　　　　出向期間中
（2）前条第1項第2号の場合　　　　　　　　　　　　その都度定める

第5節　業務上による傷病休職

第56条（業務上による傷病休職）
　正社員が、業務上災害による傷病のため欠勤し、療養するときは、業務上による傷病休職とする。
2　業務上による休職中の給与は、給与規程第10条によるものとする。

第57条（休職期間）
　前条（業務上による傷病休職）の休職期間は、傷病が治癒した日または、療養開始から3年を経過し、労働者災害補償保険法第19条の傷病補償年金を受けることとなった日までとする。

第7章　給与・退職金

第58条（給　与）
　正社員の給与は、「給与規程」の定めるところによる。

第59条（退職金）
　正社員の退職金は、「退職金規程」の定めるところによる。

第8章　服　務

第60条（勤務上の服務）
　正社員は、勤務にあたり次の各号の事項を遵守しなければならない。
（1）始業時刻前に出社し、就業に適する準備を整えていること
（2）自己の健康管理を各人ごとに徹底し、暴飲暴食、夜更かしは特に留意すること
（3）無断の欠勤、遅刻・早退、私用外出等は、理由の有無にかかわらず皆無であること
（4）社員としてふさわしい品位、人格を保ち、あいさつ、言葉遣い、身だしなみ、携帯電話・メールの扱い等職場の常識マナーの保持に努めること
（5）正社員は、ソーシャルネットワーク（以下「SNS」という）の自分のアカウントについて、客先との個人的な交換は原則しないこと
（6）正社員は会社に関する事項について電子掲示板サイト、またはSNS等に書き込

まないこと

（7）職場における口論やけんかその他トラブル等で、風紀や秩序を乱さないこと

（8）正社員は会社の承認を受けないで取引先関係（請負、営業関連等）から贈与、接待その他の利益を得ないことおよび会社または自己の地位を利用して利益を受けてはならないこと

（9）会社および会社の役員、所属長、社員その他関係者等の名誉、信用を傷つけるような中傷、誹謗等の行為をしないこと

（10）職場の周辺および机上等身の回りについて常に整理整頓し、情報データ等の流失および盗難、火災の防止に最善をつくすこと

（11）会社に帰属する金品等を、私的に流用、使用をしないこと

（12）会社の業務に関連する機密、および不利益となる情報を他に漏らしてはならないこと

（13）会社および取引先関係等の個人情報および特定個人情報等を漏えい、紛失させないように管理に十分注意を払うとともに、自らの業務に関係のない情報を不当に取得し、または目的外の利用をしてはならないこと

（14）職場または職種を異動あるいは退職するに際して、自らが管理していた会社および取引先関係等の個人情報および特定個人情報等に関するデータ・書類等を速やかに返却しなければならないこと

（15）会社に帰属する物品、帳簿、伝票、資料等の持ち出し、または業務以外でコピー等使用しないこと

（16）勤務時間中に、職務に関係のないインターネットを閲覧しないこと

（17）会社の名称を業務以外の目的で使用するときは、所属長を通して会社の許可を受けること

（18）在籍のまま他の企業等の役員となり、もしくは重複して雇用契約を為し、またはコミッション契約等の交渉もしくは契約をしてはならないこと

（19）執務および作業の遂行にあたり、所属長の指揮命令に反しないこと

（20）会社の許可なくして、職務権限を超えた専断的な行為をしないこと

（21）暴力団、暴力団関係企業、総会屋、社会運動標ぼうゴロ、政治活動標ぼうゴロ、特殊知能暴力集団等、反社会的勢力と一切の関係を持たないこと

（22）公私を問わず酒気を帯びて車両等の運転をしないこと

（23）会社の掲げる方針やその他の規程（個人情報保護基本規程、特定個人情報保護規程等）、通知事項を必ず遵守すること

第61条（施設、物品等利用上の服務）

正社員は、会社の施設および物品等を利用するにあたり、次の事項を守らなければな

らない。
（1）会社の事務室等施設および物品等は大切に取扱うこと
（2）会社に帰属する機械器具、什器備品等の物品を業務以外の目的で使用するときは、所属長を通して会社の許可を受けること
（3）会社の事務室等施設を業務以外の目的で利用または使用しないこと。ただし、社員同士のレクリエーション等で使用する場合は、事前に申出ることにより許可することがある

第62条（ハラスメントの禁止）
　正社員は、他の社員を業務遂行上の対等なパートナーとして認め、職場における健全な秩序および協力関係を保持する義務を負うものとする。
2　会社は次の各号に掲げる行為をセクシュアルハラスメントと規定する。正社員は職場内において、他の社員に対しセクシュアルハラスメント行為をしてはならない。また、相手方の性的指向および性自認の状況に関わらない他、異性に対する言動だけでなく、同性に対する言動も該当する。
（1）性的および身体上の事柄に関する不必要な質問・発言
（2）わいせつ図画の閲覧、配布、掲示
（3）性的なうわさの流布
（4）不必要な身体への接触
（5）性的な言動により、他の社員の就業意欲を低下せしめ、能力の発揮を阻害する行為
（6）交際・性的関係の強要
（7）執拗な食事・デート等への誘い
（8）性的な言動への抗議または拒否等を行った社員に対して、解雇、不当な人事考課、配置換え等の不利益を与える行為
（9）その他、相手方および他の社員に不快感を与える性的な言動
3　会社は次の各号に掲げる行為を妊娠・出産・育児または介護休業等に関するハラスメントと規定する。正社員は職場内において、他の社員に対し妊娠・出産・育児または介護休業等に関するハラスメント行為をしてはならない。
（1）部下の妊娠・出産、育児・介護に関する制度や措置の利用等に関し、解雇その他不利益な取扱いを示唆する言動
（2）部下または同僚の妊娠・出産、育児・介護に関する制度や措置の利用を阻害する言動
（3）部下または同僚が妊娠・出産、育児・介護に関する制度や措置を利用したことによる嫌がらせ等

（4）部下が妊娠・出産等したことにより、解雇その他の不利益な取扱いを示唆する言動

（5）部下または同僚が妊娠・出産等したことに対する嫌がらせ等

4　会社は次の各号に掲げる行為をパワーハラスメントと規定する。正社員は職場内において、職務上の地位や人間関係等の職場内の優位性を背景にした、業務の適正な範囲を超える言動により、他の社員に精神的・身体的な苦痛を与えたり、就業環境を害するようなパワーハラスメント行為をしてはならない。

（1）暴力行為

（2）脅迫

（3）他の社員の名誉を傷つけるような発言やひどい暴言

（4）特定の社員を無視する行為

（5）業務上明らかに不要なことや、遂行不可能なことを他の社員に強制する行為

（6）部下に対し、理由もなく仕事を与えない、または与えても過度に程度の低い仕事を与えるような行為

（7）他の社員のプライバシーに過度に立ち入る言動

5　管理職の地位にある者は、良好な職場環境を確保するため、日常の指導等により前2項から4項に定めるハラスメント（以下「ハラスメント」という）の防止および排除に努めるとともに、ハラスメントに起因する問題が生じた場合には、各職場において迅速かつ適切に対処しなければならない。

6　ハラスメントに関する相談および苦情処理の相談窓口は人事部に設置し、責任者は人事部部長とする。人事部部長は、窓口担当者を周知する。

7　ハラスメントを受けていると思う正社員は、会社に申出ることができる。また、他の社員等が被害を受けていると思われる場合も、当該社員等に代わって申出ることができる。

8　相談および苦情への対応にあたっては、関係者のプライバシーは保護されるとともに、相談をしたことまたは事実関係の確認に協力したこと等を理由として不利益な取扱いはしない。

第 63 条（貸与パソコン等の私用禁止とモニタリング）

　正社員は、パソコン、スマートフォン、タブレット等その他会社より貸与された情報機器等を私的に使用してはならない。

2　正社員はフリーメールやプログラムのインストール等会社の許可を受けずに行ってはならない。また私物のパソコン、USB 等記憶媒体を会社のパソコンに接続してはならない。

3　会社が必要と判断した場合には、正社員の同意を得ることなく貸与したパソコン等

巻末資料Ⅲ　就業規則の規程例　333

のインターネットの閲覧履歴、メールの送受信履歴その他蓄積されたデータ等のモニタリングを行うものとする。

4　正社員は会社がモニタリングを行う際にはパスワードの開示等に協力しなければならない。

第64条（SNSの遵守事項）

　正社員は以下の各号に該当する会社の業務、役員、社員その他関係者ならびに取引先や顧客（法人、個人は問わない）に関するいかなる事項も会社の許可なくインターネットやSNS、その他あらゆる媒体に書き込み、投稿、発信、公開、または掲示等をしないこと。

（1）会社のロゴや商品の画像または映像等、会社が識別できる事項
（2）著作権、商標権、肖像権等第三者の権利を侵害するような事項
（3）役員、社員または顧客が識別できる事項
（4）会社、役員、社員または取引先や顧客を誹謗中傷する事項
（5）会社の商品、人事、顧客リスト等営業、売上等経理に関する事項
（6）前各号に準ずる事項

2　前項各号に該当する書き込み等を行っている場合は、速やかに削除すること。
3　正社員は第1項に該当すると思われる書き込み等を発見した場合には、直ちに会社に通報すること。
4　会社が業務上SNSを利用する場合はこの限りではない。

第65条（秘密保持義務）

　正社員は在職中、退職後を問わず、業務上知り得た秘密および個人情報（以下各号に定めるがこれに限らない）を会社の指示なく開示、提供、利用、保管し、または第三者に洩らしてはならない。

（1）業務にかかわるノウハウ
（2）新製品および研究開発に関する情報
（3）顧客（法人、個人は問わない）に関する情報
（4）取引先に関する情報
（5）会社の人事、顧客リスト等営業、売上等経理、監査に関する情報
（6）その他会社が業務上秘密としている情報

第66条（競業避止義務）

　正社員が在職中および退職後1年間、会社と競合する他社に就職および競合する事業を営むことを禁止する。ただし、会社が正社員と個別に競業避止義務について契約を締

結した場合には、当該契約によるものとする。

第9章　表彰および懲戒

第1節　表　彰

第67条（表彰事由）

　正社員が、次の各号の一に該当するときは、会社が役員会議に諮り審査のうえ表彰する。

　（1）業務遂行上の改善および業績向上に著しい貢献があったとき

　（2）社会的に功績または善行があり、名誉となるような行為があったとき

　（3）災害等を未然に防ぎ、または非常時の対応に功績があったとき

　（4）勤務成績等優秀にして、他の社員の模範となっているとき

　（5）業務に関し、有益な工夫・考案を為し、または提案を行ったとき

　（6）その他表彰に値する事由があったとき

2　　所属長は、表彰の対象者にふさわしいと認めた正社員について、会社へ書面をもって上申することができる。

第68条（表彰の方法）

　表彰は、その功績、善行の程度により次の一またはニ以上あわせて行うものとする。

　（1）賞状授与

　（2）賞品（記念品）の授与

　（3）賞金（金一封）の授与

　（4）特別功労金の支給

　（5）その他

第2節　懲　戒

第69条（懲戒の種類）

　懲戒は、次の各号の一またはニ以上あわせて行うものとする。

　（1）けん責──始末書をとり戒める。

　（2）減　給──始末書をとり1回の減額を平均賃金（労働基準法第12条）の1日分の1／2とする。ただし、総額は当該給与計算期間の総支給額の1割以内に留める。

巻末資料Ⅲ　就業規則の規程例　　335

（3）出勤停止──始末書をとり30日以内の出勤を停止し、その期間の給与は支給しない。

（4）降職、解任、降格──始末書をとり役職位を降職しまたは解任、資格等級の降格を行う。

（5）諭旨解雇──退職願の提出を勧告し退職させる。ただし、会社の定めた期間内に勧告に従わない場合は懲戒解雇とする。

（6）懲戒解雇──即時解雇とする。

第70条（懲戒事由）

正社員が、次の各号の一に該当したときは、前条（懲戒事由）に定める懲戒に処する。

（1）会社が定める諸規則に違反し、会社の役員や所属長の業務命令に従わないときまたは従おうとしなかったとき

（2）正当な理由なく異動を拒否したとき

（3）職場で業務上不正行為があったとき

（4）故意または過失により業務または就業に関して会社に虚偽の事項を述べたとき

（5）出勤状況または勤務態度が不良で、注意を受けても改めないとき

（6）無断欠勤、無断の遅刻・早退、無断の職場離脱等があったとき

（7）正当な理由なく欠勤、遅刻・早退、職場離脱等があったとき

（8）故意または過失によって会社の業務または信用関係において不利益を与えたとき

（9）誠実に勤務せず職務を怠ったとき、または職務遂行上で顧客の業務に支障をきたしたとき

（10）職務を怠り、災害、事故を引き起し、または会社もしくは取引先企業の設備、器具等を損壊したとき

（11）会社の業務を妨害し、または妨害しようとしたとき

（12）法令等に違反する行為があったとき、または窃盗、横領、傷害等刑法犯に該当する行為があったとき

（13）素行不良等により、職場の規律をみだし、会社に悪影響を及ぼしたとき

（14）雇入れ時に、採用条件の判断となる学歴・職務経歴等を偽っていたとき

（15）扶養控除申告その他給与計算の基礎となる事項について、虚偽の申告、届出等を行っていたとき

（16）会社の承認を得ず他の企業等の役員となり、もしくは重複して雇用契約を為し、またはコミッション契約等の交渉もしくは契約をしていたとき

（17）所定の手続きを経ないで一方的に退職したとき

（18）第60条（勤務上の服務）、第61条（施設、物品等利用上の服務）、第62条（ハラスメントの禁止）、第63条（貸与パソコン等の私用禁止とモニタリング）、

第 64 条（SNS の遵守義務）、第 65 条（秘密保持義務）または第 66 条（競業避
止義務）の定めその他この規則に違反したとき

（19）その他前各号に準ずる程度の事由があったとき

第 71 条（懲戒の対象者）

懲戒は、当事者の他教唆し、もしくは幇助した者、または監督不行届きのあった責任
者等もその対象とする。

第 72 条（懲戒の手続）

懲戒は、会社の懲罰委員会に諮り決定する。

2　懲戒は、その事項につき事実の調査、確認等を行い必要に応じて本人に弁明の機会
を与えるとともに、所属長やその他の関係者の意見を聴き審査のうえ行うものとする。

3　なお、懲罰委員会の委員については、会社が都度決定する。

第 73 条（自宅待機）

会社は、懲戒事由に該当する行為があった場合または該当が疑われる場合、調査また
は審議が決定するまでの間、当該正社員に対して自宅待機を命ずることがある。

2　前項により自宅待機を命じる場合は、原則として 1 日につき平均賃金の 6 割を支払
う。

第 74 条（損害賠償）

会社は、正社員が故意または過失によって会社に損害を与えたときは、その損害につ
いて賠償請求するものとする。

2　損害賠償を補てんした場合であっても、懲戒を免じることはない。

3　損害賠償の義務は、退職後においても免れるものではない。

第 10 章　安全衛生および災害補償

第 75 条（健康と安全）

会社は正社員の健康障害の防止に努めるものとする。また正社員は会社の施設の保安、
職場の整理、整頓に努め、災害の予防に努めるものとする。

第 76 条（災害の措置）

正社員は、災害が発生し、またはその危険があることを知ったときは、速やかに所属
長へ通報する等、適切な措置をとらなければならない。

巻末資料Ⅲ　就業規則の規程例　　337

2　前項につき、所属長は通報者に対し適切な指示を行うとともに担当部署へ報告しなければならない。

第77条（健康診断等）

　会社は、正社員に対し雇入れの際、および毎年1回（深夜業務等に従事する者は6ヶ月ごとに1回）定期的に健康診断を行うものとする。

2　会社は、正社員に対し必要に応じて、健康診断または予防接種を受けさせることがある。

3　正社員は、正当な理由がない限り、前各項の健康診断等を受診しなければならない。

4　会社は、正社員の過重労働による健康障害を防止するため、次の各号の一に該当する場合は医師による面接指導を行う。ただし、1ヶ月以内に面接指導を受けた正社員で、面接指導を受ける必要がないと医師が認めた者はこの限りではない。

　（1）時間外・休日勤務時間が、1ヶ月あたり80時間を超え、かつ、当該正社員より申出があったとき

　（2）時間外・休日勤務時間が、2ヶ月～6ヶ月の平均で1月あたり60時間を超え、かつ、当該正社員より申出があったとき

5　会社は、正社員に前項の申出を適正に行わせ、正社員の健康を確保するために時間外・休日労働時間の合計が1ヶ月あたり80時間を超えたとき、または2ヶ月から6ヶ月平均で1ヶ月60時間を超えるときは、当該社員にすみやかにその情報を通知するものとする。

6　会社は、正社員のメンタルヘルス不調の未然防止（一次予防）に資するために、毎年1回定期的にストレスチェックを行うものとする。

7　正社員は、前項のストレスチェックを受検するよう努めなければならない。

第78条（伝染病等による出勤停止）

　正社員は、次の各号の一に該当する伝染病等にかかった場合、会社へ届出て、直ちに出勤を停止しなければならない。なお、家族もしくは住居付近で発生した場合は、会社に報告し、判断を仰ぐものとする。

　（1）感染症法に定める感染症にかかった場合

　（2）病毒伝播のおそれがある伝染性の疾病にかかった場合

　（3）前各号に準ずる疾病で厚生労働大臣が定める疾病にかかった場合

2　前項にかかわらず、会社が就業することが不適当と認めた正社員に対して、出勤停止を命じることがある。

3　会社は、前各項により出勤停止とされた正社員および伝染病等にかかった疑いのある正社員に対し、会社が指定する専門医の受診を命じるものとする。正社員は正当な理由がない限り、これを拒むことができない。

4　出勤停止期間および出勤再開時期については、該当正社員より指定医師の診断書を
提出させ、会社が決定するものとする。

第79条（業務上・通勤災害の補償）
　会社は、正社員が業務上負傷、疾病または死亡した場合には、労働基準法の定めると
ころにより災害補償を行う。ただし、同一の事由について、労働者災害補償保険法の定
めるところにより給付を受ける場合は、これに限らない。
2　正社員は、業務上災害を被った場合は、速やかに所属長を通して人事部に報告しな
ければならない。

第 11 章　教育訓練

第80条（研修等）
　会社は、正社員の資質、技能の向上等レベルアップを図ることを目的として研修その
他教育訓練を行うものとする。
2　正社員は、会社の指示する研修、教育訓練等に対し積極的に参加しなければならな
い。

第 12 章　職務発明

第81条（職務発明）
　職務発明については、別に定める「職務発明規程」によるものとする。

第 13 章　定年・退職・解雇

第1節　定　年

第82条（定　年）
　正社員の定年は満60歳とし、当該年齢に達した日（誕生日の前日）をもって退職と
する。
2　定年に達した正社員が希望する場合は、退職事由または解雇事由に該当しない限り、
満65歳を限度に、嘱託社員として再雇用する。嘱託社員の労働条件については個別
雇用契約に定めるものとする。

巻末資料Ⅲ　就業規則の規程例　339

第2節　退　職

第83条（退　職）
　　正社員が次の各号の一に該当したときは、その日をもって退職とする。
　（1）「退職届」を提出し会社の承認があったとき
　（2）休職期間満了の日において休職事由が消滅せず復職できないとき
　（3）休職期間中に休職事由が消滅した日において復職の申出をしないとき
　（4）定年に達したとき
　（5）役員に就任したとき
　（6）解雇されたとき
　（7）死亡したとき
　（8）会社に連絡がなく欠勤し、30日が経過し会社が所在を確認できないとき

第84条（退職の手続）
　　正社員が自ら退職しようとする場合は、少なくとも1ヶ月前に退職届を提出するもの
とする。
2　退職届を提出した場合であっても会社の承認があるまでは従来の職務に服さなけれ
　　ばならない。
3　前条（退職）の第2号、第3号、第4号、第5号、第7号および第8号については、
　　自然退職とし、特別の事情がない限り会社が自動的に退職の処理を行う。
4　前条（退職）の第6号については、第86条（解雇手続）によって退職の処理を行う。
5　退職するときは、所属長の指示にしたがって、業務の引継ぎを行うとともに、健康
　　保険被保険者証、その他会社に帰属する書類、金品等の一切を速やかに返還しなけれ
　　ばならない。

第3節　解　雇

第85条（解雇事由）
　　正社員が次の各号一に該当するときは、会社は雇用関係を解除し解雇する。
　（1）業務遂行能力のレベルが劣り、他の社員の志気の高揚または業務遂行に支障を
　　　　きたしていると判断したとき
　（2）遅刻、早退、欠勤等または勤務時間中の態度が悪く他の社員とのコミュニケーショ
　　　　ンやチームワークを阻害し、業務遂行に支障をきたしていると判断したとき
　（3）組織機構の改革、もしくは事業の縮小、統廃合等業務の必要上またはやむを得
　　　　ない事由によって人員の調整を行う必要があると判断したとき

（4）災害によって事業の継続が不可能となったとき

（5）試用期間中に、または試用期間満了後も継続雇用するに適さないと判断したとき

（6）第70条（懲戒事由）に該当したとき

（7）この規則第12条第2項に該当したとき、またはこれに準ずる程度の会社と社
員の信頼関係を損ねる行為があったとき

（8）精神または身体に故障があり就業に耐えることが困難であると認められたとき

（9）その他前各号に準ずるやむを得ない事由があったとき

第86条（解雇手続）

解雇は、次に定める手続きによって行う。

（1）口頭または書面によって通告する

（2）30日前に予告するか、または30日分の平均賃金を支払って即時解雇とする

2　前項第2号の予告日数は、1日につき平均賃金を支払った場合は、その日数を短縮
する。

3　次の各号の一に該当する場合は、平均賃金を支払わずに即時解雇とする。

（1）日々雇用する者で1ヶ月を超えていないとき

（2）2ヶ月以内の期間を定めて雇用した者で、所定の期間を超えていないとき

（3）試用期間中の者が、入社日より14日を超えていないとき

（4）所轄労働基準監督署長に解雇予告除外の認定を受けて解雇するとき

第87条（解雇制限）

次の各号の定めに該当する場合は、解雇をしない。ただし天災事変その他やむを得な
い事由のため事業の継続が不可能となり所轄労働基準監督署長の認定を受けた場合はこ
の限りではない。

（1）業務上災害によりその療養のため欠勤または休職する期間およびその後30日間

（2）出産休暇およびその後30日間

2　前項第1号の場合で、療養開始の日から3年が経過し、会社が平均賃金の1,200日
分の打切補償を支払う場合、または労働者災害補償保険法第19条における傷病補償
年金を受けることとなった場合はこの限りではない。

第14章　附　則

第88条（附　則）

この規則は、平成○○年○月○日から施行する。

巻末資料Ⅲ　就業規則の規程例　341

索 引

英数

1ヵ月単位の変形労働時間制……………53
1年単位の変形労働時間制……………55
36協定の届出がなければ法令違反……67
3つの雇用確保措置……………125
LGBT……………105
SNSの遵守義務……………109

あ行

アルバイト・パートタイマー……………197
アルバイト・パートタイマー就業規則を、
　正社員就業規則と別規程にする意義………197
アルバイト・パートタイマーで定期健康診断・
　ストレスチェックの対象となる者…………219
アルバイト・パートタイマーに実施する
　雇用管理の改善に関する内容の説明………201
アルバイト・パートタイマーに対する
　特別休暇……………209
アルバイト・パートタイマーの休日………207
アルバイト・パートタイマーの休職制度……211
アルバイト・パートタイマーの
　給与の構成と計算……………215
アルバイト・パートタイマーの兼業………215
アルバイト・パートタイマーの
　高年齢者雇用確保措置……………221
アルバイト・パートタイマーの出退勤・遅刻
　早退・私用外出・欠勤する場合の手続き…205
アルバイト・パートタイマーの
　試用期間満了の契約解除……………203
アルバイト・パートタイマーの
　昇・降給の実施……………217
アルバイト・パートタイマーの
　賞与・退職金の支給……………217

アルバイト・パートタイマーの
　職場の配転や職務変更の有無……………203
アルバイト・パートタイマーの
　所定労働時間が短い場合の育児時間………211
アルバイト・パートタイマーの
　所定労働時間、休憩……………205
アルバイト・パートタイマーの
　正社員への転換制度の検討……………228
アルバイト・パートタイマーの
　相談体制の整備……………215
アルバイト・パートタイマーの懲戒規定……221
アルバイト・パートタイマーの定義………199
アルバイト・パートタイマーの年休日数……209
アルバイト・パートタイマーの
　母性健康管理措置、母性保護規定………211
アルバイト・パートタイマーの
　無期労働契約への転換……………227
アルバイト・パートタイマーの無期労働契約
　への転換についての意向確認……………227
アルバイト・パートタイマーの雇止め………221
アルバイト・パートタイマーの雇止め通知…223
アルバイト・パートタイマーの
　有期労働契約期間……………199
アルバイト・パートタイマーの
　労働契約期間中の契約解除……………223
アルバイト・パートタイマーの
　「労働契約書」で労働条件を明示…………201
育児・介護休業法に関する規定……………89
育児休業の対象となる「子」の範囲が追加……231
育児時間……………89
育児目的休暇の導入促進……………230
医師による面接指導……………119
医師の診断書の提出を義務付ける根拠規定……75
一般健康診断……………119
一般的な退職事由……………127

異動・変更および転勤 ………………… 45		休職期間中の状況報告 ………………… 141	
違反行為者以外の懲戒 ………………… 117		休職期間と給与 ………………………… 99	
営業等の外勤社員に対する		休職期間と雇用契約 …………………… 93	
事業場外労働みなし制 ……………… 65		休職期間の延長 ………………………… 141	
永年勤続リフレッシュ休暇 …………… 85		休職期間の通算 ………………………… 141	
		休職期間は会社の体力の範囲で設定 ……… 139	

か 行

解雇が禁止されている事由 …………… 129		休職期間満了時の取扱い ……………… 95	
解雇が制限されている期間 …………… 133		休職の種類 ……………………………… 97	
介護休暇の取得単位の柔軟化 ………… 232		競業避止義務 …………………………… 109	
介護休業の3回までの分割取得 ……… 232		競業避止と退職金 ……………………… 189	
解雇事由 ………………………………… 129		業務上災害による休職 ………………… 99	
介護のための所定外勤務の制限		業務命令に基づかない就業 …………… 163	
（残業免除制度）……………………… 233		勤続期間の定め方 ……………………… 37	
介護のための所定労働時間の短縮措置等		勤続年数（退職金規程）……………… 185	
（選択的措置義務）…………………… 232		欠勤等の手続きルールは詳細に定める ……… 75	
解雇予告 ………………………………… 131		欠勤日に対する事後年休への振替 …… 81	
会社独自の休暇を設ける場合 ………… 85		コアタイムとフレキシブルタイム …… 59	
会社の安全配慮義務 …………………… 119		降給 ……………………………………… 165	
夏期休暇、年末年始休暇 ……………… 91		行動指針 ………………………………… 35	
家族手当 ………………………………… 167		公民権行使と公の職務 ………………… 77	
仮出勤中の給与等 ……………………… 145		功労加算 ………………………………… 187	
仮出勤中のスケジュール ……………… 145		固定残業手当 …………………………… 165	
仮出勤の延長・短縮 …………………… 145		子どもが生まれる予定の人に育児休業等の制	
仮出勤の中止後の取扱い ……………… 147		度をお知らせ ………………………… 230	
仮出勤の目的 …………………………… 145		子の看護休暇の取得単位の柔軟化 …… 231	
管理監督者 ……………………………… 171			

さ 行

管理監督者も深夜割増賃金は必要 …… 77		裁判員休暇 ……………………………… 85	
企画業務型裁量労働制 ………………… 61		採用決定後の提出書類の注意点 ……… 41	
休暇等の賃金 …………………………… 159		採用・不採用通知 ……………………… 39	
休憩時間を一斉に付与しない場合 …… 63		産前産後休業 …………………………… 89	
休日勤務手当 …………………………… 171		時間外勤務手当 ………………………… 169	
休日勤務は事前承認とすること ……… 73		時間外労働をさせる前の休憩 ………… 63	
休日勤務を命じる根拠 ………………… 73		時間外労働を命じるためには ………… 65	
休職 ……………………………………… 93		始業・終業時刻の必要性 ……………… 51	
休職期間中の休職事由の消滅 ………… 95		始業・終業時刻を変更する根拠規定 … 51	
休職期間中の給与 ……………………… 141		事業場外労働みなし制の問題点 ……… 65	
休職期間中の社会保険料 ……………… 143		施設利用上の服務 ……………………… 103	

343

自然退職	127	退職の申出時期	127
自宅待機は休業手当が必要	117	タイムカードと実労働時間の乖離	73
支払方法と時期（退職金規程）	191	貸与パソコンの私用禁止とモニタリング	107
自筆の始末書を書かせること	113	中小企業退職金共済制度（中退共）	183
社員の区分	37	懲戒	111
就業規則の目的	35	懲戒解雇等と退職金の不支給	179
住宅手当	167	懲戒事由を定めるということ	115
主治医との連携	147	懲戒処分の妥当性	115
出勤と欠勤を繰り返す社員への対応	137	懲戒処分の手続き	117
出向と転籍	47	懲戒の種類	111
出退勤の記録方法を定める	73	直接払いの原則	157
出張等で労働時間が算定困難な場合	65	直行等の手続きルールを定める	75
出張の定義	47	通貨払いの原則	157
試用期間の取扱い	45	通勤災害は傷病休職	97
状況報告	93	通勤手当	171
傷病休職の定義と復職の判断基準	137	積立休暇制度	83
賞与	173	手当	153
職場内の秩序維持のため	77	定年制	125
職務発明制度	123	定年退職日を特定すること	125
所定労働時間の上限	57	〈適用除外①〉アルバイト、パートタイマー	139
診断書の費用負担	147	〈適用除外②〉試用期間中	139
ストレスチェック	121	適用対象の明確化	35
生理休暇	91	伝染病感染による出勤停止	121
セクシュアルハラスメント	103	同居・扶養要件を撤廃	232
絶対的必要記載事項	153	特別休暇に休日が介在する場合の取扱い	85
専門業務型裁量労働時間制	59	特別休暇の取得制限	87
損害賠償を予定する規定は違反	117	特別休暇の申請期限	85
		特別条項付き 36 協定	67

た 行

対象者（※給与規程）	153
対象者（※退職金規程）	179
退職一時金	181
退職金	177
退職金の種類	181
退職金の性質	177
退職金の返還	187
退職者が死亡した場合と死亡退職	189
退職年金（企業年金）	183

特許の権利を会社に帰属させる場合 123

な 行

二重懲罰の禁止	115
年休取得日の給与	83
年休の買上げ	83
年休の時間単位の付与	83
年休の消滅時効	81
年休の斉一的取扱い	79
年休の半日単位の付与	81

年休の付与要件である出勤率 ····················· 81
年次有給休暇 ······································ 79
ノーワーク・ノーペイの原則 ················· 159

は 行

派遣会社の就業規則 ····························· 63
端数処理と全額払いの原則 ····················· 157
パワーハラスメントの禁止 ····················· 107
表彰 ··· 111
表彰の方法 ······································ 111
復職時の配置 ···································· 149
復職の手続き ···································· 143
復職の判断 ······································ 95
服務規律 ·· 101
普通解雇と懲戒解雇 ····························· 129
赴任休暇 ·· 85
振替休日と代休の違い ··························· 71
振替休日を取得しても時間外割増賃金が
　発生する ······································ 71
フレックスタイム制 ····························· 57
フレックスタイム制における時間外労働 ······· 59
フレックスタイム制における出勤義務 ········· 59
フレックスタイム制における総労働時間
　の定め方 ······································ 59
保育所に入れない場合等は、2歳まで育児休
　業が取得可能に ······························· 230
法定休日と所定休日の違い ····················· 69
法定労働時間、所定労働時間 ··················· 49
法定労働時間内で自社の働かせ方に
　あわせた設定をすること ····················· 51
法定労働時間の上限の計算方法 ················· 55
母性保護措置に関する規定 ····················· 87
ボランティア休暇 ······························· 85

ま 行

毎月1回以上・一定期日払いの原則 ··········· 155
前払い退職金 ···································· 185

マタニティハラスメント ························· 105
みなし時間は対象業務に従事したときのみ
　適用 ·· 63
みなし労働時間 ································· 61
身元保証人 ····································· 43
無断欠勤への対応 ······························· 127
面接時の提出書類、確認事項 ··················· 37
申出の撤回 ····································· 232

や 行

役職手当 ·· 167
有期契約労働者の育児休業の取得要件の
　緩和 ·· 231
有期契約労働者の介護休業の取得要件の
　緩和 ·· 232

ら 行

労基法第41条2号に該当する管理監督者 ····· 77
労基法における休憩時間 ························· 63
労基法における休日 ····························· 69
労基法における労働時間 ························· 49
労基法における労働時間制度 ··················· 53
労働時間の定め方 ······························· 49
労働時間の自己申告制 ··························· 73
労働者代表の選出手続きの重要性 ··············· 61
労働条件の明示 ································· 39

わ 行

割増賃金の算定除外手当 ························· 153

【執筆者】

大槻　智之（特定社会保険労務士）

　第1部

薄井　崇仁（特定社会保険労務士）

　第2部（第6章・第10章）・第3部

加藤　悦子

　第2部（第8章・第9章・第11章・第12章・第13章・第14章）

杉山　悟一（社会保険労務士）

　第2部（第7章）・第4部

武澤　健太郎（特定社会保険労務士）

　第2部（第4章・第5章）

武田　正行（特定社会保険労務士）

　第2部（第1章・第2章・第3章）

丸島　和恵（特定社会保険労務士）

　第5部

和賀　成哉（特定社会保険労務士）

　第6部・第7部

（50音順）

大槻 智之（おおつき　ともゆき）
1972年4月東京生まれ。特定社会保険労務士。2010年3月明治大学
大学院経営学研究科経営学専攻博士前期課程修了。経営学修士。
1994年4月に現在の社会保険労務士法人大槻経営労務管理事務
所（年間7000件超の案件を扱う国内最大級の社会保険労務士法人、
所属社会保険労務士は約40人）に入所。銀座支社長、統括局長を
経て、2016年7月に同法人の代表に就任。また、2013年12月に株式会
社オオツキMを設立、代表取締役に就任。人事交流会・海外進出サ
ポート・各種セミナー、人事スクール事業を提供するオオツキMクラブ
の運営をスタート。現在、参加社数は250社（社員総数26万人）を超え
ている。

規程例とポイントが〈見開き対照式〉でわかる
就業規則のつくり方・見直し方

2017年11月 1 日　初 版 発 行
2019年 6 月20日　第 3 刷発行

著　者　　大槻智之 ©T.Otsuki 2017
発行者　　吉田啓二

発行所　　株式
　　　　　会社 日本実業出版社 　東京都新宿区市谷本村町3-29 〒162-0845
　　　　　　　　　　　　　　　　大阪市北区西天満 6 - 8 - 1 〒530-0047

　　　　　編集部 ☎03-3268-5651
　　　　　営業部 ☎03-3268-5161　　振　替　00170-1-25349
　　　　　　　　　　　　　　　　　　https://www.njg.co.jp/

　　　　　　　　　　　　　　印 刷／厚徳社　　　製 本／共栄社

この本の内容についてのお問合せは、書面かFAX（03-3268-0832）にてお願い致します。
落丁・乱丁本は、送料小社負担にて、お取り替え致します。

ISBN 978-4-534-05529-3　Printed in JAPAN

日本実業出版社の本

この1冊でわかる！
「改正民法」要点のすべて

「民法の一部を改正する法律」（改正民法）が2017年の公布から3年以内に施行され、新ルールも多く導入されることになりました。そのため、企業法務や契約実務に大きな影響を及ぼすと予想されます。変更点や影響など、改正の要点を解説します。

早稲田リーガルコモンズ
法律事務所・著
定価 本体1500円(税別)

社会保険の手続きが
サクサクできる本

社会保険はすべての人に関わる制度ですが、詳しく知らない人が多く、業務で関わる際に戸惑うケースが少なくありません。本書は新人と先輩社員の会話形式で、様式記載例やポイントをわかりやすく解説。初心者の「最初の1冊」に最適な本です。

社会保険労務士法人
名南経営・著
定価 本体1500円(税別)

図解 いちばんよくわかる
最新 個人情報保護法

2017年に施行された改正法により、個人情報を取り扱うほとんどすべての事業者が個人情報保護法の対象になりました。改正のポイントから、個人情報の範囲、取得・保管・活用・提供するときの事業者の義務などを図解でわかりやすく解説します。

辻畑泰喬・著
定価 本体1800円(税別)

定価変更の場合はご了承ください